该研究是国家社会科学基金"十二五"规划 2013 年度教育学一般课题"我国大学学院制改革进程中的院系治理研究"（BIA130065）的结题成果

治理理论视阈下的
我国大学院系治理研究

刘恩允 ◎ 著

Research on the Governance of
University Departments in China from the
Perspective of Governance Theory

中国社会科学出版社

图书在版编目(CIP)数据

治理理论视阈下的我国大学院系治理研究 / 刘恩允著. —北京：中国社会科学出版社，2017.3

ISBN 978 - 7 - 5203 - 0875 - 5

Ⅰ.①治… Ⅱ.①刘… Ⅲ.①高等学校 - 学校管理 - 研究 - 中国 Ⅳ.①G647

中国版本图书馆 CIP 数据核字(2017)第 210413 号

出 版 人	赵剑英
责任编辑	任　明
责任校对	李　莉
责任印制	李寡寡
出　　版	中国社会科学出版社
社　　址	北京鼓楼西大街甲 158 号
邮　　编	100720
网　　址	http：//www.csspw.cn
发 行 部	010 - 84083685
门 市 部	010 - 84029450
经　　销	新华书店及其他书店
印刷装订	北京市兴怀印刷厂
版　　次	2017 年 3 月第 1 版
印　　次	2017 年 3 月第 1 次印刷
开　　本	710×1000　1/16
印　　张	18.25
插　　页	2
字　　数	266 千字
定　　价	78.00 元

凡购买中国社会科学出版社图书，如有质量问题请与本社营销中心联系调换
电话：010 - 84083683
版权所有　侵权必究

序

在我国当下的大学体制里，二级机构大多被称为"学院"，也有少数被称为"学系"。无论是"学院"还是"学系"，其实都是人为的组织，称作什么并没有那么重要，真正重要的是，作为二级机构的院系，是大学社会职能的直接承担者，是大学各项职能性活动的直接组织者，是在特定学科专业层面上实现大学社会职能的一个基本工作单位。院系之于大学，就好比车间之于工厂：没有车间就没有工厂，没有院系同样也就没有大学。

大学的院系，本质上首先应该是一个学术组织，是一个在特定学科专业基础上专事教学科研活动的学术机构。作为一个学术机构，它应该是按照学科专业共同体的学术规范自主运行的，在工作内容上是没有边界的，因此它与大学之间，不仅仅是部分与整体的关系，更多的还是同一性的关系：在特定的学科专业层面上，院系代表着大学，甚至可以说，院系就是大学。但是，我们大学的院系，同时又是一个具有行政级别的机构，是整个行政链条上的一个层级。这个具有行政级别的院系，等级严密，规制繁杂，边界分明，各项工作主要通过行政渠道自上而下贯彻进行。因此，行政性的院系与大学之间，同样也不仅仅是部分与整体的关系，更主要的还是上下级的关系：它是大学行政的下级机构，是整个高等教育行政系列的一个实体性的终端。

大学院系的这种双重性，在世界各国都是一样的，无论是哪个国家的大学，二级院系都有学术性的一面，也有行政性的一面。而且，对于如何处理这种双重性，孰主孰从，谁为谁服务，也都是有"原则"或"通例"可循的。但是，在我国当下的高等教育管理体制中，院系的这种双重性，处在一种非常复杂且相互扞格的矛盾关系状态，孰主孰从，孰强孰弱，上上下下其实也是心知肚明的。近十多年来，我国官方出台的多项教育政策文件，已经明确提出了建立"现代大学制度"的目标，旗帜鲜明地提出要克服高等教育管理中的"行政化倾向"，实际上已经将这种矛盾关系点明了，应该说，改革的对象是明确的，改革的目的也是很清楚的。对于这样一项根本性的改革，从实施的路径上来说，最理想的当然是自上而下的改革，通过"顶层设计"，从管理体制的最上层级改起，上层改好了，基层的改革也就水到渠成了。但就当前的实际情况来看，自上而下的改革，动力严重不足，举步维艰，甚至可以说尚未真正起步。在这种情况下，做一个反向的思维，按照自下而上的路径"摸着石头去过河"，或许可能会有柳暗花明的一线希望。自下而上的改革，就是从作为大学基层组织的院系改起，通过院系管理改革形成改革的倒逼机制，以促进"现代大学制度"的真正建立，进而推动整个高等教育管理体制的改革。

刘恩允博士的新著《治理理论视阈下的我国大学院系治理研究》，正是作者基于对院系重要性的认识，探讨我国大学院系管理改革问题的一部力作，它是我国高等教育管理体制改革研究领域的一项新成果。

这部著作针对我国高等教育的实际状况，以现代治理理论作为分析框架，以院系的权力要素及其关系为核心，较为系统地论述了我国大学院系管理的现状，归纳了国外院系治理的基本模式，总结了我国部分试点学院的改革经验及存在的问题，提出了院系治理模式改革的政策建议。本书将当前我国大学院系的管理划分为三种模式，即行政主导型、市场主导型和学术主导型，同时指出，行政主导型仍是当前院系管理的常见主流模式但却是要改革的对象，这一判断是准确的，为全书确定了一个明晰的逻辑起点。本书作者比较深入地调查了17所试点学院，总结了它们的改革经验与不足，为全书的主题提供了较有说服力的实证材料。在理论分析、实地调查和经验总结的基础上，本书将院系内部权力分为五种，即政治权力、行政权力、学术权力、经济权力、象征权力，比较全面地绘制出院系的权力结构图谱，有新意。本书最后提出了"学术主导，分类驱动，综合改进"推动院系治理改革的思路，对推进自下而上的改革有重要的参考价值。

当然，我国高等教育管理体制的改革，是一个极其敏感而且十分漫长的研究课题，还有一系列看似昭昭实则昏昏的问题有待学界去解答。就以最基层的院系管理改革来说，"行政化倾向"到底已经"化"到什么程度？危害何在？根源何在？改革的第一步最有可能从哪里迈出？对于诸如此类的问题，我们依然还缺少更有说服力的实证材料，也缺少更切中时弊的理论阐释和改革路径论证。在这方面，我国的高等教育理论研究依然任重而道远，而这也正是笔者寄希望于本书作者在后续的研究中继续深化的。

周 川

2016 年 6 月 30 日

中文摘要

《国家中长期教育改革与发展规划纲要》明确提出要完善中国特色的现代大学制度，完善大学治理结构。党的十八届三中全会通过的《中共中央关于全面深化改革若干重大问题的决定》明确提出要"深化教育领域综合改革"，对于高等教育而言，主要是以管、办、评分离为重点，改革管理体制和办学体制，扩大省级政府教育统筹权和学校办学自主权，完善学校内部治理结构。可见，随着政府对高等教育管理方式的改变，高校办学自主权进一步扩大，学校办学活力进一步释放，未来高校面对的关系重心不再是与政府的矛盾关系，而是与社会的合作关系；高校将会进一步实现权力重心下移，完善内部治理结构，激发内部组织活力，以内部改革促进学校的整体转型或特色发展。

大学的宏观管理目标确立之后，实现学校发展目标的主体在于学院，院系的健康发展是大学高质量发展的根本保证。因此，现代大学治理研究的核心应该是院系治理，大学治理的重心将从大学管理体制转向院系运行模式，体现了"现代大学制度"走向"现代学院制度"的必然选择。我国高等教育大众化推进了大学学院制改革，大学基本形成了校、院、系三级办学体制，扩大了二级学院的办学和管理的自主权，实现了管理重心的下移，提高了管理效能。但在实际的运作过程中，学校权力的下放不够坚决，权力配置不够均衡，权责对应不够清晰，权力冲突时有发生，学院自主权缺乏，内源性制度建设薄弱等，这些体制性的障碍束缚了学院发展活力，影响大学教育质量。可见，大学办学自主权逐级下放之后的首要问题，是优化内部治理结构，尤其是学院治理结构，以优化的结构提升办学的功能。从组织结构来说，院系与大学是一种隶属关系，但从组织属性而言，院系又有自身的规定性，有其自身的权力结构和运行机理。可以说，院系治理兼具宏观与微观、部分与整体的统一特性，院系治理既是大学治理的最终落脚点，又是大学内部治理的核心载体。

学院是一个以学术权力为引领，以政治权力为导向，以行政权力为保障，以经济权力为杠杆，以象征性权力为精髓的学术团体。本研究试图借鉴国外大学治理模式和中国大学学院治理的现状，借助质性研究方法，构建"学术主导、分类驱动和综合改进"的现代大学院系治理机制，探索现代大学学院制度建设。在学院权力配置与运行机制上破除大学行政体制在学院的复制，破除三级权力体系在院系的科层式复制，彰显学术权力，回归学院学术本位，构建以师生为核心的利益相关者权力互动的多元治理结构，建立立足于院系学术组织特征和根本职能的协同治理机制。在这一研究中，核心概念是权力，核心权力关系是行政权力和学术权力的关系。

该研究运用多学科的观点，梳理大学治理的理论基础，概括大学院系治理的基本要素和价值取向，借助场域理论分析工具，从静态和动态两个方面分析当前不同类型院系治理结构和机制问题。并在借鉴国外院系治理的先进理念，结合当前我国大学内部治理存在问题的基础上，对院系治理模式提出构想。该研究在结构上分为五部分。第一章为引言部分，介绍本研究的背景、意义、研究现状和研究方法，并进行了相关概念的梳理和界定。第二章为理论基础部分，即治理理论的主要观点和大学院系治理的基本精神。通过对三种治理理论的基本观点、对学院治理的适用性和存在的问题进行剖析，提炼出大学院系治理的基本要素及其价值理念，为院系治理研究明确方向和路径。第三章为现实解读部分，运用田野观察法、问卷调查法和深度访谈法，以场域理论为基本分析工具，以权力配置与运行机理为基本线索分析了我国大学院系现有三种主要管理模式中的权力互动机制及其现实困境。第四章为比较研究部分，对英国、美国、法国、德国、日本五国大学的内部治理结构特点和学院制发展的经验进行了梳理和总结，同时对2011年教育部启动的试点学院改革的状况、经验和困境进行了调研和分析，以期为当前学院治理改革提供经验借鉴与示范。第五章为改革构想部分，根据理论背景、时代需求和学院发展面临的实际问题，根据"使命—功能—结构"的判定模式，将学院进行了三种类型的划分，提出学术主导、分类驱动和综合推进的治理改革设想。最后结语部分对全文进行重新梳理和反思，指出该研究的不足和下一阶段的研究重点。

Abstract

"National Medium and Long-term Educational Reform and Development Program (2010—2020)" put forward clearly to perfecting the modern university system with Chinese characteristics, improving the structure of university. "CPC Decision on Deepening the Reform of Some Major Issues", adopted at the third Plenary Session of the 18th CPC Central Committee, made clear to "deepen comprehensive reforms in the area of education". Higher education is mainly focused on the separation of management and evaluation, reform of the management system, expansion of provincial power to education management and school autonomy, improving the internal governance structure. Visibly, with the change of higher education management and the further release of school vitality, in the future, the most important relationship faced by university is no longer the contradictional relationship with government, but the cooperation relationship with society. University will carry out power decentralization, perfect internal governance structure, inspire internal organization vitality, and promote overall transition with characteristically development by internal reform.

School is the main power to achieve the development goal as soon as university objectives are established, so the healthy development of school is the fundamental guarantee for the quality of university. Therefore, governance study focus should be the school management. It will shift from university management system to operation mode of the school, which reflects the inevitable change from "modern university system" to "modern school system". The popularization of higher education promotes the reform of university school system. University has formed a third-level institution system of "University-School-Department", expanded school's operative and administrative autonomy, realized management focus's down shift and improved management efficiency. But there is a lot of problems such as the decentraliza tion is not strong enough, the power configuration is not balanced enough, the relationship of powers and responsibilities is not clear, power clashes often happen, school autonomy is lack, endogenous construction is weak, and so on. These institutional barriers hinder school development and affect education quality of the university. Therefore, the first important issue with decentralization is to optimize the internal governance structure, especially the school governance structure, in order to improve their school functions. From organizational structure, the school is an affiliation with the university, but from the organization properties, school has its own power structure and operation mechanism. It can be said that school governance had unified characters of both macro and micro, the parts and the whole. So, school governance is the final destination of university governance, as well as the core carrier of internal governance of the university.

School is an academic community guided by academic and political power, protected by administrative power, with economic power as a lever and symbolic power as the essence. This study attempts to learn from foreign universities governance mode and Chinese university school reform, to build "category-driven, collaborative governance and overall improvement" school governance model and explore the construction of modern school system by qualitative research methods. This study will break down hierarchy replication of the university administrative system in schools, and try to demonstrate academic power and return to academic standard. It will build pluralistic governance structure as the core of stakeholder power interaction with teachers and students, and establish collaborative governance mechanisms based on the college academic characteristics and fundamental functions. In this study, power is the central concept, the core power relation is the relationship between administrative power and academic power.

This research combs the theoretical foundation of university governance and extracts the basic elements and values of school governance from multidisciplinary perspectives. It also analyzes different types of school governance structures and mechanisms from both static and dynamic aspects through analysis tools of field theory. At last, it puts forward the conception of school governance pattern by learning from foreign advanced concepts and combining with the current problems of internal management in Chinese universities. This thesis structure is divided into five parts: the first chapter is an introduction which describes the background, significance and methods of the research, and also defines the concepts. Chapter II is the part of basic theory, which includes the main ideas and basic spirit of governance theory. This part extracts the essential elements and values of school governance from the analysis of governance theory and field theory, which provided clear direction and path for school governance research. Chapter III is the section of realistic interpretation, which decomposes main interaction mechanism and realistic predicament of three kinds of school governance with the clue of power allocation and operation mechanism by the methods of positiousing field observation, questionnaires and indepth interviews. Chapter IV is a comparative study, which combs and summarizes the experience of internal governance structure and school system in five countries' universities such as United Kingdom, the United States, France, Germany, and Japan. At the same time, it researches and analyzes the experiences and difficulties of 2011's pilot schools of the Ministry of Education, in order to provide experience and demonstration for the current school governance reform. Chapter V is the part of reform conception, which divides schools into three types under the model of "mission-structure-function" and puts forward to the conception of classification reform, collaborative governance and integrated governance of three types of schools. Finally, it rearranges and rethinks full text in the epilogue, pointing out shortcomings of the book and the next stage of research.

目 录

第一章 导论 …………………………………………………………（1）
　第一节 研究的背景与意义 ……………………………………（1）
　　一 研究背景 ………………………………………………（1）
　　二 研究意义 ………………………………………………（4）
　第二节 概念的界定 ……………………………………………（7）
　　一 学院与学院制 …………………………………………（7）
　　二 管理与治理 ……………………………………………（15）
　　三 大学治理与院系治理 …………………………………（20）
　第三节 文献综述 ………………………………………………（23）
　　一 大学治理研究 …………………………………………（23）
　　二 大学学院制研究 ………………………………………（30）
　第四节 研究的方法和思路 ……………………………………（44）
　　一 方法论基础 ……………………………………………（44）
　　二 研究方法 ………………………………………………（49）
　　三 研究思路 ………………………………………………（50）

第二章 我国大学院系治理的理论基础 …………………………（55）
　第一节 治理理论及其适用性 …………………………………（55）
　　一 治理理论产生的社会背景 ……………………………（55）
　　二 委托代理理论与院系治理 ……………………………（58）
　　三 利益相关者理论与院系治理 …………………………（60）
　　四 法人理论与院系治理 …………………………………（64）
　第二节 院系治理的权力要素及其关系分析 …………………（68）
　　一 院系治理中的权力类型与结构 ………………………（68）

二　院系治理中的权力关系与运行 …………………………（76）
　　三　院系治理的基本原则与愿景 …………………………（83）
　本章小结 …………………………………………………………（89）

第三章　当前我国院系管理的主要模式及困境 ……………（91）
　第一节　行政主导的管理模式 …………………………………（91）
　　一　行政主导管理模式的价值信念——"权力控制" ……（93）
　　二　行政主导管理模式的系统结构分析 …………………（97）
　　三　行政主导管理模式的运行机制 ………………………（107）
　　四　行政主导管理模式遭遇的困境 ………………………（116）
　第二节　学术主导的管理模式 …………………………………（127）
　　一　学术主导管理模式的价值信念——"学术本位" ……（128）
　　二　学术主导管理模式的权力系统结构分析 ……………（131）
　　三　学术主导管理模式的运行机制 ………………………（136）
　　四　学术主导管理模式遭遇的困境 ………………………（140）
　第三节　市场主导的管理模式 …………………………………（144）
　　一　市场主导管理模式的价值信念——"交易效率" ……（145）
　　二　市场主导管理模式的系统结构分析 …………………（147）
　　三　市场主导管理模式的运行机制 ………………………（154）
　　四　市场主导管理模式遭遇的现实困境 …………………（160）
　本章小结 …………………………………………………………（163）

第四章　国外大学学院治理经验与国内试点学院改革 ……（165）
　第一节　国外大学学院治理经验与借鉴 ………………………（165）
　　一　英国大学内部治理的经验与启示 ……………………（166）
　　二　美国大学内部治理的经验与启示 ……………………（171）
　　三　法国大学内部治理的经验与启示 ……………………（179）
　　四　德国大学内部治理的经验和启示 ……………………（181）
　　五　日本大学内部治理的经验和启示 ……………………（184）
　　六　总结与借鉴 ……………………………………………（187）
　第二节　国内试点学院改革的基本经验和问题 ………………（190）
　　一　试点学院改革的基本经验分析 ………………………（190）

二　试点学院改革中遭遇的现实困境 …………………………（200）
　本章小结 ……………………………………………………………（203）

第五章　我国大学院系治理改革推进建议——学术主导、分类驱动、综合改进 …………………………………（205）

　第一节　大学院系治理的学术主导机制 …………………………（206）
　　一　大学院系分类标准的学术性导向 …………………………（206）
　　二　大学院系权力配置的内生性机理 …………………………（208）
　　三　大学院系治理改革的学术性驱动力 ………………………（211）
　第二节　大学院系治理的分类驱动机制 …………………………（214）
　　一　学科型院系治理结构：教授委员会集体决策下的院长负责制 ………………………………………………（215）
　　二　综合型院系治理结构：党政联席会议决策下的院长负责制 ……………………………………………………（224）
　　三　专业型院系治理结构：学院董事会制度下的院长书记分工负责制 …………………………………………（231）
　第三节　大学院系治理的综合改进机制 …………………………（235）
　　一　培育院系治理基本精神 ……………………………………（235）
　　二　构建外部治理支撑体系 ……………………………………（239）
　　三　完善大学法人治理结构 ……………………………………（244）
　　四　预防矫正异化驱动力量 ……………………………………（246）
　本章小结 ……………………………………………………………（248）

结语 ……………………………………………………………………（250）

参考文献 ………………………………………………………………（254）

附录 ……………………………………………………………………（270）

后记 ……………………………………………………………………（275）

第一章

导 论

第一节 研究的背景与意义

一 研究背景

（一）应对世界高等教育危机，深化高等教育领域综合改革的需要

世界各国高等教育几乎都面临着急剧变化的社会环境和广泛多样的社会需求所带来的巨大冲击。高等教育如何应对全球化、市场化的挑战，如何解决其内部的质量危机、效率危机、公平危机，这些问题严重困扰着世界各国的大学。与此同时，伴随社会的发展与进步，大学在社会中的作用日益彰显，各种社会力量也逐渐渗入大学，加紧对大学的"控制"，以使其成为自己利益的"代言人"，这些问题导致大学内部各利益主体之间的矛盾日渐突出。那么，大学如何在确保其理念与目标的同时，还能平衡各种社会力量、各方利益主体在大学组织机构中的权力与利益？用什么样的制度安排能够保证大学的目标和理念得以实现？可以说，管理好组织结构日益复杂的现代大学，处理好百年来形成的大学传统与急剧变革的社会环境之间的关系，是各国高等学校管理共同面临的重大课题，我国大学在这方面面临的问题更加突出。

党的十八届三中全会首次提出"国家治理体系和治理能力的现代化"。"治理"一词超越传统的"管理"范畴，被纳入人们的视野，既成为官方语境，亦成为学界术语。主体多元、渠道多向、方式科学等理念逐渐深入人心，各行各业领域也在积极思考"治理"理念的应用，高等教育也不例外。党的十八届三中全会通过的《中共中央关于全面深化改革若干重大问题的决定》明确提出要"深化教育领域综合

改革",对于高等教育而言,主要是以管、办、评分离为重点,改革管理体制和办学体制,扩大省级政府教育统筹权和学校办学自主权,完善学校内部治理结构。可见,随着政府对高等教育管理方式的改变,高校办学自主权进一步扩大,学校办学活力进一步释放,未来高校面对的关系重心不再是与政府的矛盾关系,而是与社会的合作关系;高校拥有更多办学权力后,将会进一步放权,管理的重心转向内部基层组织,完善内部组织结构,激发内部组织活力,以内部改革促进学校的转型发展或特色发展。

20世纪90年代,由于治理理论(governance theory)在解决国际问题上的突出表现,成为政治学家、社会学家和管理学家的重要话语,受到高等教育研究者与管理者的青睐。他们认为治理理论解决问题的逻辑与方法能够为处于变革期的大学目标与理念的实现提供新途径,其旨在用一整套的制度安排来实现大学的理念,这种制度安排就是治理结构。面对迅速变化的外部世界,治理理论为分析与解决大学内在危机与外部挑战提供了新的理论依据与方法论,大学治理成为均衡各利益主体权力的制度安排与保障,大学基层组织治理研究为迫切需要解决的我国大学内部管理问题提供了重要的分析框架。

(二)落实大学办学自主权,优化大学内部治理结构的需要

大学作为学术性组织,具有"底部沉重"的典型特征,根本的发展动力来自于基层的变革,因此"校—院"关系是大学内部治理结构最重要的组织关系。我国高等教育大众化推进了大学学院制改革,大学基本形成了校、院、系三级办学体制,扩大了二级学院的办学和管理的自主权,实现了管理重心的下移,减少了管理跨度,提高了管理效能。校、院、系三级在学校事务中都有各自的权力重点和范围。一般来说,系一级的权力多集中在教学和科研领域,校一级的权力则集中在教学和科研之外的其他领域,院一级的权力介于两者之间[①]。

无论是"院虚系实"还是"院实系虚"的运作模式,无论是学部

---

① 张晓鹏:《学院建制与管理分权——从国外名牌大学经验得到的启示》,《全球教育展望》2001年第2期。

制改革还是大学院布局，作为大学教学和科研主体的院系，其核心构建要素是学科，其核心权力是学术权力。但在实际的运作过程中，学校权力的下放不够坚决，依然存在政治权力、行政权力和学术权力的冲突，权力配置不均衡，权责对应不清晰，学院的办学自主权缺乏，内源性制度建设薄弱；很多大学的院系直接移植了大学运行的模式，机构健全但内耗严重；学院之间亦是各自为政、壁垒森严，无法实现资源共享和学科整合，等等。可见，大学办学自主权逐级下放之后首先要解决的问题是优化内部治理结构，以优化的结构提升办学的功能。

大学的宏观管理目标确立之后，实现学校发展目标的主体在于学院，院系的健康发展是大学高质量发展的根本保证。因此，现代大学治理研究的核心应该是院系治理，大学治理的重心从大学管理体制下移到院系运行模式，是大学治理走向实践的必然选择。从组织结构来说，院系与大学是一种隶属关系，但从组织属性而言，院系又有自身的规定性，因而又超越于大学治理，有其自身的权力结构和运行机理。可以说，院系治理兼具宏观与微观、部分与整体的统一特性，院系治理既是大学治理的最终落脚点，又是大学内部治理的核心载体。从公共治理到大学治理再到院系治理，体现了大学治理研究与实践的重心转移与具体深化。

(三) 激发大学学院发展活力，创新人才培养机制的需要

就大学内部而言，大学权力下放、重心下移之后，大学与学院的关系是否得到妥善处理？而学院是否做好了充分的准备？大学主导控制模式下的学院，生存的链条是直线式的，即政府—社会—大学—学院—学系，学院面对的生存关系比较单一，上对大学，下对学系。大学宏观调控下的学院，实体性功能进一步增强，面对的将是网状的关系，它要直接面对大学的各方利益相关者，既要处理好与大学及大学内部组织的关系，还要处理好与社会、合作方、企事业和同类学院等的关系，因此，学校的特色发展与转型定位的实现，主体在学院，改革的任务也将落脚在学院，因此，学院必须从同质化发展与"等靠要"的被动发展模式中走出来，主动探索发展新思路，创新人才培养

模式，为社会培养所需要的各类人才。

原教育部部长袁贵仁在深化教育领域综合改革会议上明确指出，要不断完善上下联动、各方协同创新的改革推进机制，注重系统设计、整体推进、重点突破、试点先行的改革路径。体现在高等教育领域，则是"校院联动创新，试点学院先行"的思路。为进一步激发学院发展活力，国内许多高校也明确提出"学院办学"的思路，由"校办院"转为"院办校"。"钱学森之问"更是激发了大众教育背景下精英人才培养模式的思考，落脚点也是以学院为单位进行人才培养体制机制的改革尝试。

2011年10月，国家教育体制改革领导小组办公室正式批准北京大学等17所高校设立试点学院，启动试点学院改革。三年来，17所高校的试点学院围绕"培养拔尖创新人才"这一重点，针对学生招录与选拔方式、教师队伍建设和探索建立现代大学制度等高教发展中社会普遍关注的重大问题，以大学二级学院为单位，进行大胆的改革探索，成为高教综合改革的试验田、教育教学改革的实验区，为学校整体改革发展注入了活力。2012年底，教育部颁布《教育部关于推进试点学院改革的指导意见》，提出一系列试点学院改革方向和思路，为试点学院提供了24项优惠和保障条件。可以说，教育部协同各试点高校"真刀真枪"地在学院体制机制上做好文章，力图探索大学新型治理结构，打破原有体制束缚，寻求改革的突破口。对于目标明确、措施得力、成效突出、示范辐射效应显著的试点学院，将由"试点"转为"示范"。受此影响，国内许多非试点高校，也开始自主探索学院试点改革，取得一定成效。但当前学院体制机制创新的探索更多地体现在实践探索层面，相关的理论研究比较匮乏，因此治理理论视阈下的学院治理结构与运行模式的探索将为这一实践提供同步研究，以期为其提供理论与政策的依据。

二　研究意义

（一）理论意义

人们最初使用"大学治理"一词似乎是想表达一种与传统"大学

管理"不同的研究思路,因此含义很模糊和宽泛。但当"治理"不仅作为流行语汇使用,而且被引入到各领域研究视野后,就必须考察其明确的内涵,否则就不能作为概念。"治理"的概念有多种语境下的解释,一种是经济学领域的,一种是公共管理领域的。经济学领域的治理强调治理是一种组织结构,是一套制度安排,追求权力的制衡和最低的代理成本及收益最大化。相关的理论有委托代理理论,利益相关者理论、法人治理理论和资本产权理论等。公共管理学中的治理含义丰富而又混乱,罗茨(R. Rhodes)归纳了五种在公共管理中的常见用法,包括:作为最小国家的管理活动的治理;作为新公共管理的治理;作为社会控制论的治理;作为自组织网络的治理;作为"善治的管理"的治理。比较两种语境中的概念,我们发现:第一,经济学领域的治理主要以组织内部利益相关者的互动博弈为研究内容,主要考察企业内部利益相关者之间的关系结构,当然也考察组织与外部的关系,但只把外部当作环境变量。而公共管理中的治理大多是考察组织之间的关系,特别是以政府为中心的组织与其他组织间的关系,对组织的考察只是作为关系场域中的一个组成部分。也就是说,经济学领域注重内部治理,公共管理领域注重外部治理。第二,公共管理学中的治理主体是置身治理情境之外的,注重以社会标准为尺度的外部观察,而不是以组织目标为标准的内部考察。经济学的治理主体是在治理情境之中的,更重视组织自身目标的实现,治理的目标是使各利益相关者在实现自身目标的过程中符合社会标准。如果说内部治理强调多元权力主体制衡基础上的效率,那么外部治理则强调多元利益价值实现基础上的公正。

  治理理论被引用到高等教育领域,就形成了"大学治理"的概念。大学治理概念来自于公司治理和公共治理,大学取得独立的法人地位是其前提条件。有学者认为大学治理就是"大学内外部利益相关者参与大学重大事务决策的结构和过程"[①],是各种权力在利益相关者

---

① Dennis John Gayle, Bhoendradatt Tewarie, and A. Quinton White Jr., *Governance in the Twenty-First-Century University: Approaches to Effective Leadership and Strategic Management*, New York: Jossey Bass, 2003.

之间的分配与运行,包括权力配置结构和权力运行机制两个互相匹配、相辅相成的方面。大学治理理论来源于公共治理理论和公司治理理论。有学者认为,大学外部治理研究适于借鉴公共治理理论,大学内部治理研究适于借鉴公司治理理论。经济学治理主要研究企业问题,其逐利性质似乎与大学治理的公益性质无法相提并论,但就其本质特征和研究范式而言,二者是可以相通的。实际上,经济学在研究企业问题时,其理论支撑也并不是企业所独有的,而是每个社会组织都具有的,这意味着大学治理研究从范式上借鉴公司治理理念成为可能。那么,经济学中企业治理的研究框架应该是大学治理的主要理论资源。基于大学治理理念来研究大学组织结构改革,探索大学组织运行逻辑,将为现代大学制度建设提供崭新的思路。作为大学基层组织的院系,其治理研究范式显然要在大学治理研究框架之内,可以说大学治理理论是院系治理研究的直接理论基础,院系治理研究则是大学治理理论的深化,是治理理论在微观领域的应用。这些研究对丰富治理理论、深入探索现代大学学院制度建设具有重要的理论意义。

(二) 实践意义

《国家中长期教育改革和发展规划纲要(2010—2020年)》明确提出要完善中国特色的现代大学制度,完善大学治理结构。大学治理的研究将有助于促进现代大学管理从"管"向"理"的转变。其中,大学的基本组织和制度建设是大学质量提升的关键载体。任何正式组织都是由责、权、利三者构成的体系,它们之间必须互为条件、相互匹配和相互制衡,才能保证组织的高效运转。责权利关系是大学内部管理各组成要素之间相互作用的一种基本依据。大学内部治理改革所要解决的主要问题是如何使大学实现管理重心下移,通过调整学校、职能部门与学院之间的责权利关系,赋予学院与二级办学相匹配的权力,使学院成为相对独立的责权利实体,真正实现以学院为管理中心的大学功能整体优化。由于价值选择的多元化和主体利益的最大化,以权力划分和利益重组为中心的大学内部治理改革必然表现出责权利关系的复杂性特征。三者关系中,责大权大,权大利大,权力显然是核心要素。因此，大学内部治理改革主要表现为学校、职能部门和学院权力关系的调整。

与大学同质的院系治理，同样有内部治理和外部治理之分。院系内部治理研究有利于大学学术权力的彰显和实现，有利于构建大学基层组织的科学运行模式，提高二级学院自主办学的效益。外部院系治理研究有利于协调学术权力之间以及学术权力与行政权力之间的关系，有利于优化大学内部管理体制改革。因此，该研究对构建二级学院办学体制下的学院内外部权力配置和运行机制，通过多元主体的"共治"达成基层学术组织的"善治"，完善现代大学学院制度，从而提升大学治理结构与治理能力的现代化，具有重要的现实意义。

大学治理的基础理论是法人治理理论，强调治理组织的法人地位，并将其作为治理的前提条件。作为大学二级办学单位的院系，显然不具备实际意义的法人地位，但院系是否因此就不存在治理研究的必要性呢？本文基于院系的组织特性，尤其是其实体性和自主性，将其认定为类法人组织或二级法人组织，将治理理论作为研究视角，而非现象描述或实体研究。因此，建立在大学治理研究理论和实践基础上的院系治理研究，实现了研究范式的突破。

第二节 概念的界定

一 学院与学院制

（一）"学院"的内涵与组织特性

1. "学院"的内涵

菲利普·G. 阿特巴赫（Philip G. Altbach）在《高等教育的发展模式》中讲到"世界上只有一种共同的学院模式"，可见，学院是世界大学共同保存下来的唯一的遗产。

"学院"一词是从英文翻译而来，英语中与"学院"相当的常见用语有五种：faculty，college，school，institute，academy，它们代表着不同性质和类型的"学院"。① 通过词义考察，本文中"学院"一词应该指 college 或 school，指一些人组成团体共同生活和学习。它代表的不仅仅是一个机构，更代表一种具体的生活方式。即"一个学院基本上是一个拥有排外的特权、分享共同捐赠的师生联合而成的社团。他们在一个屋顶下共同生活，并且共同遵守一定的纪律"②。目前，这一词义随着高等教育的历史沿革和学术组织的变迁逐渐发生了很大变化，从欧美国家的用法来看，college 主要是大学里的综合性、多科性学院，或以普通文理基础学科为主的学院，而专业学院或多系科学院一般被译为 school。随着我国大学学科分化程度和学院专业特性的增强，专业学院和多系科学院在大学中所占的比例更高，因此本书在此选择 school 的用法。

学院的雏形最早产生于公元 11 世纪，当时的学者和学生为了研究学问或学习知识技能而聚集到欧洲某些城市，为了维护共同的利益组成了"学者行会"。我们可以把这些"学者行会"看作是学院的雏形。在大学产生初期，学院原是大学为了接待或帮助来自其他国家和地区的贫困学生而提供的住宿场所，欧洲最早的学院是 1180 年设立于巴黎大学的迪克斯—惠特学院（the Collge of Dixhuit），又称为 18 人学院，它是为 18 名贫穷的学生提供住处而设立的。中世纪的大学最初是单科性大学，如巴黎大学是神学大学，波隆那大学是法学大学。13 世纪以后，随着大学发展规模的扩大，在同一所大学中，来自同一地区或学习同一学科的学生或学者聚集在一起，形成了不同的学院。所以 13 世纪的诸多大学都设立了医学院、神学院和法学院，后来又增加了文学院或"七艺"学院。也就是说中世纪后期，随着大学的发展，学院不仅仅是为贫困学生提供住宿的地方，而更多表现为一种学术组织，成为同一学科的师生共同生活和学习的场所，后来逐渐发展成为具有自治或半自治性质的学术团体，直至成为大学或学部的最基

---

① 顾建新：《"学院"考辨及翻译》，《比较教育研究》2004 年第 11 期。
② 张建政：《牛津、剑桥大学学院制研究：1249 年—1636 年》，硕士学位论文，河北大学，2005 年。

本的教学和行政单位。①

《辞海》对"学院"的释义有二：一是实施高等教育的学校之一，整个学校只设某一学科门类，如政法学院、体育学院、音乐学院，地位一般比大学低；二是大学里的一个部门，是大学的组成部分之一，如清华大学的继续教育学院。目前在我国，"学院"可以是指社会的一类教育组织，高等学校的一种，以某一专业为主，也可以指大学组织内部的一个中间层次的建制单位。

具体来说，在我国学院存在的组织形式有四种：一是具有法人资格的、可以独立开展办学活动的教育事业单位；二是存在于学校内部的某种行政管理组织，如研究生院、成人教育学院、网络教育学院等；三是隶属于学校法人、在学校统一领导下的内部集教学、科研和行政管理于一体的二级组织机构，也就是我们常说的二级学院（系）；四是高等学校与地方政府或中外企事业单位、个人联合举办的独立学院。本研究中提到的学院是指第三种含义的学院，是指按不同学科、专业性质分别设置的教学、科研和行政组织机构，是大学内部管理体制的中间层次。设有学院的大学，一般构建了大学、学院、系三级组织体系，但有的大学没有设院，仍然用"系"作为二级办学机构，因此，本文研究对象界定的"院系"，指我国大学里作为二级组织的实体性学院。需要明确的是，这里的"系"不是学院内部的作为教研室或专业学术组织的"系"，而是与学院并列的二级办学单位。

2. 学院的组织特性

作为大学二级组织的学院，虽然与大学组织有着学术性的共同特征，但又有其自身的组织特性。

第一，学院是以学科和专业为基础的学术组织。"与其他组织生活方式相比，学术权力机构的基本特征是底部沉重，影响弥散和决策渐进。"② 大学是研究学问、探讨学术、交流思想的场所，学术性是大学的重要属性之一。院系作为大学基层学术组织，以传承文化和创新

---

① 黄福涛：《外国高等教育史》，上海教育出版社2008年版。

② ［美］伯顿·R. 克拉克：《高等教育系统——学术组织的跨国研究》，王承绪、徐辉、殷企平、蒋恒译，杭州大学出版社1994年版，第140页。

知识为宗旨，以人才培养、科学研究、社会服务为己任，学术性更是其基本属性。具体体现为：（1）从组织形态上看，院系是以学科专业为基础的学术组织，我们可以从中外大学学院产生的历史过程清晰地透视这一点。纵观当前各国大学院系的设置都是更倾向于以新的学科关系组织学院，力图使学科进一步优化整合；（2）从组织活动上看，现代大学具有的人才培养、科学研究和社会服务三大职能归根到底都由它的二级学院（系）为载体来完成，这个过程本身就是进行学术活动的过程。所以，学院是大学以学科和专业为基础进行人才培养、科学研究和社会服务的基层组织机构。正如弗莱克斯纳所说，"追求科学和学术的工作属于大学。……我们都会注意到学者和科学家们主要关心四件事情：保存知识和观念、解释知识和观念、追求真理、训练学术以继承事业"[1]。可以说学术性是院系的灵魂。

第二，学院是大学主要职能的直接承担组织。学院是大学各项职能性活动的直接组织者，是在不同的学科和专业层面上实现大学主要职能的基本单位。大学承担着培养人才、发展科学、服务社会的三大职能，这三大职能在大学的校、院、系三个层级中并不是平均用力的，而是有轻重之别，显然，学院是承担大学三大职能的核心层级，是履行和实现三大职能的主力。大学必须按照学科专业为单位培养高级专门人才，也必须在学科专业的层面上来组织科研活动，同时大学还承担直接服务社会的职能，也要以学科专业为载体来进行。然而，大学是综合的，除了大学的公共事务和跨学科协调之外，它本身并不直接从事这些职能性工作，学院下的学系是更专业性的，但它又以教学工作的组织和协调为主，难以全面承担三大职能的繁杂事务。因此，大学培养高级专门人才、发展科学、直接服务社会的职能，主要是以学院为单位来承担的，是在学院的层面上履行的，也是通过学院来实现的。[2]

第三，学院是以教师和学生为核心要素的实体组织。首先，学院

---

[1] [美]亚伯拉罕·弗莱克斯纳：《现代大学论——美英德大学研究》，徐辉、陈晓菲译，浙江教育出版社2001年版，第23—24页。

[2] 周川：《学院组织及其治理结构》，《中国高等教育评论》2012年第12期。

是教师的组织。从学院的构成主体看，学院主要由特定学科的教师集结组成。教师在某一学科学有专长，术有专攻，实际上就是该学科的活的载体和化身，也是该学科得以存在的标志。应该说，首先有了学有专长、术有专攻的教师，然后才有了学科，再后才能形成学院。如果没有这些教师，学校图书馆里图书著作再多，学科点分布得再多，那也只是空的学科，并不意味着学校"真有"了这个学科。可以说，教师是学科的化身，学科是学院的基石，归根结底，从事某一学科教学与研究的教师，才是构成学院的最重要的基石。因此，学院归根结底是由教师构成的，是教师的组织。学院一旦在大学里设置起来，教师在身份上和业务上一般就直接隶属于学院，学院因而也就成为特定学科教师的基本工作单位，成为教师身份及其业务活动的基本组织者和管理者，于是就获得了最重要的实体要素。[1]

其次，学生也是学院的重要实体要素。学院院拥有学习相关学科专业的学生，这些学生由于其流动的特点，迟早要毕业离开学院进入社会，因此，他们只是学院的"过客"。但是，这些过客一旦入学，一般都直接隶属于大学里的某一学院，最起码他们在学期间都是学院的重要组成要素。没有学生的存在，学院同样也就没有了设置的缘由，如果大学里的某个机构只有教师没有学生，那么这个机构一般只能称为"研究院"而不能称为"学院"，即便是研究院，学生的存在对于教师的研究工作依然是极其重要的。[2]

第四，学院是以学术属性为主、行政属性为辅的基层组织。我国大学的学院具有双重的性质，它既是学术的组织，又是行政的组织，既有学术性，具有行政性。学院以教师为主体，以培养人才、发展科学为基本职能，以教学、科研为主要的职能性工作，因此，学院首先是一个学术的组织，具有学术性；作为学术性的学院，独一无二，无可替代，与大学的关系是同一性的，学院代表大学，学院即大学。但是，学院又负有对相关学术事务进行管理的职责，设有相应的管理机

---

[1] 周川：《学院组织及其治理结构》，《中国高等教育评论》2012年第12期。

[2] 同上。

构和职位,在我国还有特别的行政级别,因此,我国大学的学院同时也是一个行政组织,具有行政性。作为行政性的学院,与大学的关系是上下级关系,学院必须贯彻校方决策。但对于作为基层学术组织的学院而言,在双重属性中,应以学术属性为主,行政属性为辅。[①]

院系的行政属性是建立在大学的行政属性基础之上的。大学作为一个组织,为了保障知识的生产、传播和创造等各项工作的顺利开展,科层化的行政体制应运而生,这就使得大学具有了行政属性。院系作为大学的核心组成部分,要使组织内部分工有序,责权明确,协调一致地实现组织的工作目标,也必须考虑人事规划、资源分配、组织结构、人员分工、权利分配等行政管理问题。我国院系的行政组织主要由党总支、行政机构、学术民主管理机构等组成。党政联席会为决策机构,党总支全面负责院系的政治思想工作,院系行政机构由院长、副院长以及有关办公室组成,院长是院系的行政负责人,负责院系的教学、科研及其他方面的行政工作;教授委员会、教职工代表大会等机构承担学术管理和民主管理职能。

总之,学院在学科上代表着大学,在体制上是大学的实体终端,是大学里的一个关键层级,它既有可能将现行高教管理体制的某些优点在这个层级上或是放大或是缩小,同样也有可能将管理体制中的各种缺陷和弊端在这个层级上或是放大或是缩小。因此,学院才是大学的办学主体,是大学各项职能的主要承担者和实际执行者,它直接面向教师和学生,始终处在教学、科研和社会服务的前沿,对大学整体发展起着举足轻重的作用。

(二)"学院制"的内涵与发展

1. "学院制"的内涵

"学院制"的概念,有诸多学者从不同的角度进行了研究和界定,如程秀波认为学院制指大学中设立的次级组织机构——学院的组织体制和运行机制。[②] 严燕认为,学院制是大学以学院为实体性主体和管

---

① 周川:《学院组织及其治理结构》,《中国高等教育评论》2012年第12期。
② 程秀波:《学院制及其运行机制探析》,《商丘师范学院学报》2008年第11期。

理重心，凸显培养人才和发展学科等职能目标的内部组织结构形式与管理模式。① 宣勇认为学院不等于学院制，设立了学院不等于实行了学院制。学院制的内涵有三点：（1）学院是大学内部的一个从事教学、科研和管理的实体性机构；（2）在学校校院系三级管理中，学院是学校管理工作的重心；（3）学院直接参与培养人才、开展科学研究、提供社会服务。② 马陆亭则从实施学院制的条件出发，认为实行学院制应具备三个条件：学校规模大，学科数目多，学术水平高。③ 还有学者认为学院制既是一种管理方式，更是一种管理思想。

本书认为，学院制是以学院为中心的大学内部管理体制，具体是指大学以学院为办学实体和管理重心，使校、院（系）责权利关系明确化，追求效率和效益有机结合的一种组织结构模式和管理方式。学院制是大学不断发展、学科不断分化综合的要求，是高校内部管理体制改革的需要，是追求学科发展和提升人才培养质量的主要载体。其内涵包括：（1）学院是大学直接领导下的二级实体性机构，主要从事本专科生和部分研究生教育教学以及教育科研活动；（2）学院主要从事学术工作，行政管理制度只是为更好地进行学术活动提供保障；（3）相对于大学，学院直接参与引进人才、培养人才等活动，在财务、人事、资源配置特别是教学和学术研究上应该有一定的自主权。

学院制的核心特征是学院具有实体性、主体性、自主性。学院不是大学的虚设机构，而是有行政组织机构和人财物事管理权限的管理实体，具有相对独立的行政地位，具有实体性；学院主体性主要体现为在人才培养、科学研究和为社会服务上具有一定的主体地位，具有一定的办学自主权，大学通过学院的运行来体现其基本职能，主体性是学院制运行效率的保证；学院的自主性主要表现在学院有一定的决策权，这种决策权不仅表现在学院对内部事务的处理上，还表现在对外学院可参与吸引资金、社会办学、社会服务等活动，通过自主管理增强学院的办学实力。

---

① 严燕：《学院制的内涵和学院的设置》，《教育研究》2005年第10期。
② 宣勇：《大学组织结构研究》，高等教育出版社2005年版，第143页。
③ 马陆亭：《高等学校的分层与管理》，广东教育出版社2004年版，第202页。

2. "学院制"的发展

"学院制"最早产生于中世纪的欧洲大学,它随着大学的诞生而形成,随着大学的发展而完善。它以学科知识为依据划分学院,最初主要有神、文、法、医四类学院,实行的是校、院共同管理的模式。时至16世纪的英国,大学形成了以学院为主、大学为辅的管理体制。每个学院设有院长、舍监、教务主任以及财务人员等职位,他们都从教师中选举产生。学院经费主要依靠资助。师生住在一起,共同教学,互相切磋,逐渐形成了英国式学院管理模式,学院已不全以学科划分,它履行着大学的职能,大学则成为相对松散的组织。[①] 19世纪,美国在赠地学院之后,形成了主要是按学科划分,同时又紧密结合经济和社会发展需要的一种比较自由的学院制度。目前,学院制已成为世界上比较通行的一种大学管理形式,这一方面是大学组织继承自身传统的结果,另一方面也受到学科发展逻辑和社会需要的影响。从形式来看,当前各国大学学院设置在尊重自己传统的同时,形式越来越灵活多样,更倾向于以新的学科关系组织学院;就内容而言,学院制改革大都致力于使学科之间、教学与科研及行政之间、学校与社会之间的有机联系得到进一步的整合和提升。

中国的大学学院制,最早可追溯至清末,称"馆""斋",后来称"科",民国初年颁布的《大学令》明文规定"大学"以下设"科"。20世纪20年代中期大学的二级组织出现了"学院"的名称。1929年,国民政府颁布了《大学组织法》,首次以法律的形式统一规定:"大学分文、理、法、农、工商、医各学院,凡具备三学院以上者,始得称为大学,大学各学院及独立学院各科,得分若干学系。"实际上,当时许多大学由于规模小而实行了"校—院"两级管理制度,学院有较大的自主权。新中国成立后,1952年的院系调整建立了与计划经济相对应的高校专业体系,把大学分为文理大学、单科性大学和单科性学院,全国的大学几乎无一例外地取消了学院层级,大学以下直接设"系"作

[①] 戚业国:《论大学学院制度的形成、发展与改革》,《高等教育研究》1996年第5期。

为二级组织，系下再设教研室，自此，"大学—系—教研室"的体制得以形成并稳定地延续了将近半个世纪。此后，在计划经济体制下，大学自主权减少，校级行政管理面面俱到，系一级权力微不足道，学院形成缺乏基础。加之当时学校规模不大，实行窄口径的专业教育，学科交叉与综合的要求并不强烈，所以学院制也必然被遗忘。20世纪80年代以来，随着科技发展和学科综合趋势的加强，社会与市场对复合型人才培养的需求，以及学校规模的不断扩大，原来以单科专业组建的系（所）组织管理方式及其有限的管理权限，已经越来越不适应时代发展的要求；90年代以来，学科发展综合趋势进一步加剧，高等教育向更高层次和更大规模发展，大学"校—系"两级管理格局受到不同程度的冲击。1993年颁布的《中国教育改革和发展纲要》提出，要在机构设置方面进一步扩大高等学校的办学自主权。这样，组建学科群，建立学院，由"校—系"两级管理走向"校—院—系"三级管理体系成为必然。如今，我国大学里的二级实体机构，除了个别"学部"或少数"学系"之外，绝大多数均已改为学院，学院已经成为我国大学二级办学机构的主要形式。①

二 管理与治理

（一）管理的内涵与特征

1. 管理的内涵

在现代汉语中，"管"原意为细长而中空之物，其四周被堵塞，中央可通达。使之闭塞为堵，使之通行为疏。管，就表示有堵有疏、疏堵结合。"理"本义为顺玉之纹而剖析，代表事物的道理、发展的规律，"管理"犹如治水，就是疏堵结合、顺应规律的思维与行为。②

"科学管理之父"弗雷德里克·泰罗（Frederick Winslow Taylor）认为："管理就是确切地知道你要别人干什么，并使他用最好的方法去干。"③ 在

---

① 周川：《学院组织及其治理结构》，《中国高等教育评论》2012年第12期。
② 张俊伟：《极简管理：中国式管理操作系统》，机械工业出版社2013年版，第24页。
③ ［美］F.W.泰罗：《科学管理原理》，胡隆昶等译，中国社会科学出版社1984年版，第24页。

泰罗看来，管理就是指挥他人能用最好的办法去工作。诺贝尔奖获得者赫伯特·A.西蒙（Herbert A. Simon）认为管理就是制定决策。[①]彼得·德鲁克（Peter F. Drucker）认为："管理是一种工作，它有自己的技巧、工具和方法；管理是一种器官，是赋予组织以生命的、能动的、动态的器官；管理是一门科学，一种系统化的并到处适用的知识；同时管理也是一种文化。"[②]

可见，广义的"管理"是指应用科学的手段安排组织社会活动，使其有序进行，其对应的英文是 administration。狭义的"管理"是指为保证一个组织达到既定目标而实施的一系列计划、组织、协调、控制和决策的活动，对应的英文是 management。

本书认为，管理是指在一定组织中的管理者，为了高效率地实现组织既定目标，运用一定的职权和手段协调他人和利用资源，而进行的决策、计划、组织、指导、实施、控制的过程。

2. 管理的特征

从管理的概念分析看，管理具有如下特征。第一，管理的普遍性。管理是劳动社会化的产物，适用于一切社会组织，自从有了人类的社会实践活动，就有了管理的存在。第二，管理的强制性。管理具有鲜明的目的性，就是通过计划工作、组织工作、指挥及控制工作的诸过程来协调所有资源，以便实现既定的目标。在这一过程中，管理者或领导者可以利用职权或制度等强制性的手段达成目的。第三，管理的层级性。管理往往以效率至上为原则，管理者与被管理者之间是控制与被控制、命令与服从的关系，是上下层级的单向度关系，即科层制。

（二）"治理"的内涵与特征

1. "治理"的内涵

在《现代汉语词典》中，"治理"一词有两种含义：一是整治、

[①] ［美］赫伯特·A.西蒙：《管理决策新科学》，李桂流、汤俊澄等译，中国社会科学出版社1982年版。

[②] ［美］彼得·德鲁克：《管理：任务、责任和实践》（第一部），余向华等译，华夏出版社2007年版，第2页。

调理；二是整修、改造。英语中的"治理"（governance）来源于拉丁语和希腊语中的"操舵"（steering）一词，原意主要指控制、指导和操纵。长期以来它与"统治"（government）一词混用，主要应用于与国家公共事务有关的管理活动和政治活动中。目前，"治理"一词已经广泛运用到政治学、经济学、管理学等学科领域和社会活动领域，超越传统词义而成为一个时尚术语。

现代意义上的"治理"是一个含义广泛的概念，20世纪80年代以后随着治理理论研究在西方兴起，治理一词也被赋予了多种含义。治理理论的创始人之一詹姆斯·N. 罗西瑙（J. N. Rosenau）在其代表作《没有政府的治理》和《21世纪的治理》中将"治理"定义为："一系列活动领域里的管理机制，它们虽未得到正式授权，却能有效发挥作用。与统治不同，治理是指一种由共同的目标支持的活动，这些管理活动的主体未必是政府，也无须依靠国家的强制力量来实现。"治理"既包括政府机制，但同时也包括非正式、非政府的机制，随着治理范围的扩大，各色人和各类组织等得以借助这些机制满足各自的需要，并实现各自的愿望"[1]。库伊曼（J. Kooiman）和范·弗利埃特（M. Van Vliet）指出："治理的概念是，它所要创造的结构或秩序不能由外部强加；它之所以发挥作用，是要依靠多种进行统治的以及互相发生影响的行为者的互动。"[2] 罗伯特·罗茨认为："治理标志着政府管理含义的变化，指的是一种新的管理过程，或者一种改变了的有序统治状态，或者一种新的管理社会的方式。"[3]

1995年，全球治理委员会（Commission on Global Governance）发布了题为《我们的全球伙伴关系》的报告，其中正式将治理定义为"治理是各种公共的或私人的个人和机构管理其共同事务的诸多方式总和，它是使相互冲突的或不同的利益得以调和并且采取联合

---

[1] ［美］詹姆斯·N. 罗西瑙主编：《没有政府的治理》，张胜军等译，江西人民出版社2001年版，第37页。

[2] ［美］库伊曼、范·弗利埃特：《治理与公共管理》，见库伊曼等编《管理公共组织》，等萨吉出版公司1993年版，第64页。

[3] ［英］R. A. W. 罗茨：《新的治理》，木易编译，《政治学研究》1996年第154期。

行动的持续的过程，它既包括有权迫使人们服从的正式制度和规则，也包括各种人们同意或以为符合其利益的非正式的制度安排"。同时还指出"治理"有四个特征："治理不是一整套规则，也不是一种活动，而是一个过程；治理过程的基础不是控制，而是协调；治理既涉及公共部门又包括私人部门；治理不是一种正式的制度，而是持续的互动。"①

我国学者毛寿龙认为，"英语词汇中 governance 既不是统治（rule），也不是指行政（administration）和管理（management），而是指政府对公共事务进行治理，它掌舵而不是划桨，不直接介入公共事务，只介于负责统治的政治和负责具体事务的管理之间，它是对于以韦伯的官僚制理论为基础的传统行政的替代，意味着新公共行政或者新公共管理的诞生"②。此外，还有诸多学者从不同的角度对治理做出了不同的界定，但这些界定大多是描述性的概念，具有一定的模糊性。由此可见，"治理"是一个内涵丰富、适用广泛而又难以界定的概念。

本书认为，治理是指在各种组织形态（政府、企业、社会组织等）的公共事务或其他事务中，各利益主体积极参与其中，实现权力共享和互动合作，最大限度地增进利益相关者共同利益的结构与过程。它首先是一种理念，即分权与制衡、参与与合作；其次是一种结构，即各利益主体的权力配置方式；最后是一种过程，即权力关系的上下互动与彼此制衡的运行机制。

2. "治理"的特征

传统意义的治理一词作为政治学词汇，是通过对公共权力的配置和运用，实现对社会的统治、协调和控制这一目标。因此它要创造一定结构或程序，即治理结构与治理过程。治理结构是指各种权利的整合与配置，治理过程则指各种权力的运行机制。熊庆年、代林利认为，治理结构是组织中各利益群体的相互关系，它通过权力的配置和

---

① The Commission on Global Governance, *Our Global Neibourhood*, Oxford: Oxford University Press, 1995, p. 38.

② 毛寿龙：《西方政府的治道变革》，中国人民大学出版社1998年版，第7页。

运作机制来达到关系的平衡，其根本目的就是保障并实现组织的有效运行。① 现代西方治理模式突出地表现在公共权力资源配置的分化以及权力自上而下与自下而上的双向运行上，而我国则更多表现为公共权力配置的集中化和权力自上而下的单向运行。

对治理概念分析，可以看出治理具有如下特征。第一，治理主体的多元化。从权力的角度阐述治理，治理的主体呈多元化，各种治理主体要想最终建立一种公共事务的管理联合体，都要放弃自己的部分权力，并且多元化的治理主体之间要存在权力依赖关系。② 第二，治理主体的互动性。治理是基于共同目标的各行为主体间的互动过程，治理的核心机制是信任、合作与分享，各种权力主体通过对话来增进相互的理解和信任，确立共同目标，并共同承担风险，最终建立一种公共管理联合体，因此各主体之间在具体运行过程中存在着权力依存与合作伙伴关系，并且形成合作的网络关系。第三，治理机制的多向度。从权力运行方向看，由于治理主体和手段的多元化，因而其流向上是双向或多向，强调的是上下互动。如果权力的行使得到社会公众的普遍认可，就可能在国家公共事务管理中成为不同层面上的权力中心。也可以说每一个主体就是一个中心，都希望拥有自主权。

从治理的特征分析来看，治理的核心价值就是分权与制衡，参与与合作。它强调在实现公共利益的方式上，由垄断、一元和强制走向民主、多元和合作，这是国家、社会和市民实现双赢的一条新道路。基于此，治理作为一种新兴的理论才具有了旺盛的生命力。

（三）管理与治理的关系

从上述两者的概念与特征分析可以看出，管理与治理是两个相互联系而又相互区别的概念。

1. 区别

治理和管理在理念、目标、运行方式、评价标准等方面存在诸多

---

① 熊庆年、代林利:《大学治理结构的历史演进与文化变异》,《高教探索》2006年第1期。

② 王浦劬、李风华:《中国治理模式导言》,《湖南师范大学社会科学学报》2005年第5期。

不同之处，如表1-1所示：

表1-1　　　　　　　　治理与管理的具体区别

特征	治理	管理
目标	利益相关者责权利的平衡	组织的既定目标
导向	参与、合作、协调、共赢	决策、执行、控制、效率
主体	利益相关者	管理者　被管理者
运行方式	多元主体互动　合作网络	上下层级管理　科层制
权力向度	自上而下与自下而上，多向度	自上而下，单向度
实施手段	激励机制　协调机制　约束机制等	行政权威　权力控制　组织制度
运行机构	公共机构　私人机构	公共机构
政府作用	宏观调控	具体管理或干预
评价标准	善治（合作）	善政（效率）

2. 联系

第一，治理是管理发展到一定程度的产物，管理活动早于治理过程的出现。一般而言，组织规模较小时，边际管理成本和边际管理收益相对平衡，管理职能作用明显。但随着组织日益复杂化和组织规模日益扩张，权力进一步分化，实施治理过程成为必然要求。第二，治理是伴随着管理危机的出现而产生的新的管理理念和机制。从公共管理理论分析，治理理论产生的背景是"政府失效"和"市场失灵"而产生的管理危机；从企业管理角度看，治理也是随着股份制公司出现而产生的所有权和经营权的分离而出现的。人们希望通过治理的方式解决公共管理和企业管理危机。第三，治理体现了现代管理发展的新趋势。随着市场经济的成熟和公民社会的发育，各利益主体对社会公共事务的参与能力不断增强，为有效治理的实现提供了良好的制度环境。

三　大学治理与院系治理

（一）大学治理

随着治理理论的兴起和发展，大学治理（University Governance）逐渐进入了学者们关注的视野。1960年美国学者约翰·科森（John

J. Corson）发表的《学院与大学的治理：结构与过程的现代化》（*Governance of School and Universities: Modernizing Structure and Processes*）被称为第一本研究大学治理的专著，也是大学治理研究的奠基之作。1973 年，卡耐基高等教育委员会将大学治理定义为"作决策的结构和过程，从而区别于行政和管理"[①]。2004 年美国著名学者伯恩鲍姆（Robert Birnbaum）更深入地研究和揭示了大学治理的内涵，他认为大学治理是"平衡两种不同的但都具有合法性的组织控制力和影响力的结构和过程，一种是董事会和行政机构拥有的基于法定的权力，另一种是教师拥有的权力，它以专业权力为基础"[②]。国际高等教育研究学会（ASHE）系列丛书《关于 21 世纪大学治理的论文集》给大学治理界定的概念是"大学内外利益相关者参与大学重大事务决策的结构和过程"[③]。

我们认为大学治理就是为实现大学目标而设计的一套制度安排，是大学内外利益相关者参与大学重大事务决策的结构和过程，是各种权力在各个主体之间的配置与行使，包括权力分配结构（治理结构）和权力运行机制（治理过程）两个互相匹配的方面。

大学治理首先是一种结构，即权力配置方式。大学治理结构是现代大学制度的核心，有内部治理和外部治理之分。外部治理是指大学的外部制度安排，涉及大学与政府、大学与社会、大学与市场、大学与大学之间的关系，表现为大学的办学体制、投资体制和管理体制等；内部治理是指大学的内部制度设计，即一所大学内部的组织结构和运行机制。我国大学治理问题主要涉及举办者、管理者、办学者之间的关系，及内部决策权、执行权和监督权等主要权力关系的明确规

[①] Carnegie Commission on Higher Education, *Governance of Higher Education: Six Priority Problems*, New York: McGraw-Hill Education, 1973, p. 11.

[②] Robert Birnbaum, "The End of Shared Governance: Looking Ahead or Looking Back", *New Directions for Higher Education*, Issue 127, Fall 2004.

[③] Dennis John Gayle, Bhoendradatt Tewarie, and A. Quinton White Jr., *Governance in the Twenty-First-Century University: Approaches to Effective Leadership and Strategic Management*, New York: Jossey Bass, 2003.

定。通过对这些关系和权力的界定，进一步明确大学与政府、社会等利益相关者之间的权益关系，明确学校与院系之间的权责关系，明确大学党委、校长、教师、学生之间的互动关系。人们通常从大学内部关系和大学外部关系两个方面，考察和探讨我国大学的内部治理。

（二）院系治理

基于以上对大学治理的理解，可以给院系治理的内涵作一定的阐释。笔者认为院系治理就是：院系作为大学管理的重心和主体，为实现人才培养、科学研究和社会服务等办学目标而进行的一系列制度安排，指院系内外部利益相关者作为权力主体参与院系发展的过程。

院系治理是大学治理的核心组成部分，也有内部治理和外部治理之分，外部治理指学院与外部利益主体关系的制度安排，包括学院与大学、学院与学院、学院与社会之间的利益关系，内部治理指学院内部权力或权利主体之间关系的制度安排，即学院内部的组织机构及运行机制，明确学院党支书记、院长、教师、学生、管理人员之间的权责关系，明确党政联席会、教授委员会等民主决策与参与机制等。

院系治理的核心要素主要包括治理主体、治理客体与治理机制。治理主体主要是指谁参与院系治理的问题。从院系的组织结构看，参与院系治理的主体虽然以教师和学生为核心，但目前家长、社会、用人单位等的利益与院系乃至大学的整体利益日渐密切相关，因而也成为大学院系发展的利益相关者，在大学院系治理中拥有一定的参与权，形成多元主体；院系治理的客体就是指院系治理的对象及范围，主要指权力的配置方式、责权利的对应关系、内外部权力主体的互动关系等。院系治理面临的主要问题是内外部权力（尤其是行政权力与学术权力）结构的稳定，权力关系的监督与被监督，决策权与资源配置权的分享等，这些都凸显了院系治理客体的复杂性；院系治理机制是指为达到责权利的合理分配而必须具备的运行程序和运作方式。院系内部治理结构不仅仅是静态的存在，而是一个相互关联、不断调整的自组织系统，它通过适时调整和不断完善的自我约束机制和相互制衡机制，不断地协调着利益相关者之间的权责关系，最终实现学术权力和各方利益的最大化。

第三节 文献综述

治理理论在高等教育领域的运用，主要体现为大学治理研究，即以大学作为治理的组织对象。深入到大学内部微观组织的治理研究，还不多见。通过对中国知网中国学术期刊网络出版总库进行检索，以"学院"和"治理"为主题词，对1979年至今的研究文献进行检索，共检索到论文49篇，全部集中在1990年之后，真正引起学者关注是在2005年之后。其中有25篇涉及的是"独立学院治理"，与我们所研究的"大学二级学院治理"不是一个概念。以同样主题词检索中国优秀硕士、博士论文全文数据库，共检索到9篇（博士论文1篇），其中有7篇研究内容为独立学院的治理问题。可见，关于大学学院治理的直接研究还十分有限。

但是与大学院系治理有直接关联的研究即大学治理研究和大学学院制研究却比较丰富，这些研究为大学院系治理研究提供了很有价值的启发和借鉴。以"大学"和"治理"为关键词检索中国学术期刊全文数据库，检索到相关文献244篇，主要集中在2004年之后；在中国优秀硕士论文全文数据库检索到85篇，优秀博士论文全文数据库检索到28篇，皆分布在2005年以后。以"学院制"和"学院"为主题词进行检索，有期刊论文677篇，硕士论文221篇（2002年后），博士论文10篇（2005年后）。下面从"大学治理"和"大学学院制"两部分对相关研究内容进行梳理。

一 大学治理研究

（一）关于大学治理概念的研究

"治理"概念的提出首先来自于企业问题的研究，1989年的世界银行报告把治理概念扩展到企业之外，将政府、中介组织、学校等各种非营利组织纳入到治理研究的视线。因为利益相关者问题、委托代理问题等并不是企业所独有的，而是在任何组织中都存在的。因此，治理逻辑都是相同的，只是约束条件和治理形式不同而已，"大学治理"概念的提出是近几年的事情，但其研究的对象和提出的问题是一个长久的课题。

国内学者根据对治理理论的研究，分别构建了具有多学科视角的概念内涵，有代表性的观点如下：（1）制度说（肖丽红，2007）：大学治理是大学内外利益相关者参与大学重大事务决策的结构和过程，它是大学内关于权力配置和行使的制度安排，是现代大学的一项核心制度；（2）结构说（郭丽、茹宁，2007）：大学治理是指关于政府、大学法人和大学的教师、行政人员、学生、校友以及大学所在地区的企业、社团、居民等所有利益相关者之间责权利关系的制度性安排，以及维持和实现这种制度性安排的过程；（3）过程说（甘永涛、权威，2006）：大学治理是由政府、社会、大学自身等多种主体运用多元化、民主化、平等化的管理方式参与的一个协调互动过程。

（二）大学治理的理论基础研究

任何类型的"治理"研究都离不开对治理理论基础的追溯和挖掘。治理理论为治理研究提供了研究的范式，而且从不同的角度展现了治理的基本理念。不同视域的研究所借鉴的治理理论各有侧重。大学治理理念的形成是建立在不同的理论基础之上，主要涉及如下几种：法人理论、委托代理理论、利益相关者理论、教育消费理论、人力资本理论、信息不对称下的问责理论等。根据法人理论，大学治理强调法人地位就意味着确认大学的治理结构，以及权力配置等核心问题。根据利益相关者理论，大学是一个典型的利益相关者组织，必须由利益相关者共同治理，并使各利益相关主体之间在责权利等方面达到平衡。根据委托代理理论，大学外部形成了多重委托代理关系，大学治理要形成权力制衡机制，降低代理成本，减少道德风险，追求效益最大化。根据教育消费理论，大学治理应该特别注重大学生权益的保障。根据人力资本理论，大学治理要体现大学教师人力资本产权特性与工作特征，强化激励机制。

赵成、陈通（2005）在《治理视角下的大学制度研究》中分析了大学治理与企业治理的区别以及治理理论用于大学治理的不足。治理理论来自对企业问题的研究，用企业与大学相比拟，仿佛亵渎了大学的崇高理念，容易引起反感。另一方面，治理理论分析大学制度确有不足。一是统一目标的问题，二是有效评价问题，三是激励与约束的矛盾。在大学中，由于知识的不确定性和时滞性以及知识生产的创造性，约束可能成为挫伤潜在优秀者的绊脚石。不过，治理理论的争议并不能否定大学治理研究的意义，因为治理理论研究与其说是给出确定性答案，还不如说是给出分析和解决问题的指向。①

(三) 大学治理结构研究

关于大学治理结构内涵的研究主要有以下代表性观点。(1) 大学治理结构是一种委托代理关系，是指权力在高校管理内部各个不同利益群体间的分配问题（卢小珠，2004）。② (2) 大学治理结构是指不同利益相关者在大学决策过程中，为实现内部效率和公平的合理统一及各自的利益和价值而形成的一种合作博弈关系（彭红玉，2007）。③ (3) 大学内部治理结构主要由大学内部领导体制、执行系统、民主参与及民主监督等机构与职权所组成（李军，2006）。④ (4) 还有学者认为，治理结构的本质内涵包括三个方面：第一，治理结构是一种制度安排；第二，治理结构是一种权力制衡机制；第三，治理结构是一种决策机制。⑤

有学者认为大学内部治理结构主要涵括以下内容：其一，党委与校长；其二，教师和学生；其三，学校与院系。随着利益主体的多元和分化，这三对利益主体在大学控制权力的诉求和现实可能性方面存在各种矛盾冲突。也有学者（洪源渤，2010）提出了"双核治理架构"的说法，按照大学学术的逻辑和科层的逻辑，大学存在着以基于大学组织的

---

① 赵成、陈通：《治理视角下的大学制度研究》，《高等教育研究》2005年第8期。

② 卢小珠：《从治理结构角度论公办高校管理体制的改革》，《改革与战略》2004年第12期。

③ 彭红玉：《我国高等教育治理结构的反思——结构功能主义的视角》，《高教探索》2007年第6期。

④ 李军、阳渝：《大学治理结构面临的问题及目标模式》，《高等农业教育》2006年第12期。

⑤ 胡春华：《高校内部治理结构研究》，硕士学位论文，武汉理工大学，2008年。

学术体系的学术权力配置中心，和以基于大学科层系统的行政权力配置中心的两种治理结构，分别满足了大学两种属性的内在要求。①

张维迎教授在《大学的逻辑》一书中指出"大学目标和理念的实现，离不开科学的制度安排，即治理结构，也就是大学的治理"。大学治理结构主要包括：第一，治理主体，即大学由谁治理，谁参与治理的问题；第二，治理客体，就是治理的对象，及利益相关者之间的责、权、利关系的协调问题；第三，治理机制，即如何治理，通过什么样的程序和机构，才能合理安排各利益相关者的责、权、利关系。作者将其称之为"治理结构的三角形框架"。②

卢小珠（2004）在其文章《从治理结构角度论公办高校管理体制的改革》中认为大学治理结构是一种委托代理关系，解决的是权力在高校管理内部各个不同利益群体间的分配问题。文章还研究了高等教育内部组织关系、人员关系及其权力划分等。认为我国高等教育内部组织划分为两种基本关系，一是院校关系，即学校、学院、学系三者之间的关系；二是个体成员之间的关系，即党委书记、校长、教授、行政人员之间的关系。在我国要特别注重研究一组重要关系，即校长和党委之间的关系，这是由我国政治体制性质决定的。

甘永涛（2007）根据各国大学制度安排，将现代大学的治理结构模式分为三种类型，一是以内部人监督为主的关系型治理结构模式，二是以国家监督为主的行政型治理模式，三是以中介机构监督为主的复合型治理结构模式。③ 赵成等（2005）认为现代大学治理结构分外部治理和内部治理，外部治理是指法律、政府、市场和大学的关系，内部治理是指学术权力、行政权力、董事会、筹资结构和大学文化。首次提出了大学文化在大学治理中的重要性。④

---

① 洪源渤：《共同治理——论大学法人治理结构研究》，科学出版社2010年版，第7页。
② 张维迎：《大学的逻辑》，北京大学出版社2004年版，第5页。
③ 甘永涛：《大学治理结构的三种国际模式》，《高等工程教育研究》2007年第2期。
④ 赵成、陈通：《现代大学治理结构解析》，《天津大学学报》（社会科学版）2005年第6期。

国外学者研究大学治理结构时，主要研究大学内部的权力关系，更多地关注大学内部各利益相关者之间的权力分配问题，较少涉及大学与政府、社会之间的权力关系问题。如伦敦大学高教所的夏托克（Michael Shattock，2002）分析了大学内部的合作治理和学术治理，并提出了共同治理的新平衡模式。伯恩鲍姆（Robert Birnbaum，2004）运用控制论的思想分析了学术组织的权力结构和学术评议会的机制安排，认为大学中包括两个体系，即基于法律权威的理事会和行政体系与基于专业权威的教师体系，大学治理就是为实现两个体系的微妙平衡而设计的结构和过程，[①] 这种平衡不是"学术归学术，管理归管理"，而是"学术归学术，同时学术还要参与管理"。卡普兰（Gabriel E. Kaplan，2004）认为权力的归属与决策结果关联不大，教师治理体系与行政治理体系之间的利益及目标冲突也不明显，因此得出大学治理结构与绩效无关的结论。[②]

（四）大学治理模式研究

对于当前世界各国存在的大学治理模式的研究，学者们主要有以下几种观点。（1）伯恩鲍姆在《大学运行模式——大学组织与领导的控制系统》一书中，从组织理论的视角，以"组织"和"控制"为核心概念，设想了五种大学组织权力运行模式，即"学会模式""政党模式""官僚模式""有组织的无政府模式"和"控制模式"，并分别进行了实景描述式的深入。（2）郎益夫（2002）从透视各国大学治理结构的基础上提出五种治理模式，即科层模式、专业模式、民主模式、共享模式、经营型治理模式。[③]（3）龙献忠等（2007）根据政府在大学治理过程中所起作用的不同提出了高等教育发展的四种治理模式，即市场型治理模式、参与型治理模式、解制型治理模式、弹性

[①] Robert Birnbaum, "The End of Shared Governance: Looking Ahead or Looking Back", *New Directions for Higher Education*, Issue 127, Fall 2004.

[②] Gabriel E. Kaplan, "Do Governance Structures Matter?" *New Directions for Higher Education*, Wiley Periodical Inc., Issue 127, Fall 2004.

[③] 郎益夫、刘希宋：《高等学校治理结构的国际比较与启示》，《北方论丛》2002年第1期。

化治理模式。① (4) 刘朝晖从重视大学学术权力作用的角度提出三种大学治理结构模式，即以美国为代表的体现校外利益集团的董事会领导下的校长负责制，以德国、英国、法国为代表的体现校内各方意志的权力机构领导下的校长负责制，以日本为代表的由政府任命的校长负责制。(5) 李福华 (2008) 教授分析了西方大学内部治理结构的历史沿革后，概括西方大学治理的三种模式，即以美国为代表的学术行政两权分开、互相渗透、各司其职的模式；以法国为代表的学术行政权力两分离、以行政权力为主导的模式；以英国和德国为代表的学术行政相分离、以学术权力为主的模式。② (6) 如甘永涛从"权威—目的两分法"分析框架出发，提出高等教育的四种理想治理模式：洪堡的社会控制模式，纽曼的自由主义模式，贝纳的社会主义模式和市场模式。③ 于文明 (2010) 从多元利益主体生成的视角，提出了我国公立高校现代大学制度模式的框架，包括：以党委会为主导的大学委员会决策体制，以校长为枢纽的专业委员会执行体制，以政府、高校和社会相结合的监督反馈体制。④ 也有部分学者开始研究高校的董事会制度，提出借鉴美国高校董事会制度和我国上市公司独立董事会制度，构建具有中国特色的高校董事会制度 (刘枭、程均丽，2011)，⑤ 也有学者提出董事会领导下的校长负责制的理论构想 (钟晓东，2004)。

(五) 大学治理变迁方式研究

所谓大学治理结构变迁，是指大学治理结构不是静止不变的制度

---

① 龙献忠、刘鸿翔：《论高等教育发展的治理模式》，《高等教育研究》2007年第2期。

② 李福华：《大学治理的理论基础与组织构架》，教育科学出版社2008年版，第173—200页。

③ 甘永涛：《权威—目的两分法：大学治理模式解析》，《教育发展研究》2006年第21期。

④ 于文明：《深化我国公立高校内部治理结构改革的现实性选择——基于多元利益主体生成的视角》，《教育研究》2010年第6期。

⑤ 刘枭、程均丽：《构建具有中国特色高校董事会完善高校内部治理结构》，《教育探索》2011年第3期。

安排，而是随着时代和环境的改变，处于一个动态的变迁过程之中。大学治理结构变迁是大学治理主体为实现一定的目标而进行制度的调整和重新安排的过程，是大学治理制度替代、转换、交易与创新的过程。按照新制度经济学中制度变迁理论，在经济发达的西方，主要采取诱致性方式；而在市场经济不发达的我国，主要采取强制性变迁方式。与西方国家的大学治理结构及其变迁方式相比，强制性大学治理结构变迁方式使得我国的大学治理结构缺乏稳定性，得不到大学微观主体的认同。随着高校内外部利益相关者的深度介入和利益预期，我国未来大学治理结构变迁方式将从强制性向诱致性转变（钟云华，2010）；[①] 有学者指出高校内部治理结构变迁缺失大学理念支撑，以"强制"作为制度变迁的推动力，路径选择缺乏统一的目标指引（郭平，2012）。[②]

综合以上研究，大学治理研究近年来虽然获得较多关注，但依然存在如下问题。

第一，本土化研究缺乏。当前我国有关于大学治理的研究很多都是借鉴国外的经验，缺乏与我国大学实际问题的结合和研究的针对性，很多理论研究成果在中国难以找到理想的实践土壤。有些研究者已经开始致力于构建一套适合中国大学特色的治理理论体系，并力求在这样的理论指导下对我国大学治理结构和治理机制进行实践探索，但也仅仅是开始。因此中国特色的大学治理研究需要进一步加强。

第二，微观研究和实践研究缺乏。当前大学治理研究的基本逻辑是从治理理论出发，以多元、民主、参与为基本价值理念，构建一个大学、政府和社会多元参与、平等沟通和相互协商的关系图式。这些研究具有鲜明的价值指导意义，但基本属于大学的外部治理结构的研究，即宏观问题的研究，缺乏对大学内部治理要素的微观研究，如内部组织的治理；其次，针对中国大学治理实际问题的研究也显得比较缺乏，相关研究过分注重于理论设计而对现实问题关注不足。

[①] 钟云华、向林峰：《中外大学治理结构变迁方式比较》，《现代教育管理》2010年第2期。

[②] 郭平：《我国公办大学内部治理结构研究》，博士学位论文，西南大学，2012年。

第三，人文视角的研究缺乏。目前由于西方发达国家的大学已经建立起了比较完善的治理结构，其研究者们已经将研究的目光从权力结构因素转向研究治理过程中人与文化的内核性因素。虽然对中国而言，治理结构与制度构建的研究仍然重要，但人和文化视角的研究更能够抓住问题的实质而成为共同的趋势，但当前涉及人文视角的研究还非常缺乏。

第四，经验研究缺乏。当前学界对大学组织的理论研究比较丰富，经验研究相对缺乏。研究者们对大学组织结构的研究比较深入，能够进行多角度多层面的剖析和构建，然而这些研究大多还停留在理念构想的阶段，要真正实现大学内外部治理的理想状态，还需要有更多的来自实践层面的经验研究来支撑。虽然部分学者也开始以个案研究或质的研究方法来探求来自实践的问题和经验，但这些研究目前还不成体系。

以上四点也正是大学院系治理研究过程中所要努力解决的问题。

二　大学学院制研究

在世界范围内，大学学院制既是一个历史的又是一个现实的概念和制度。产生于欧洲中世纪大学的学院制，在民国时期尤其是北大改革时期，被引入并试行。1952年的院系调整后，我国高校均实行了"校—系"两级管理模式。改革开放以后，特别是高等教育扩招以来，原来的"校—系"两级管理模式越来越不适应大学管理和学科发展的需要，实行学院制，实现管理重心下移，成为现实的需要。因此，自20世纪七八十年代国内就有个别学者进行零散的研究，但成果不多，90年代才真正引起学者的关注，进入21世纪以来，随着高等教育管理体制改革的不断深化和高等教育领域的综合改革，学院制的研究无论从理论还是实践层面，又被赋予更深层次、更具时代意义的特点。因此，也可以说，学院制研究与学院制改革是一个历久弥新、常谈常新的话题。国内外相关研究主要围绕如下五个方面。

（一）学院制理论研究

第一，关于"学院制"内涵的研究。管理理念说。闵维方教授主编的《高等教育运行机制研究》（2002）一书指出，学院制的再度兴起不能仅仅被认为是传统意义上的简单回归，而应该是在不断丰富和发展，高校二级学院的建立和发展有利于实现校与系之间的学科门类层面的行政职能，使集权与分权结构更好地结合。著名学者阎光才在《识读大学：组织文化的视角》（2002）一书中，阐述了大学学院制的三种特点：一是以纯粹知识的创造和生产为基本指向；二是以知识的传播为主要目的指向；三是以知识的广泛应用和开发为主要目的指向。耿华萍（2006）认为，二级学院不仅是一种组织结构形式，还应该是一种管理理念，是一种进行分权管理，将实体性、依附性、目标性贯穿到大学一切管理活动中的一种管理理念。[①]

　　管理制度说。彭新一、李正（1996）在《学院制改革：理论探讨与实践分析》中认为，学院制在本质上是一种管理制度，其构成要素包括：管理者、管理机构、管理手段和管理方法等，这些基本要素构成了学院制的权力运行机制。[②] 黄祥林（2004）在《学院制改革与高校内部教学科研机构重组》中认为学院制改革就是高等学校将现有的教学、科研机构按照学科群、大学科门类或一级学科进行重组，建立"校—院—系"三级管理、以院级管理主的独立核算的新的教学科研体系。[③] 李泽彧、陈昊（2002）在《关于我国大学学院制的若干思考》中认为学科划分是二级学院产生的基础，学院是一个实体，负责本院的教学、科研以及行政事务的管理，学院制有利于协调大学管理中的集权与分权。[④] 朱建成（2008）在《学院制改革浅析》中认为学院制是指在大学总的目标、原则指导下，学院拥有足够的与它相符的责任、任务相一致的权力与利益，真正成为充满活力的办学实体。[⑤]

[①] 耿华萍：《改革中的我国大学学院制研究》，硕士学位论文，扬州大学，2005年。

[②] 彭新一、李正：《学院制改革：理论探讨与实践分析》，《华南理工大学学报》（社会科学版）1999年第1期。

[③] 黄祥林：《"学院制"改革与高校内部教学科研机构重组》，《延安大学学报》（社会科学版）2004年第3期。

[④] 李泽彧、陈昊：《关于我国大学学院制的若干思考》，《江苏高教》2002年第5期。

[⑤] 朱建成：《学院制改革浅析》，《高教探索》2008年第3期。

管理模式说。严燕（2005）在《学院制的内涵与学院的设置》的文章中指出，学院制是大学以学院为实体性主体和管理重心，凸显培养人才和发展学科等职能目标的内部组织结构形式与管理模式，实体性是提高学院制运行效率的保证。[①] 王香丽（1997）在《我国大学学院制改革及所面临问题、对策的研究》中认为学院制是一些规模较大、学科综合的大学所实行的"校—院—系"三级管理体制，该管理体制采用大学之下设学院、学院之下设系的分权管理组织形式。[②]

第二，关于大学学院制发展与改革研究。部分学者对学院制发展历程、实施原则、改革依据、基本要求、存在问题等进行了多个视角、大同小异的探讨。如俞建伟（2001）根据我国高校的特点和传统，提出学院制改革中权力结构调整要遵循行政权力和学术权力适当分离、行政权力职责明确、权力重心下移、权力适当分散、权力结构多元化等五个主要原则。[③] 戚业国（1996）指出，实行学院制是学科发展综合化和人才宽博教育的需要；也是现代组织理论对大学管理模式提出的新要求。从总体上看，我国大学的内部管理权力配置应向分权发展，校部职能部门由领导机关转为服务机构；学院内部实行系、所、中心制度；实行完整监督下的院长负责制等。[④] 吴文君（2002）从高校内部组织结构特征来谈高校学院制改革，在进行学院制改革的过程中，既要重视高校的学术属性，又要重视高校的科层属性，实现学术权力与行政权力的优化与协调，建立良性运行机制，使学院制改革既有利于学科发展，又要提高管理效率。[⑤] 郭桂英（1996）认为，应该按学科群来设置学院，要灵活地掌握大学与学院间集权与分权的

---

① 严燕：《学院制的内涵与学院的设置》，《教育研究》2005年第10期。

② 王香丽：《我国大学学院制改革及所面临问题、对策的研究》，《广西高教研究》1997年第4期。

③ 俞建伟：《学院制改革与高校内部权力结构调整》，《现代大学教育》2001年第6期。

④ 戚业国：《论大学学院制度的形成、发展与改革》，《高等教育研究》1996年第5期。

⑤ 吴文君、席巧娟：《从高校内部组织结构特性谈高校学院制改革》，《北京理工大学学报》（社会科学版）2002年第3期。

度，要重视增加学院的办学活力，同时要淡化学院的边界，促进学院间的联合与交流，要防止固守学院利益，不顾大学整体利益的倾向。[1]

(二) 学院制比较研究

为了更好地探索我国大学学院发展与改革的路径，国内部分学者对国外大学学院制进行了比较研究，总结经验并引以借鉴。

学者邓岚(1996)以英国45所综合性大学为研究对象，分析归纳出四种大学学院制模式，即以学生住所为划分依据的牛津剑桥模式，以教学居所为依据的伦敦大学模式，以学科类型为依据的爱丁堡大学模式和以学科方向为依据的东安吉利亚大学模式。[2] 张红峰、靳希斌在《美、英、德三国大学学院制组织模式的多视角比较》中，从组织的文化信念、结构设计和权力运行三种视角出发对美、英、德三国的学院制组织模式进行了分析，为我国的学院制改革提供以下启示：以"学术为本"、结构和权力运行的"上行"和"下行"机制、跨学科的学院组建模式、个人负责制与会议制相结合的组织体制以及趋于平衡的权力配置。[3] 张晓鹏(2001)在《学院建制与管理分权——从国外名牌大学经验得到的启示》中概括了国外名校两种学院制模式：一是美国模式，即美国名牌大学中的绝大多数采用以传统的多学科综合的文理学院为主体，辅以专业学院的组织结构；二是日本模式，日本名牌大学部相当于美国大学的学院，更多地强调学科发展的内在逻辑。指出我国大学学院模式与日本更接近，但美国模式更值得借鉴。[4] 欧阳光华教授出版专著《董事、校长与教授：美国大学治理结构研究》，并指导硕士生分别研究了《剑桥大学治理结构》《牛津大学治理结构》《加拿大大学治理结构》，这些研究都不同程度涉及

---

[1] 郭桂英：《学科群与学院制》，《高等教育研究》1996年第6期。

[2] 邓岚、吴琼秀：《英国综合性大学的学院制模式分析》，《湖北大学学报》(哲学社会科学版)1996年第5期。

[3] 张红峰、靳希斌：《美、英、德三国大学学院制组织模式的多视角比较》，《比较教育研究》2008年第3期。

[4] 张晓鹏：《学院建制与管理分权——从国外名牌大学经验得到的启示》，《全球教育展望》2001年第2期。

各国大学学院的管理与运行模式。姜亚杰（2008）对牛津大学学院制进行了专门研究，概括了牛津学院制的特征：实体性（大学与学院的联邦结构）、导师制、兼容性、本科中心。[①] 也有学者关注了非西方国家的大学治理问题，如索丰（2011）利用伯顿·克拉克的三角模型研究了韩国大学的治理问题。[②]

（三）学院设置问题研究

学院设置是学院制研究的重要内容，是学院组织结构设计和职能划分的关键问题，是大学内部治理结构的重要一环。那么应该根据什么来设置学院？学院设置多少合适？对此学者们进行了深入探讨。

首先是学院设置的原则问题。根据学科发展和社会需求设置学院，尤其是按学科群来设置学院，增加学院学科容量，已成为研究者们的普遍共识。如时伟（2007）在《论学科发展与院系调整》一文中，从学科发展的角度对我国大学的内部的院系结构调整进行了研究。他强调学科是大学存在的根基，院系结构的调整必须坚持学科原则，具体来说，包括分化与综合相结合，以综合为主的原则；教学与研究相结合，以教学为主的原则；成熟与培育相结合，以成熟为主的原则；仿效与独立相结合，以独立为主的原则。[③] 严燕（2005）在《学院制的内涵和学院的设置》中提出，学院制的内涵要求学院的设置要遵循管理幅度原则，有效控制学院数量规模，遵循发展学科原则，规范设置学科性主体学院。[④] 郭桂英（1996）在《学科群与学院》一文中指出当前学院建制的三种类型，即系升格为学院、按学科群组建学院、按产业或行业集合设置学院，根据学科分类体系分析了按照学科群建院的基本原理，指出按学科群建院顺应了科学发展综合化的趋势，也适应了社会对新型人才培养的需要。并结合学科跨度、社会需求、大学性质等多种因素对学院建制进行了结构设计。[⑤] 林健

[①] 姜亚杰：《牛津大学学院制研究》，硕士学位论文，吉林大学，2008年。
[②] 索丰：《韩国大学治理研究》，博士学位论文，东北师范大学，2011年。
[③] 时伟：《论学科发展与院系调整》，《江苏高教》2007年第5期。
[④] 严燕：《学院制的内涵与学院的设置》，《教育研究》2005年第10期。
[⑤] 郭桂英：《学科群与学院制》，《高等教育研究》1996年第6期。

(2010) 在《大学校院两级管理模式中的学院设置》中根据学院的目的性、实体性、发展性、特色性和包容性五个特点，提出学院设置应该根据五个原则：战略目标原则、学科发展原则、精干高效原则、权责对等原则和动态适应原则。① 王为正 (2010) 在《合并高校校院两级间的权力博弈与分层治理》分析了当前学院制改革存在的问题，提出以学科（群）关系为标准设立学院；规范化的学院包括基础性学科学院和关键性职业学院两个层次；发展特色学院；将优势学科直接设立为学院，但数量不可过多；增加学院的学科容量：在充分论证学科内在逻辑的基础上，争取宽口径建院，以提高管理的综合效率。②

其次是关于学院设置的规范和数量问题。学者们普遍认为当前我国大学学院设置不够规范，数量设置过多，管理跨度太大，增加了管理成本和管理难度，不利于提高管理效率。刘少雪等《创新学科布局 规范院系设置》中指出：我国名牌大学的学科综合化程度不高，学院设置大多以一级学科为基础，按学科大类设置的学院所占比例较低，与国外学院设置模式相反，借鉴美国学科专业目录（CIP）设置及世界著名大学学院设置的经验，建议国家制订统一的学科专业目录，科学合理地划分学科门类，规范一级学科设置、淡化二级学科，为新兴学科和交叉学科预留发展空间，名牌大学③整合院系体制，减少学院数量，提高学院设置的学科层次，按学科大类或学科群设置学院。④ 贾莉莉在《学科视角下的中美研究型大学学院设置比较分析》中比较了美国研究型大学和我国部分"985工程"高校的院系设置状况，发现在学院设置的数量、标准、类型和学科覆盖率等方面存在较大差异。我国大学学院设置的数量远远多于美国大学，在学院设置标准

---

① 林健：《大学校院两级管理模式中的学院设置》，《国家教育行政学院学报》2010年第10期。
② 王为正：《合并高校校院两级间的权力博弈与分层治理》，《教育研究》2010年第8期。
③ 这里的名牌大学可以理解为今天的研究型大学。
④ 刘少雪等：《创新学科布局 规范院系设置》，《清华大学教育研究》2003年第5期。

上，我国大学多数学院以一级学科为设置标准，美国研究型大学学院大多以学科门类或学科群为设置标准，此外我国大学学院设置有贪大求全的现象。建议从规范学院设置、建立弹性化基层组织、建立超文本组织等方面调整我国研究型大学学院设置。[①] 可见，学院设置要以学科为基础，学院设置的目的就是要最大限度地促进学科的发展。

大学究竟可以设置多少学院？李福华（2008）对研究型和教学为主型大学院系设置状况进行了数据的国际比较分析（抽样分析），发现我国研究型大学设置的学院平均数量远远大于相同类型的国外高校，达到了 2.3 倍。从学科分布上看，按学科群或学科门类设置的学院只占 27.7%，国外是 69.7%；我国教学为主型大学院系设置的数量是国外同类高校的 2.5 倍之多，学科的包容性也很低。[②] 林健（2010）认为大学组织结构的设计主要确定管理幅度，任何一级管理机构都应保持一个适当的管理幅度，适宜的管理幅度才能提高管理效率，有效管理幅度不存在一种普遍适用的固定的数目，它的大小取决于若干影响因素。学院的实体化程度和管理水平是影响学院设置数量的关键因素，同时综合考虑其他影响因素，认为一所大学的学院数目以 10 个为宜，最多不超过 15 个。[③] 马小芳（2012）对不同层次不同类型大学的学院设置情况进行了分类研究和数据分析，我国各大学学院数量分布的集中性较强，平均每所大学的学院数量为 15.8 个，有 69.3% 的大学的学院数量集中在 11—19 个之间，学院数量最多的是 41 个，最少的是 4 个，数量参差不齐，差距较大。指出我国大学中的学院数量过多，学院的学科基础偏窄，学科容量偏小，学院名称不规范且变更频繁，学院设置随意性严重，忽视基础学科和人文学科的地位，跨学科学院发展水平不高。据此，未来我国大学学院要坚守以学

[①] 贾莉莉：《学科视角下的中美研究型大学学院设置比较分析》，《中国高教研究》2009 年第 7 期。

[②] 李福华：《大学治理的理论基础与组织构架》，教育科学出版社 2008 年版，第 246—256 页。

[③] 林健：《大学校院两级管理模式中的学院设置》，《国家教育行政学院学报》2010 年第 10 期。

科为基础，积极推进新型学术组织的创生。① 可见，要实行校院二级管理改革，还需要对学院设置数量进行调整，缩小管理幅度。

（四）学院组织结构研究

二级学院作为以学科为基础设置的实体性机构，其组织形式（即治理结构）直接决定着学院学术本位职能的实现。周川教授认为，作为学术组织的学院和作为行政组织的学院，纵横交错形成克拉克所描绘的那种"矩阵"，关键就在于找到这个"矩阵"的平衡点，既确保"学术权利"，又合理行使"行政权力"，既突出学术的根本，又不失行政的效率。据此，对学院治理结构做了四个方面的设计，即：第一，设立院务联席会作为学院的综合决策机构；第二，院长作为学院的主要行政领导，采取校党委组织考察和教授投票选举相结合方式产生，学院行政副职采取学校选定和学院选举相结合的方式产生；第三，赋予学院学术委员会在本院教学、科研等所有学术事务方面的评定权；第四，赋予学院教职工大会实际权力。② 应望江（2008）借鉴国外高校院系学术管理与行政管理适度分离的思路，从权力制衡和提高效率的目的出发，建立由行政班子、党组织、教授委员会、二级教代会构成的既分工明确又相互合作、相互制衡的"四位一体"的院系治理机构，以期能有效促进高校院系管理体制的优化。③

关于学院组建形式，许放（2002）总结如下几种模式：一是由系直接升格为学院，校系两级管理体制变为校院系三级管理体制；二是以学科为基础组建的学院，即以一级学科组建的基础学院或学科群组建的综合性、跨学科学院；三是按行业或产业的集合设置的学院，突破学科建院的限制；四是与地方政府或企事业单位联合共建的学院。④ 林健（2010）按照学院设置原则中的学科发展原则，把学院设置形式

---

① 马小芳：《我国大学二级学院设置和分类研究》，硕士学位论文，南京师范大学，2012年。

② 周川：《学院组织及其治理结构》，《中国高等教育评论》2012年第12期。

③ 应望江：《四位一体：优化高校院系治理结构的构想》，《国家教育行政学院学报》2008年第7期。

④ 许放：《我国高等学校学院制研究》，《现代教育科学》2002年第11期。

分为如下几种：以发展现有学科为目的的学院设置、以整合学科资源为目的的学院设置、以发展新兴学科为目的的学院设置、以发展特色学科为目的的学院设置。[1] 曹如军（2003）把大学二级学院划分为三类：行政二级学院、专业二级学院和新制二级学院（公有民办二级学院）。其中，专业二级学院是主体，以若干临近学科或学科群为准则组建的。[2]

关于学院职能定位，曾令初（1997）在《大学实行学院制后校、院、系基本职能探讨》中认为高校校级应精简机构，变职能部门为参谋协调机构，成为"决策中心"；学院应成为学校教学、科研、为社会服务的"管理中心"，系所应直接成为"质量中心"。[3] 王为正教授（2010）认为学院不是一个虚设机构，而是拥有一定自主权的实体，学校必然向学院下放如下权力：人事权、理财权、资源配置权、事务管理权，也就是说学院必须履行人事管理、财务管理、资源配置和自主管理的职能。[4]

（五）学院运行机制研究

"大学的发展在学院，学院的发展在学术。"[5] "学校是独立法人，学院是办事主体。"[6] 那么，学院该通过何种运行方式和管理模式实现学校管理重心的下移和自身实体性、主体性、自主性的发挥，最终达到学术本位的回归？这是学院制改革的核心问题，也是学院治理的机制问题。2010年修订的《中国共产党普通高等学校基层组织工作条例》对做好高校学院工作作出原则性的规定，提出院（系）级党组织六个方面的主要职责，为学院党的工作和行政工作提供一个总体框

---

[1] 林健：《大学校院两级管理模式中的学院设置》，《国家教育行政学院学报》2010年第10期。

[2] 曹如军：《试论大学专业二级学院的管理模式》，《复旦教育论坛》2003年第4期。

[3] 曾令初：《大学实行学院制后校、院、系基本职能探讨》，《高等教育研究》1997年第3期。

[4] 王为正：《合并高校校院两级间的权力博弈与分层治理》，《教育研究》2010年第8期。

[5] 唐克军：《论我国大学学院制的发展》，《大学教育科学》2004年第1期。

[6] 郭石明：《社会变革中的大学管理》，浙江大学出版社2004年版，第108页。

架。在这个总体框架下，研究者们提出了各自的设想。

从领导管理体制看，在我国高校二级学院的领导管理体制中，主要有"院长负责制""院党总支领导下的院长负责制""党政联席会基础上的院长负责制"和"教授委员会基础上的院长负责制"，这几种模式各有特点，各有利弊。基于学院的学术组织属性，研究者们普遍强调学术组织力量的参与。蒲波（2012）在《学科组织化：高校二级学院领导管理体制建构的新视角》中建议结合当前运用较广的"党政联席会议共同负责制"，建立以学科发展为中心、学科组织为学术管理重心的二级学院领导管理体制，院将管理重心下移到学术管理和行政管理上，并下放管理权力，让学科组织管理和负责人才培养、科研研究及社会服务等工作，行政组织支持协助学科组织的发展。这样学院在行政共同科学决策的领导下扩大学科组织的学术管理权力，宏观调控学术和行政的管理权限，从而促进学科的发展，激发学科组织的活力。[1] 严蔚刚（2013）在《教授委员会在高校二级学院治理结构中的地位》中认为，虽然高等学校基层组织工作条例明确规定了"党政联席会"作为决策组织，但在二级学院层面建立具有决策职能的教授委员会组织同样重要，因此建议我国高校二级学院建立党、政、学三者共同负责分工合作的机制，实行"行政学联席会"制度；修订相关法律法规，对学术权力组织在大学治理结构中的地位做出明确规定；突破行政二元机构，重视"学"的力量。[2] 李磊（2010）在《试论高等院校学院制领导体制的构建》中建议构建以党建工作为核心，以教学工作为中心的分工合作、共同负责的院级领导体制，要处理好三个关系，即核心与中心的关系、分工与合作的关系、行政权力和学术权力的关系。[3]

在学院运行模式方面，相关研究成果比较丰富。美国高等教育管理

---

[1] 蒲波、黄涛：《学科组织化：高校二级学院领导管理体制建构的新视角》，《四川理工学院学报》（社会科学版）2012年第1期。

[2] 严蔚刚：《教授委员会在高校二级学院治理结构中的地位》，《复旦教育论坛》2013年第4期。

[3] 李磊：《试论高等院校学院制领导体制的构建》，《高等农业教育》2010年第6期。

学家、马里兰大学终身教授罗伯特·伯恩鲍姆的《大学运行模式——大学组织与领导的控制系统》分析了大学和学院作为一种组织机构所具有的独特的结构及其运行过程,构建了4种虚拟的学院运行模式和理想的综合控制模式,为学院运行机制的研究提供了新颖的研究视角。[①] 俞建伟(2001)在《学院制中学院的内部管理体制》中,从管理学的角度,对学院制中学院的内部管理体制进行微观探讨,分析了学校与学院之间、学院与内部系所之间、学校职能处室与系所之间、系所内部之间的关系,明确了学院的职能主要是"管理职能",学院是学校的"管理中心",学院实行系、所、中心制度,并提出一种内部行政机构设置方案。[②] 杨辉、姜永增(2008)在《学院制运行的原则和应重视的问题》中认为中国高等学校学院制运行应遵循以下原则:有利于逐步实行分权,有利于增强学科专业发展活力,有利于实现资源的优化配置。中国高校在学院制运行过程中,关键是权力下放,设计和划分学院应充分考虑学科发展目标和学科发展方向。[③] 郑勇、徐高明(2010)《权力配置——高校学院制改革的核心》中强调要强化学术权力并创新权力分配模式,根据权力配置中的分化与制衡以及权责一致的原则,学院制改革必须建立起以绩效限定责任以权力制约权力的制衡机制。[④] 陈金江博士以案例分析的方式研究了《中国大学本科精英学院运行模式》,归纳出精英型学院运行的核心要素:变"以专业为中心"为"以学生为中心"、学术优势积累和渐进式持续变革。[⑤]

(六)学院内部管理问题研究

近几年来,研究者们对学院制的研究开始由宏观向微观转变,由

[①] [美]罗伯特·伯恩鲍姆:《大学运行模式——大学组织与领导的控制系统》,别敦荣等译,青岛海洋大学出版社2003年版。

[②] 俞建伟:《学院制中学院的内部管理体制》,《江苏高教》2001年第1期。

[③] 杨辉、姜永增:《学院制运行的原则和应重视的问题》,《中国石油大学学报》(社会科学版)2008年第3期。

[④] 郑勇、徐高明:《权力配置:高校学院制改革的核心》,《中国高教研究》2010年第12期。

[⑤] 陈金江:《中国大学本科精英学院运行模式研究》,博士学位论文,华中科技大学,2010年。

校院关系层面转到学院内部管理，但是这些研究比较零散、具体，主要内容涉及学院内部的管理和运行问题，如：大部制改革背景下的二级学院管理模式研究（李博超，2012），行政集体领导下的院长负责制管理体制研究（李忆等，2012），行政领导共同负责运行机制研究（黄轩庄，2012），二级学院的权责关系与规范化运行问题（于桢等，2010），二级学院教学管理以及教学管理队伍研究（贺小军，2010），二级学院办学效益评价研究（赵楠等，2013），二级学院教学评估（何茂勋等，2012），二级学院教学质量评估指标体系构建（黄旭辉，2011），二级学院拨款模式研究（雅茹，2012），等等。此外还有二级学院院务公开问题研究、国际化问题研究、资料室建设研究、文化建设工作研究、教务工作研究等。

值得一提的是，随着学校管理重心下移、学院治理重要性的增强，学院院长的角色引起部分研究者的关注。任初明（2009）在其博士论文《我国大学院长的角色冲突研究》中，探讨了学院制的三种类型和院长角色性质的演变过程，认为院长是学科子系统和科层子系统两维交汇处所形成的一个独特的中间管理职位，院长扮演着多重角色：既是学校决策的执行者，又是学院的领导者；既要代表学校，又要代表学院；既要代表管理系统，又要反映学术系统，是一个典型的角色冲突情境。非匹配—非兼容是院长角色冲突的引发机制，这种非匹配—非兼容包括个体与角色要求的非匹配，角色期望与角色职责的非匹配，角色资源与角色要求的非匹配，各种角色期望的非兼容和管理者与学者两种角色之间的非兼容等，院长的角色冲突受环境、组织、角色、个体与人际关系等多因素的影响。[①]姜华（2011）对二级学院院长的角色冲突进行了抽样调查和数据分析，认为高校的组织结构具有学术共同体和行政管理体的双重特征，这种特征赋予了高校二级学院院长作为行政负责人和学术负责人的双重角色，这两种角色对于高校二级学院院长的行为提出了不同的

---

① 任初明：《我国大学院长的角色冲突研究》，博士学位论文，华中科技大学，2009年。

角色期望，院长恰恰处于两种权力的矛盾之中。校二级学院院长普遍存在学术角色和行政角色的冲突，是由其职位引起的，具有普遍性。① 王洋（2013）在硕士论文中研究了二级学院院长的领导力。郭赟嘉（2014）提出，学术领导是大学二级学院院长角色的本真定位；赵海萍、盖志毅（2011）研究了我国高校二级学院院长（系主任）的职责。

（七）关于学部制改革的研究

随着学院数量增加，管理跨度的加大，以及体制机制创新的需求，部分高校开始探索新的内部治理结构模式，学部制改革近年来逐渐引起研究者的关注。邹晓东、吕旭峰（2011）对研究型大学学部制改革的动因、运行机制及发展走向进行了研究，认为学部作为学术分类管理的平台，对指导学科分类、体现学科差异性有着重要作用。学部是落实教授治学和民主管理的组织形式与载体，学部制改革对于科学合理处理学术权力和行政权力关系有一定的推进作用，有利于实行学术分类管理、整合优化学术资源、激发基层学术组织活力等。② 这两位学者在《"学部制"改革初探——基于构建跨学科研究组织体系的思考》一文中，对学部的运行机制提出了自己的观点，认为学术管理职能是核心，学术委员会制是根本，规划、统筹、协调、服务是关键。学部的主要职能体现在学术发展和学科建设方面，并在一定程度上实现学术权力与行政权力的分离。③

严蔚刚、李德锋（2012）在《我国高校学部的基本权力、分类及相关思考——基于我国学部制改革的调查研究》中，按照赋予学部的职责和权力，将学部划分为"虚体型""实体型"和"实虚结合型"三类。其中虚体型学部是指仅具有跨学院的学术决策或咨询权力，而实体型学部还具有管理学院的行政权力和政治权力。建议高校采取虚

---

① 姜华：《高校二级学院院长的角色冲突》，《中国高教研究》2011年第10期。
② 邹晓东、吕旭峰：《研究型大学学部制改革的动因、运行机制及发展走向》，《浙江大学学报》（人文社会科学版）2011年第5期。
③ 邹晓东、吕旭峰：《"学部制"改革初探——基于构建跨学科研究组织体系的思考》，《高等教育研究》2010年第2期。

体型或实虚结合型学部。[①] 胥秋（2010）从学科融合的视角探索了大学学术组织的变革，建议设立学校统筹管理的多学科交叉研究中心，为学部制改革提供依据。[②] 赵侠、孙铁（2014）对学部制改革进行了个案研究。[③] 孙伟琴（2010）对学部制改革的动力机制、杨晓颖（2013）对研究型大学学部制的动态适应战略、梁琴（2013）对学部制改革存在的问题、吴昊霖（2012）对大学学部的功能和影响因素等，以硕士论文的形式分别进行了研究，为学部制的探索提供了不同角度的启发。

综观上述研究，我们发现，学院制作为大学内部以学院为主体和实体的管理模式和运行机制，备受学界关注 20 多年。20 多年的研究可谓丰富庞杂，为我国大学学院制的改革提供了理论的指导，但通过梳理这些研究文献发现，学院制的研究存在如下问题。

第一，研究内容庞杂，主题趋同，缺乏特色。学院制的研究是伴随着改革开放之后，尤其是 20 世纪 90 年代之后我国大学内部管理体制改革开始的，基于从校系两级管理到校院系三级管理的转变及管理重心的下移这一不可阻挡的趋势。前期的研究基本与改革同步，体现了较强的探索性，特别是对国外学院制的研究，也非常深入，为当时大学内部管理体制改革做出了理论贡献。但后期的研究基本是前期研究的重复或深化，有的研究走向了微观和具体，同时也走向了肤浅和趋同，缺乏具有中国大学特色的学院改革模式的探索。大学扩招之后随着学界提出高校要进行分层分类发展的理念，学院分类发展和特色发展的研究没有随之跟进，微观研究落后于宏观研究。整体研究有虎头蛇尾之感。

第二，研究的创新性不强，缺乏理论的新突破，政策支撑能力不强。研究成果全面有余，创新不足。尤其是后期研究成果重复性内容

---

① 严蔚刚、李德锋：《我国高校学部的基本权力、分类及相关思考——基于我国学部制改革的调查研究》，《中国高教研究》2012 年第 7 期。
② 胥秋：《学科融合视角下的大学组织变革》，《高等教育研究》2010 年第 7 期。
③ 赵侠、孙铁：《高校学科管理体制改革的探索与实践——以辽宁石油化工大学学部制改革为例》，《沈阳师范大学学报》（社会科学版）2014 年第 3 期。

多，开创性内容少，甚至没有突破20世纪90年代的研究框架。很多研究拘泥于老生常谈的话题，缺乏跨学科的研究和理论创新的贡献，缺乏对现实的引领和对改革的敏感度。因而，难以形成系统的、类似制度构建的内容，对大学内部治理结构改革的政策支撑力不强，无法形成"现代学院制度研究"的综合成果。后期关于学部制改革的研究一定程度上反映并引领大学内部治理结构改革的动向，但研究成果还不够丰富。

第三，理念研究多，经验与实践研究缺乏，可操作性不强。相关成果理念研究居多，经验研究与实践研究较少，虽然有个别研究涉及案例分析和数据分析，但还不成体系，对问题反思、经验概括与实践效果的提炼不充分。对学院整体宏观层面的研究居多，对当今学院各具特色的改革举措缺乏系统调研和分析，深入学院内部、解剖麻雀式的实景研究几乎没有。因此，学院治理研究将以宏观研究为借鉴，试图在理论与实践结合的节点，在微观领域开创新的研究范式，借鉴伯恩鲍姆实景描述式的研究方法，概括当今学院改革经验与不足，构建学院治理改进新模式。

第四节 研究的方法和思路

一 方法论基础

基于院系治理的多元主体和关系特征，以分析空间关系见长的"场域理论"为院系治理提供了独特的研究视角和分析工具。

（一）场域理论的内涵解读

皮埃尔·布迪厄（Pierre Bourdieu），是继福柯之后法国又一具有世界影响力的社会学大师，他和英国的吉登斯、德国的哈贝马斯一起被认为是当前欧洲社会学界的三大代表人物。一般认为，场域理论是他的基本理论，在其社会学思想体系中占有最重要的地位，在《实践与反思——反思社会学导引》一书中，他以独到的视角对社会现象进行了深刻反思并作了精辟的阐述，标志着他的场域理论的成熟。

场域、资本与惯习是布迪厄场域理论的三个中心概念，布迪厄在具体研究中是将这三个中心概念互相联系起来，从阶级惯习与流通资本之间的关系角度，把社会实践看成是在特定场域之中实现的东西。"场域"（Field）不仅是布迪厄实践社会学中一个非常重要的概念，也是布迪厄从事社会研究的基本分析单位。他认为，高度分化的现代社会是由大量具有相对自主性的社会小世界构成的，这些小世界就是具有自身逻辑和必然性的客观关系的空间，整个宏观社会世界便是由这些客观关系所构成，场域则是"在各种位置间客观关系的一个网络（network）或一个构型（configuration）"。① 布尔迪厄在这里强调的是它们的关系性而不是结构性。

在理解场域概念时，首先可以将场域设想为一个运作空间，任何与该空间有关的对象的一切行为都必须参照场域中的关系来理解，而不能仅凭对象的内在性质来解释。也就是说，"只有场域的参与者彼此认同场域的规则，特定的行为或者关系才得以存在，而参与者之间这种'共谋'（collusion）关系正是他们竞争的基础。"②

其次，场域既是一个争夺空间，也是一个斗争场所。场域中各种位置的占据者试图利用种种策略来占据或改善它们在场域中的位置，而不断地在场域中展开斗争，并强化对自身资本最为有利的等级化原则。最后，场域也包含一种投入。当一个人进入某个场域时，就同时进入了与一套场域相连的他本人很可能认识不到的前提预设。因此，一个场域是由身体和信念两部分组成的。布尔迪厄提出分析场域的三个步骤。第一，要找出任何具体场域与政治场域的关系，这反映了权力场域的优先性，第二，描绘出场域中各个位置关系的客观结构，第三，确立出在场域中占据各种职位的人所具有的惯习的性质。

在布迪厄看来，场域内部存在着资本的竞争。所拥有资本的多少

---

① ［法］皮埃尔·布迪厄、［美］华康德：《实践与反思——反思社会学导引》，李猛、李康译，中央编译出版社1998年版，第133页。

② 同上书，第135页。

决定了权力的大小,行动者个人和群体之间的资本—权力关系,始终是通过不同场域中的资本力量的相互关系而表现出来的。"场域中的个体是资本的承载者,资本既是斗争的武器又是争夺的关键,他们利用自身所有的资本数量和结构在场域中对他人施加权力、运用影响,这是一种实实在在的力量。"[1] 行动者靠其掌握的资本进行斗争,斗争的目的又是争取更多的资本,终极目的是为了获取权力,形成支配关系。布迪厄认为资本主要表现为三种基本形式,即经济资本、文化资本和社会资本。经济资本可以直接转化为货币,也可以是以制度赋予的权力形式出现;文化资本是个体的知识能力、文化素养或是社会对其资格的认可等;社会资本则是指个人或是群体凭借拥有一个比较稳定、彼此熟识、相互交往的关系网,从而积累起来的社会资源的总和,这种关系依赖于不断的交换和相互的认可。[2]

(二) 场域理论对院系治理研究的适用性

以上场域理论是否适用于大学或院系治理研究,取决于大学和院系是不是一种特殊的社会场域这一命题,即大学或学院是否存在场域性问题。这要从场域的本质与定义谈起。在布迪厄看来,场域是一个关系性范畴,一个场域可以被定义为在各种位置之间存在的客观关系的一个网络或一个构型,每个场域都处于关系之中,或者说场域是由各种关系构成的,在场域中各种行为主体围绕着利益彼此争斗。场域与系统不同,一个场域不存在组成部分或要素,每一个场域都有自身的逻辑和规则,每一次场域的分割都需要一种真正的质的飞跃。

教育场域中的再生产关系体现在现代社会中的阶层、文化和权力的联结方式上,发挥着维持和再生产当下社会等级的文化作用,大学则是生产、传递和积累各种文化资本的最基本的体制性基础,因此大学场域的关系存在与运动模式体现了社会场域的再生产逻辑。其次,大学场域也是一个关系性范畴,其内部的教师、学生、管理人员等实体性教育因素并非以零散和静态的形式存在,而是在彼此结成的客观

---

[1] [法]皮埃尔·布迪厄、[美]华康德:《实践与反思——反思社会学导引》,李猛、李康译,中央编译出版社1998年版,第136页。

[2] 同上书,第170页。

关系网络中相互确证。也就是说大学场域内客观存在的除实体性因素之外，还有这些实体生成的关系型要素。因此大学的场域性是对大学内部治理模式的一种新理解和新视角。此外，大学的场域性既体现为以一种文化资本为场域资本的"通货"，又体现为与文化资本相对应的文化权力的运作。当然，大学场域和其他形式的社会场域一样有其特定的利益——受教育者的发展，同时也秉承了场域的冲突特质——利益之争。由此可见，大学是一个特殊的场域，是由内外部各种组织系统、关系系统和权力系统组成的一个庞大的网络联盟。也就是说"大学场域是学校中各种复杂矛盾的多元位置之间存在的多元关系的网络，是有形与无形的整体集合与各种力量的不断重组。"[1] 大学治理过程中的诸多问题，其本质就是不同的利益相关者按照共同规则与自身逻辑，不断地相互影响与制衡的过程。大学场域内的资本也可划分为文化资本、社会资本和经济资本，其中最主要的是文化资本。因为，大学场域是生产和继承文化资本的场所，大学场域的各个要素及它们之间产生联系的中介也是以知识为载体的文化资本。因此，大学场域之中存在着学术权力、行政权力和市场权力，核心权力是学术权力（文化权力）。当然，权力的基础是资本，文化资本、社会资本和经济资本的博弈与竞争恰恰体现为大学场域内学术权力、行政权力和市场权力的平衡与制约，而象征性资本最终将三维权力结构归为一体。因此，将场域理论运用于大学治理研究，符合高等教育本身的内在逻辑，既体现了大学内部权力的结构性特征，又体现了权力之间的关系性特征。尤其在关系性特征方面，为大学内部治理结构的动态运行机制提供了独特的分析视角。

院系作为大学场域中的一个子系统，其学术特征和运作方式与大学母体既存在相同之处，又具有自身的独立特征，它既是大学内部各种客观关系的存在和生产空间，亦承载着大学内部多种利益关系的冲突与博弈。根据场域的特征来分析，院系亦是一个独立的场域。根据布迪厄提出的资本分类框架，院系场域中的资本也可以分为经济资

---

[1] 马维娜：《局外生存》，北京师范大学出版社2003年版，第165页。

本、文化资本和社会资本。经济资本是院系办学不可或缺的基本要素和物质基础，它的作用无处不在，主要以拨款、捐助、社会产业化收入、学费等形式存在。出资者主要包括政府、企业、社会机构与个人，它们在为院系发展提供必要资源的同时，以特有的行为方式影响院系内外利益关系与结构运行。文化资本是院系拥有的最核心的资本，它既包括物化的科研成果等文化财产，也包括院系组织成员内在的秉性、才能和修养等智能结构，还包括大学制度所确认的各种学术头衔、学术水平与等级等。院系所拥有资源的多寡主要取决于其在科学研究、人才培养、社会服务过程中体现出来的能力，可以说文化资本构成并体现着院系的本质属性。同时，文化资本是院系各利益主体制衡和博弈的重要砝码，是院系治理行动必须遵循的基本逻辑。社会资本是院系所占有的社会资源或财富，社会资本的自身属性决定了社会交往活动在院系治理结构中的作用。布迪厄认为，场域中的社会资本具有制度性，主体会通过策略确定并再生产某些社会关系，并将其转化成在体制上的权力关系。[①]

在院系场域中也存在着文化资本、社会资本和经济资本的博弈和竞争，不同竞争主体总是为占有更多的文化资本、掌握更大的文化权力、占据更高的位置而发生着斗争和冲突。主要表现在：管理者之间权力的相互抗衡，教师之间的相互竞争，管理者与教师之间的控制与反控制等，无不彰显着教育场域内权力的冲突本性。将场域理论应用于院系治理研究中，就要解决院系治理结构中的主体之间的关系结构以及各主体的行为逻辑等问题，这也构成了大学治理的研究框架。由此我们看出，布迪厄的场域理论为我们认识、理解和分析院系治理结构及其运行机制提供了有力的分析工具，它为我们研究院系治理提供了一个"关系性"的新视角，可以避免治理结构研究的静态化和"宏大叙事"的研究局限。当然，大学与学院的关系，权力的上下级关系，主要是"结构性"的，而不是"关系性"的。但正如布迪厄的场域位置、客观关系和权力形态一样，关系性显然离不开结构性，结构性又必然寓含着关系性，

[①] 高宣扬：《布迪厄的社会理论》，同济大学出版社2004年版，第156页。

二者不可能独立存在和严格区分。因此，大学和院系的场域性是存在的，场域理论的分析视角适用于院系治理研究。

二 研究方法

本研究认为，相对于学校治理改革，院系治理改革涉及的权力类型更加具体、细微和多样化，权力互动结构也更为鲜活和生动，其复杂性和系统性也会非常高。各种因素之间的关系呈现出非线性、多变性的特点，而这些要素往往与研究者最初的预想有着很大差别，甚至存在着一些研究者根本就没有考虑到的潜在因素；另外，许多影响因素无法量化；加之该研究课题也属于当前改革的敏感问题，问卷调查很难客观呈现问题原貌。鉴于上述考虑，我们认为对该问题进行深度研究时，不能主观、简单的确定因素之间的关系，而是要充分考虑到院系生存环境的互动机制，为此该研究在方法上采取了以下设计。

（一）文献分析法

文献分析法的优势在于既有的研究资料文本、政策文本和历史记录文本，重在梳理、总结和提升，本研究首先通过梳理各种资料，对"治理""大学治理""学院""学院制""权力结构"等关键词进行检索和分析，对核心概念进行厘定，对相关理论进行阐述。然后，搜集整理有关院系治理改革的研究资料、政策文本和历史记录文本，围绕着权力要素，分析各要素之间的互动关系，从文本中解读出要素互动关系机制。

（二）深度访谈法

深度访谈是指对访谈对象做全方位、全天候性的多次访谈，它要比一般性访谈更为深入，但没有田野观察法那样细致，是一种相对折中的方法。该研究力图充分了解院系内部的运转方式，了解各种要素之间的细微互动关系，简单访谈并不能发掘内部要素，一次访谈也不能真正找到可能发挥影响的要素以及它们之间的互动机制。因此，需要在一段时间内边观察、边访谈，通过对该环境中的多种主体进行相互验证性的访谈，剔除单方主观性观点，或者故意回避的虚假观点。因此，本研究以既有理论为基础初步编制访谈提纲，经过访谈后进行修订，然后通过无结构的、一对一的访问形式，分层随机选取教育部直属高校及普通高校的学生、教师、管理者若干名进行深入的访问。以聚类分析、探索性因素分析等统计方法对质性数据进行分析，以期揭示大学基层学术组织在运行中存在的突出问题，以便深刻把握本研究的主题。

（三）田野观察法

英国功能主义学派大师马林诺夫斯基在《西太平洋的航海者》的著作中，开启了人类学田野调查方法，我国社会学家王铭铭教授对田野调查的概念进一步概括为："参与当地人的生活，在一个有严格定义的空间和时间的范围内，体验人们的日常生活与思想境界，通过记录人的生活的方方面面，来展示不同文化如何满足人的普遍的基本需求、社会如何构成。"[①] 田野观察法有利于获得最原始的一手资料，能了解观察对象内部的具体细微的活动，对本研究而言是一种非常适合的质性研究方法，但受制于时间等因素限制，只能对其中的部分内容采取该研究方法。因此，本研究选择了在院系管理中占有重要分量的行政主导模式作为田野观察对象，研究者采取逐步暴露式进入观察现场，通过扮演参与者角色，来掌握所需信息和资料。

（四）比较研究法

国外在院系治理方面已经获得了一些成功的经验和需要吸取的教训，对其加以系统研究有利于提高我国院系治理改革的科学性。受制于政治、经济和文化等因素的影响，各国治理模式也多有不同，为此，本研究以政治和文化作为主要参考要素，将比较对象定位于英、美、法、德、日本五个国家，通过对这些国家高校院系运行模式的系统考察，结合我国国情和大学发展的不同路径，寻求对我国大学院系治理可供借鉴的经验或启示。

三 研究思路

（一）研究框架

本书试图借鉴国外大学治理模式和中国大学治理的国情，借助质

[①] 王铭铭：《社会人类学与中国研究》，生活·读书·新知三联书店1997年版，第34页。

性研究方法，构建现代大学学院治理模式，探索现代大学学院制度建设。在概念界定的基础上，运用多学科的观点，梳理大学院系治理的理论基础和基本理念，从静态和动态两个方面分析当前不同类型院系治理结构和机制问题。并在借鉴国外院系治理的先进理念与实践，结合我国大学内部治理存在问题的基础上，对院系治理模式提出构想。

根据以上思路，本书在结构上分为五部分。

1. 引言

这是全书的导论部分，即第一章，介绍本书研究的背景、意义、研究现状和研究方法；进行相关概念的梳理和界定。

2. 基本理念——治理理论的主要观点和大学院系治理的基本精神

选择适切理论，运用独特的分析工具，从独特视角切入，为院系治理研究提供合理有效解释，并从国内外关于大学内外部治理的研究中，提炼出大学院系治理的基本要素及其价值理念，为院系治理研究明确方向和路径。本部分是该论文的基础部分，首先对三种治理理论进行了深度分析。其中，委托代理理论体现了院系治理的研究前提和权力本质，法人治理理论体现了院系治理的独立性质和合理地位，利益相关者理论体现了院系治理的权力多元和制衡需求。场域理论则为院系治理提供了独特的研究视角和分析工具。通过理论分析，探求大学院系治理的基本要素、类型及其关系，构建院系治理的理想愿景。该部分的种种观点可以为解读院系现有不同管理模式的权力互动机制提供独特的分析视角，也可以为确定改革方向和路径提供新颖的思维方式。本部分即本书第二章。

3. 现实解读——我国大学院系现有主要管理模式中的权力互动机制及其现实困境

运用田野观察法、问卷调查法和深度访谈法，以场域理论为基本分析工具，以权力配置与运行机理为基本线索，将目前学院治理模式概括为三种类型，即行政主导管理模式、市场主导管理模式和学术主导管理模式，对这三种模式的权力互动机制进行深度解读。此部分将会充分吸收罗伯特·伯恩鲍姆在《大学运行模式——大学组织与领导的控制系统》一书中的分析方式，着眼于组织信念和组织系统运转等方面，关注不同利益主体在不同模式之下的特有权力互动方式，在教学、科研和社会服务工作领域中发现其中存在的现实困境。为此，本研究选取了三个学院作为研究对象进行深度解剖，这一分析工作将会为本研究生成一幅幅具有鲜活意义的院系权力互动实景图。本部分即本书第三章。

4. 借鉴反思——借鉴国外院系治理改革的已有经验，反思当前国内院系改革的经验和问题

运用比较研究法，根据政治体制和文化差异，选取了英、美、法、德、日等国家的高校院系，结合其时代背景和发展思路，该书分别对其中的多所学院进行了比较研究，主要涉及内容有价值信念差异、权力主体组成、权力互动机制运转以及权力结构改革趋势等，该部分可以为我国当前院系改革提供富有启发意义的思路。与此同时，本部分运用田野观察、深度访谈法，对教育部选定的17所改革学院进行系统研究。同时，对国内不同省份高校正在自主进行的院系改革进行调研，前者主要是研究为主型院系，后者主要是教学科研并重型和教学为主型院系。该部分以院系内部治理改革为分析核心，以招生、人才培养和教师考核改革为外围支撑，运用上述分析方式，综合梳理这些院系在改革中获得的基本成功经验和遭遇的困境，为院系治理改革研究提供来自一线的改革经验。本部分即本书第四章。

5. 改革构想——构想我国院系改革的基本思路

根据时代背景和不同类型院系面临的实际情况，本书拟构想出我国院系改革的基本思路，同时以此为基础提出不同类型院系的分类治理的设想，主要涉及院系治理的学术主导机制、分类驱动机制和综合改进机制。其中院系分类是该部分的首要问题，本书突破传统的权力配置的外塑性思维，寻求院系权力产生的内生性机理。学院的产生源于学科的发展，而学科的载体在于教师，学院的核心要素和落脚点是学生，因为没有学生就没有学校，更没有学院。因此，基于学科发展和学生需求构建院系治理结构和运行模式，恰恰体现了大学的"学术性"和"人本性"的本质特征，所以学院分类围绕着学科和专业、教师和学生两条主线来进行，将分类的基本标准定位于"使命—功能—结构"的判定模式。也

就是说，不是为了某种功能而外在地赋予某种结构，而是由于某种功能的需要自然衍生出某种相匹配的结构。在这个基础上进行权力场域的整体构建。本部分为本书第五章。

（二）技术路线

研究技术路线如图1-1所示。

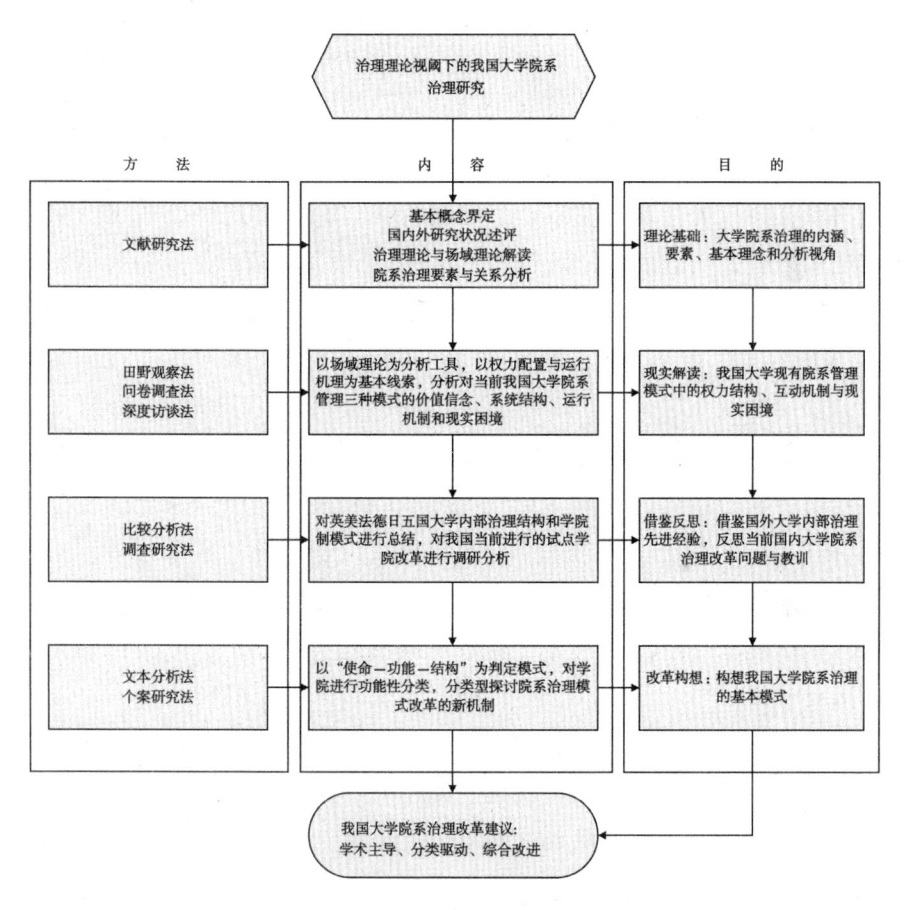

```
                    治理理论视阈下的我国大学院系
                           治理研究

      方  法              内  容              目  的

   ┌─────────┐      ┌───────────────┐   ┌───────────────┐
   │         │      │ 基本概念界定    │   │ 理论基础：大学院系治理的内涵、│
   │ 文献研究法│─────▶│ 国内外研究状况述评│──▶│ 要素、基本理念和分析视角    │
   │         │      │ 治理理论与场域理论解读│ │               │
   │         │      │ 院系治理要素与关系分析│ │               │
   └─────────┘      └───────────────┘   └───────────────┘

   ┌─────────┐      ┌───────────────┐   ┌───────────────┐
   │ 田野观察法│      │ 以场域理论为分析工具，以权力配置与运行│ │ 现实解读：我国大学现有院系管理│
   │ 问卷调查法│─────▶│ 机理为基本线索，分析对当前我国大学院系│──▶│ 模式中的权力结构、互动机制与现│
   │ 深度访谈法│      │ 管理三种模式的价值信念、系统结构、运行│ │ 实困境            │
   │         │      │ 机制和现实困境    │ │               │
   └─────────┘      └───────────────┘   └───────────────┘

   ┌─────────┐      ┌───────────────┐   ┌───────────────┐
   │ 比较分析法│      │ 对英美法德日五国大学内部治理结构和学院│ │ 借鉴反思：借鉴国外大学内部治理│
   │ 调查研究法│─────▶│ 制模式进行总结，对我国当前进行的试点学│──▶│ 先进经验，反思当前国内大学院系│
   │         │      │ 院改革进行调研分析 │ │ 治理改革问题与教训      │
   └─────────┘      └───────────────┘   └───────────────┘

   ┌─────────┐      ┌───────────────┐   ┌───────────────┐
   │ 文本分析法│      │ 以"使命—功能—结构"为判定模式，对学│ │ 改革构想：构想我国大学院系治理│
   │ 个案研究法│─────▶│ 院进行功能性分类，分类型探讨院系治理模│──▶│ 的基本模式          │
   │         │      │ 式改革的新机制    │ │               │
   └─────────┘      └───────────────┘   └───────────────┘

                    我国大学院系治理改革建议：
                    学术主导、分类驱动、综合改进
```

图1-1 研究技术路线

（三）创新点

本书有以下创新点：

第一，研究思路的创新。本研究对象为大学内部组织——"院（系）"的治理，属于大学内部微观领域的治理问题。该研究思路并没有体现公共治理或企业治理模式在大学的延伸，也没有延续大学治理模式在学院的微观复制，突破"企业治理—公共治理—大学治理—学院治理"的"推导式"线性思维模式,而是以"院系"这个基层学术组织本身为研究的切入点和落脚点,以网状的互动式思维结构,探求学院治理的各种现象和基本规律。由于我国大学"校—院"两级组织的运行总是有难以明晰的界限,本书力图紧扣学院组织的特性,围绕"权力"这个核心概念,在共性基础上凸显个性,体现学院作为大学管理重心的地位以及学院的实体性、主体性和自主性。

第二,研究方法的创新。首先,本书在研究范式上,突破了对权力问题进行理论分析和静态分析的传统思路,引入了场域理论作为分析工具,合理阐释了院系场域与大学场域、社会场域的权力生成与互动关系,将权力结构与关系动态地融为一体,并将这种分析工具贯穿在现实分析、问题反思和理论构建之中,充分体现了利益相关者多元主体协同治理的核心理念。其次,由于理论推导或宏大叙事式的研究方法不足以触及微观领域的核心问题,所以本研究采取了质性研究方法,以田野观察、深度访谈、问卷调查、个案分析、文本分析等方法,深度剖析学院内外部权力场域的真实状况。在行文方式上,采取了罗伯特·伯恩鲍姆在《大学运行模式——大学组织与领导的控制系统》一书中的系统分析方式,对不同模式进行系统的实景描述。这种研究模式能够更加深入地呈现微观领域的问题实质。

第三,研究内容的创新。院系发展模式千差万别,分类治理是必然选择。本研究中的学院分类围绕着基层学术组织的核心要素(学科与专业,教师与学生)来进行,将分类的基本标准定位于"使命—功能—结构"的判定模式。也就是说,不是为了某种功能而外在地赋予某种结构,而是由于某种功能的需要自然衍生出某种相匹配的结构,在这个基础上进行权力场域的整体构建,即突破传统的权力配置的外塑性思维,寻求学院权力产生的内生性机理。基于学科发展和学生需求构建学院治理结构和运行机制,恰恰体现了学院的"学术性"和"人本性"的本质特征,使当前学院行政主导模式的行政化色彩、学术主导模式的效率缺失、市场主导模式的功利思维等困境找到了新的突破,学院权力配置与运行都要围绕着学科和学生两大核心要素进行分类构建和综合改进。

第二章

我国大学院系治理的理论基础

第一节 治理理论及其适用性

治理理论是治理的理论基础，它不特指某一理论，而是由一系列理论组成的理论体系，主要有委托代理理论、利益相关者理论、法人理论、产权理论、人力资本理论等。本书择取与大学和学院治理密切相关的几种理论及其适用性进行阐述。

一 治理理论产生的社会背景

治理理论和其他理论的产生一样，都有其社会历史背景和理论渊源。为了全面把握治理理论的内涵，有必要对其产生的社会历史背景进行简要分析。

（一）全球化是治理理论产生的外部环境

随着全球政治经济一体化的兴起，超出单一民族和国家治理能力范围的公共问题大量产生，它们最大的特点就是共同性和不可分割性。任何国家都不能置身事外，也没有任何一个国家可以独自面对和解决这些问题，这就促成了"全球治理"（global governance）方式的出现。全球治理的倡导者认为，要解决这些人类共同的难题，除了要依靠各国政府以外，还要依靠各种国际组织、非政府组织、公民社会等其他非国家行为主体。这正如全球治理委员会所说的那样，"在全球层面上，治理事务过去主要被视为处理政府间的关系，而现在必须这样理解，它也包括非政府组织、公民活动、跨国公司和全球资本市场。"① 当这些多元主体参与到从地区到全球不同层次的问题解决和管理过程中时，一定会对原有的单个政府或政府之间解决问题的方式和结构产生挑战，这就迫切需要一种普适的、具有全球性质的公共行政理论，于是"治理理论"应运而生。治理理论并不以创建新的世界秩序为目的，而是建立一种与霸权主义的世界秩序相反的模式，而这借助于各种国际力量，共同确认全球治理责任。它意味着国家与非国家行为主体之间的合作，以及从地区到全球层次解决共同问题的新方式。在全球相互依存已成为当代人类生存方式和基本规律的情况下，我们必须用全球治理来代替单纯的国家合作，通过国际政府间组织、各国政府、各种非政府组织以及多边合作等各种形式的治理机制，实现对全球问题"没有政府的治理"。②

（二）管理危机的出现是治理理论产生的社会历史根源

管理危机主要是指公共事务管理中的政府失灵和市场失灵，也就是说以政府为主导的管理模式和以市场为主导的管理模式都被证明不能有效地解决问题，公共行政管理改革需要治理。在自由资本主义时期，亚当·斯密的自由主义经济理论得到西方国家普遍信奉，由市场这只"看不见的手"来调节和配置资源，相信"管得最少的政府就是最好的政府"。他们反对政府对市场的干预，政府的职能是为经济发展提供安全稳定的环境。政府在经济发展中只应扮演一个"守夜人"的角色，本身既不能占有财产，也不能拥有财产，它只能是社会的仲裁人。③ 20世纪二三十年代世界性经济危机的爆发，宣告了"自由竞争"的破产，出现了市场失灵。市场失灵使人们认识到了市场机制的缺陷，市场不是万能的，需要政府担当起干预经济和社会公共事务的责任。这也导致了凯恩斯的国家干预主义的兴起，从而使政府和市场

---

① [英]瓦尔·卡尔松、[瑞典]什里达特·兰法尔：《天涯成比邻——全球治理委员会的报告》，赵仲强译，中国对外翻译出版公司1995年版，第2页。

② 龙献忠：《从统治到治理——治理理论视野中的政府与大学关系研究》，博士学位论文，华中科技大学，2005年。

③ [英]西尼尔：《政治经济学大纲》，商务印书馆1997年版，第262页。

的力量关系发生了根本性变化。随着凯恩斯主义的盛行,政府对经济实行全面干预,独家控制公共管理事务,国家职能被大大强化,市场的作用被弱化。然而,政府大包大揽的管理模式导致社会创新能力的弱化,再加上政府管理机制本身固有的缺陷,使其在对各项社会事务全面干预的过程中,无法使资源配置达到最佳的状态,逐渐失去民众的信任,出现了管理危机,导致了政府失灵。

面对市场失灵和政府失灵,从20世纪90年代开始,"愈来愈多的人热衷于以治理机制对付市场或国家政府协调的失败"[1]。正如休斯所言:"自从20世纪80年代中期以来,许多先进国家公共部门的管理发生了变化。公共行政僵硬的等级官僚制组织形式支配着整个20世纪,如今,它正转变为公共管理的弹性的、以市场和社会为基础的形式。这不仅是一种形式上的变革或管理风格上的细微变化,更是在政府的社会角色及政府与公民关系方面所进行的改革。传统的公共行政已经从理论和实践上受到质疑。"[2]

(三) 公民社会的兴起是治理理论实现的基础

治理的过程实质上是国家权力向社会权力的回归,公民社会的兴起和第三部门力量的壮大为治理的实现提供了基础。一般而言,政府这只看得见的手和市场这只看不见的手是调控社会发展的两大力量,政府权力与社会权力的分配也会随着这两股力量的较量而此消彼长。如果社会自我管理能力强,那么社会的权力相对较大,政府权力就相对较小;反之,如果政府的权力强大,那么社会的权力就较小。政府失灵和市场失灵状况的出现,意味着"政府—市场"的二分模式已经不能满足公共事务管理的需要,需要有一种新的制衡力量的参与,于是政府和市场之外的"第三种力量"应运而生,参与到社会公共事务的管理中来。第三种力量通常被称为"第三部门",主要包括非政府组织或非营利组织。而这些非政府组织或各种利益团体是构成公民社

---

[1] [英] 鲍勃·杰索普:《治理的兴起及其失败的风险:以经济发展为例的论述》,漆芜译,《国际社会科学杂志》(中文版) 1999 年第 1 期。

[2] [澳] 欧文·E. 休斯:《公共管理导论》,张成福、王学栋等译,中国人民大学出版社 2001 年版,第 1 页。

会的主体。所谓公民社会是指"国家或政府之外的所有民间组织或民间关系的总和"①。随着公民社会的形成,第三部门的力量不断壮大,在社会公共事务管理中扮演着越来越重要的角色。这就使得国家权力慢慢回归到社会权利,使政府统治的过程转变成为了实现与增进公共利益,政府部门和非政府部门(私营部门、第三部门或公民个人)等众多公共行动主体彼此合作,在相互依存的环境中分享公共权力,共同治理公共事务的过程。

二 委托代理理论与院系治理

(一)委托代理理论(the Principal – agent theory)的内涵解读

20 世纪 60 年代逐步发展起来的信息经济学的理论假设认为:一方面,任何个体由于认知能力的有限性不可能拥有完全的信息;另一方面,信息在个体之间的交流与分布是不对称的。信息经济学的这一理论假设为委托代理理论建立提供了理论基础。

委托代理理论是由产权经济学家詹森和麦克林(C. J. Ensen 和 W. H. Meckling)于 1976 年提出的。此理论认为委托—代理现象广泛地存在于社会的一切组织和一切合作性活动中,而且把一切社会生活和政治生活理解为一系列委托人和代理人之间的契约关系。该理论涉及的核心问题是代理人问题,即代理人的行为有可能偏离委托人设定的目标,而委托人由于信息不对称可能难以观察并监督他,②这样便可能会出现代理人损害委托人利益的现象。

在现实生活中,由于代理人自身的主观原因以及存在着信息的非对称性,导致代理人问题的产生。主要有两种情况:一是道德风险(moral hazard)问题,主要是指现实生活中,受行为不确定性和信息的非对称性的影响,代理人的行为具有不可观察性和不可证实性,代理人可能会采取机会主义,追求自身利益的最大化而忽略或损害委托人的利益;二是逆向选择(adverse selection)问题,主要是指在委托

---

① 俞可平主编:《治理与善治》,社会科学文献出版社 2000 年版,第 328—329 页。
② 李波:《山东高校社会服务能力研究》,山东人民出版社 2016 年版,第 28—29 页。

代理关系建立之前，代理人就已经掌握了一些委托人所不知道的私人信息，代理人可利用这一信息的优势签订对自己有利的契约。在上面这两种情况下，委托人的利益会受到损害。因此，委托人必须建立和健全各项监督机制和激励机制，科学地管理和实施委托契约，最大限度地克服代理人可能做出的道德风险和逆向选择。但是鉴于现实中信息不完备的普遍性，只要存在委托代理关系，就会有委托代理问题产生，出现"道德风险"。其解决的主要途径是：其一，改变委托方和代理方之间严重的信息不对称的状况，建立相应的信息渠道，清晰地监督和考察委托者的委托效果，从而制约和规范代理人的行为；其二，为避免激励不足和约束软化，制定一种促进竞争、加强激励和强化约束的激励制度，使每个代理者将个人追求目标和委托者的目标自觉地融为一体。①

（二）委托代理理论对院系治理的适用性

要阐述委托代理理论对于院系治理的适用性，我们先从阐述委托代理理论在大学治理中的适用性谈起。基于委托代理关系的基本原理，通过对委托代理关系的基本含义和构成要件的分析，我们认为大学治理过程中涉及的委托代理关系可以分为以下四个层次：第一层是公众与政府之间的委托代理关系。公众是高校国有资产最终的所有者，但是公众不可能直接行使高校的所有权，所以将其受教育权力及所需资源委托给政府经营，这就构成了第一层级的委托代理关系。其中，公众是"委托人"，政府被称为"代理人"。第二层是政府与高校之间委托代理关系。政府把高等学校的管理权委托给各高校，通过高校为公众提供高等教育服务，因此政府与高校之间形成了委托代理关系，政府成为"委托人"，高校成为"代理人"。第三层是高校内部的学校管理层与院系管理层之间的委托代理关系。在高校内部，学校管理层把政府委托给他的任务再次委托给各个院系，通过院系的运作来实现为公众提供高等教育服务的目的。第四层是院系内部运作形

---

① 楚红丽：《公立高校与政府、个人委托代理关系及其问题分析》，《高等教育研究》2004年第1期。

成的委托代理关系,主要存在于院系管理层与各教研室之间,院长与学院教职工之间。在这个过程中,院系领导层是"委托人",学系、教研室和教职工是"代理人"。[①] 由此可见,大学治理过程中所涉及的委托代理关系是多层的委托代理,即自上而下多层委托,自下而上多层代理。通过对这几层委托代理关系的解读得知,满足公众对高等教育的需求最终落在第四层的委托代理关系上,这一层的委托代理最具有实质性内容,是能否为公众提供优质高等教育服务的关键。本研究重点阐述第三层、第四层尤其是第四层级的委托代理关系。在委托代理理论看来,院系治理实质上就是在委托人和代理人信息不对称条件下,研究代理人(教职工)的效用特点,结合大学是知识组织的特性,设计一套有效激励和约束机制,明确代理人的责任、权利,并且通过责、权、利的分配,有效地激励和约束代理人最大限度地为委托人的最大化目标服务。

(三) 委托代理理论在院系治理中存在的问题

目前,在院系治理的委托代理关系中存在代理人激励约束机制的缺失,导致其行动动机的弱化问题。第三层级的代理人"院系领导"基于学校领导的信任而产生,缺乏竞争和监督约束机制,造成代理人相对缺乏风险感和约束感。第四层级的代理人"教职工"也由于形式上的全员聘任制,使委托人难以完全评价代理人,从而使得他们有可能产生逆向选择和道德风险,导致行为效率低的代理人仍然可以继续存留在组织中,这最终会导致高等教育服务质量的下降,损害第一层级委托人——公众的利益。

三 利益相关者理论与院系治理

(一) 利益相关者理论的内涵解读

利益相关者理论源于西方经济学家对公司治理的研究,是对传统的"股东至上"公司治理理论的挑战。利益相关者理论认为企业是由

[①] 张世爱:《地方高校基层学术组织研究》,山东人民出版社2016年版,第61页。

多个相关利益者构成的"契约联合体"①，企业的所有者不仅仅局限于股东，所有的利益相关者如企业的雇员、供应商和债权人等都是企业的所有人，当然他们也是企业共同的风险承担者，他们是平等的产权主体，必然要求参与企业所有权的分配。②所以，企业经营的目的不能仅仅局限于股东利润的最大化，同时应考虑到其他利益相关者的利益。总之，利益相关者理论的主张会促进各利益相关者对公司人力和物质资本的投入，保证公司长期利益和长远发展。但各利益相关者之间的利益往往是冲突的，该理论要求经理要对各方面的利益负责，而对各方面负责可能会导致经理不为任何人的利益服务，而且还会影响企业决策的时效性。③

20世纪90年代后期，美国学者米切尔和伍德（Mitchell和Wood，1997）提出了用评分法对利益相关者进行层次上的分类，大大地推进了利益相关者理论在实践中的应用。在对利益相关者定义进行归纳的基础上，米切尔从三个属性对利益相关者进行细分，这三个属性是：(1) 合法性（legitimacy），即某一群体是否被赋有法律上的、道义上的或者特定的对于企业的索取权；(2) 权力性（power），即某一群体是否拥有影响企业决策的地位、能力和相应的手段；(3) 紧急性（urgency），即某一群体的要求是否立即引起企业管理层的关注。米切尔认为，要成为一个企业的利益相关者，至少要符合以上一条属性。结合上述三种属性，利益相关者又可以被细分为以下三类：(1) 确定型利益相关者（definitive stakeholders），他们同时拥有企业问题的合法性、权力性和紧急性；(2) 预期型利益相关者（expectant stakeholders），他们与企业保持较密切的联系，拥有上述三项属性中的两项；(3) 潜在的利益相关者（latent stakeholders），是指只拥有以上三项属性中一项的群体。

（二）利益相关者理论对院系治理的适用性

利益相关者理论运用于大学治理的前提就是大学是一种利益相关者

---

① 李福华：《大学治理的理论基础与组织架构》，教育科学出版社2008年版，第82页。
② 李波：《山东高校社会服务能力研究》，山东人民出版社2016年版，第36—37页。
③ 杨瑞龙：《企业共同治理的经济学分析》，经济科学出版社2001年版，第3页。

组织。众所周知,大学与企业不同,它是一种非营利性组织,它主要追求社会效益,大学理念的实现依赖于各利益相关者的共同协作,因此我们认为大学是一个典型的利益相关者组织。美国学者罗索夫斯基最早把大学作为一个利益相关者组织进行研究,把利益相关者理论应用于高等教育领域。他在《美国校园文化——学生、教授、管理》一书中认为,大学的"拥有者"不仅包括教授、董事,还包括更为广泛的有利害关系的群体或个人,如学生、校友、捐赠者、政府、公众、社区等。他将大学的利益相关者分为四个层次:第一个层次是教师、行政主管和学生,他们是学校最重要的利益相关者。他在该书中写道:"大学教师常常认为他们就是大学。教学和研究是高等教育最重要的使命,而这使命正掌握在他们手中。没有教授,就不称其为大学。"此外,"在美国,有许多的董事长、总校校长、教务长、院长、校长、副校长等,在控制着他们的私人领地";"大学是学校,如果没有学生,学术成就终归会枯萎"。所以他们是大学最重要的利益相关者。第二个层次是董事、校友和捐赠者,他们是学校重要的利益相关者。因为"他们才是正式决定主要政策的人,他们出钱,因而非常关心他们学校的声誉"。第三个层次是政府和议会,他们是部分利益相关者,主要是指他们只是在特定条件下才成为大学的利益相关者。如当政府提供经费资助、制定规章制度和评审学术活动的时候,就产生了与大学间的利害关系,因此就成为了大学的利益相关者。第四个层次则是大学利益相关者中最边缘的一部分,即市民、社区、媒体,是次要层次的利益相关者。[1] 不同的利益相关者在大学中的地位和作用决定了他们在大学治理中的不同特点。在上述利益相关者理论的观照下,大学的决策既不能完全为教师的利益服务,也不能仅仅以学生的利益最大化为唯一标准而牺牲教师、管理者的利益,当然也不能以管理人员利益的最大化或者其他利益相关者利益最大化为目标,必须在诸多利益相关者之间寻求一种平衡,权衡和兼顾各方利益相关者的价值诉求。

---

[1] 王连森、王秀成:《利益相关者视角下大学发展的境域转换》,《江苏高教》2006年第6期。

利益相关者理论对于大学的院系治理也具有重要的价值。院系是大学健康有序运转的核心组成部分，在大学治理的实际工作过程中，大学的院系要独自处理和面对校内和校外的各种利益关系。因此，分析院系发展的利益相关者，关注不同的利益相关者对高校发展的不同期待和诉求，有助于大学的发展、教育质量的提升。笔者认为，院系也是一个典型的利益相关者组织，与大学利益相关者追求的目标相一致，都讲求社会效益。院系发展目标的实现依赖于内部管理人员、教职工和学生的相互配合，学院与学校职能部门和平行组织的相互支持，也依赖于与用人单位等社会各界建立良好的合作伙伴关系。院系治理过程中的利益相关者主要包括学校（政府）、校内其他平行组织、院系管理人员、教师、学生、家长以及用人单位等，他们的价值理念和实际行动是院系发展的主要变量。在此，我们借鉴罗索夫斯基关于高校利益相关者的分析，把院系治理过程中的利益相关者划分为三个层次：教师、学生、院系管理人员、学校（政府）等是院系的核心利益相关者，校友、捐赠者是潜在的利益相关者，家长、媒体、用人单位等是边缘利益相关者。不同层次的利益相关者的价值取向在不同程度上影响着院系组织行为的发生和决策的选择。从某种意义上说，院系治理的整个运行过程实际上就是对各种利益进行选择、规范、调整和均衡的过程。

（三）利益相关者理论在院系治理中存在的问题

利益相关者参与院系治理不仅是一种逻辑的必然，而且对院系的生存发展起着至关重要的作用。利益相关者理论在院系治理中运行的预期就是实现各个利益相关者对院系的共同治理。但在实际的院系治理过程中还存在一些问题，比如：院系决策由内部利益相关者控制的现象较为严重，外部利益相关者参与较少；学生参与权利的空位与缺失；行政权力大于学术权力，院系行政化现象依然存在；学校管理层重视对院系的控制而忽视对学院的合理有效监督。另外，在大学的院系治理中，由于各利益相关者所代表的利益各不同，在追逐利益的过程中不可避免地会产生矛盾和冲突。因此，如何实现院系利益相关者的共同治理，寻求一种利益相关者共同决策和相互制衡的机制，加强院系外部利益相关者的监督力度，强调院系对社会、平行组织、学生和教职工的权责平衡，对校友等利益相关者的利益兼顾，就成为利益相关者参与院系治理过程中必须要解决的难题和关键。

四 法人理论与院系治理

（一）法人理论的内涵解读

"法人"和"自然人"一样都是法律中的概念，是法律所赋予的人格，是法律关系中的主体。我国《中华人民共和国民法通则》第36条规定：法人是具有民事权利能力和民事行为能力，依法独立享有民事权利和承担民事义务的组织。第37条规定法人成立的四个法律要件是：依法成立；有必要的财产和经费；有自己的名称、组织机构和场所；能够独立承担民事责任。

根据《中华人民共和国民法通则》的规定，我国的法人有四种类型，分别是企业法人、机关法人、事业单位法人和社会团体法人。

1. 企业法人

所谓企业法人是以营利为目的，独立从事商品生产和经营活动的经济组织，其属于传统理论中的营利法人。

2. 机关法人

机关法人是指获得法人资格的国家机关，因行使职权的需要而享有相应的民事权利能力和民事行为能力，并独立承担民事责任的国家机关。

3. 事业单位法人

事业单位法人是指以社会公益事业为目的，从事文化、教育、卫生、体育、新闻等行业并被赋予民事主体资格的事业单位。事业单位依照法律规定或行政命令组建成立之日起，即具有法人资格。

4. 社会团体法人

社会团体法人是指由自然人或法人自愿组成，从事社会公益、文学艺术、学术研究、宗教、慈善等活动的法人。

目前，法人治理还没有一个明晰的达成共识的概念界定，有人认为法人治理应当以法人存在为前提，主要目的是引入规范的法人治理机制，依照公司法和章程，形成的一套经营和管理公司的管理机制。①有人认为法人治理强调利益相关各方的权责分配以及为处理公司事务所制定的一整套规则和程序。②这种观点反映了在现代企业理论中法人治理机制的变化，由传统的"股东至上"转变为现代的共同治理。法人治理结构又称为公司治理结构（corporation governance structure），是现代企业制度中最重要的组织架构，主要是指用于实现企业目标的一套制度安排。关于法人治理结构的概念，目前也是仁者见仁，智者见智，没有完全统一的结论。例如，张维迎认为就经济学意义而言，公司治理结构是一种通过对剩余索取权和控制权的配置来解决经理激励和选择问题的机制。李维安认为公司治理结构是一组规范公司相关各方的责权利关系的制度安排，是现代企业中最重要的制度架构。总的来说，狭义的公司治理结构主要是指公司内部股东、董事、监事及经理层之间的权力关系及制度安排；广义的公司治理结构还包括公司与其利益相关者（如员工、客户和社会公众等）之间的关系。③

根据我国关于法人的分类，大学应当属于事业单位法人。大学法人除了具有法人的一般特性外还具有一定的特殊性，比如公共性、公益性、教育性、组织结构的知识特性以及组织的管理特性等。④

（二）法人理论对院系治理的适用性

1. 法人理论在大学治理中的运用

在我国，随着高校独立法人地位的确立以及高校办学自主权的不断扩大，法人理论逐渐被引入并且运用到大学治理中来。高校法人地位的确立必然要求建立法人治理结构，用法人治理的相关理论处理好高校与各方利益相关者之间的权利和义务关系。健全而又完善的法人

---

① 李福华：《大学治理的理论基础与组织架构》，教育科学出版社2008年版，第52页。

② 熊良俊：《法人治理的"法治"与"人治"》，《中国金融》2004年第23期。

③ 金鑫：《我国独立学院法人治理结构研究》，博士学位论文，华中科技大学，2011年。

④ 张世爱：《地方高校基层学术组织研究》，山东人民出版社2016年版，第63页。

治理结构是实现法人治理的关键和前提,是高校有效运作以及提高自主办学质量的重要保障。

当然,大学法人治理结构与公司法人治理结构有显著的区别,这种区别主要体现在大学法人和公司法人存在根本目标和终极价值追求上的差异。[①] 基于大学法人的特殊性,大学法人治理结构必须坚持教育的公益性,始终坚持实现大学的公益性目标。关于大学法人治理结构的观点也是见仁见智,本研究认同大学治理结构是"能够体现大学的利益相关者组织属性和委托—代理特点,以大学法人为契约对象、以利益相关者为契约关系中的签约主体、以实现公共利益为目标的大学决策权制度安排"[②]。就目前而言,大学法人治理结构的建立大致有三种途径。

第一,以美国大学为代表的董事会制度。董事会是大学的最高决策机构,对大学的发展目标和重大事项进行规划和决策,维护大学的利益。董事会选聘校长,校长对董事会负责。大学董事会不直接隶属于任何一届政府或任何一个政党,可以使大学免受政治的影响。

第二,以欧洲大学为代表的教授会制度。教授会(评议会)是大学的最高决策机构,负责对大学的重大发展战略问题进行决策,并维护大学的利益。大学校长对教授会负责。随着高等教育规模的扩大和政府对高等教育控制的加强,教授会作为大学最高决策机构的可能性越来越小,通过教授治校的方式来构架现代大学治理结构的大学已越来越少。"教授治校"走向"教授治学"。

第三,以我国大学为代表的党委会制度。该制度具有中国特色,上级政府部门直接任命大学党委书记和校长,校长相当于官员,直接对上级主管部门负责,校内实行党委领导下的校长负责制。该体制下大学很难拥有独立的法人地位,这使得大学办学自主权的落实和内部

---

① 李福华:《大学治理的理论基础与组织架构》,教育科学出版社2008年版,第62页。

② 龚怡祖:《现代大学治理结构:真实命题及中国语境》,《公共管理学报》2008年第4期。

治理改革面临很大困难。①

2. 法人理论在院系治理中的运用——以独立学院和17所试点学院为例

随着大学将越来越多的办学自主权下放给学院，学院拥有了办学的实体性、主体性和自主性，也逐渐拥有了相对独立的财务权、人事权、资源配置权和教学科研管理权。所以在大学内部，学院具有了法人之实，却无法人之位，地位的不明确给二级办学带来很多困惑，使学院在独立自主和依赖应对之间难于取舍。因此为了发挥学院办学实体的积极性，破除校院二级办学的体制性障碍，根据委托代理理论，学校应该对学院进行放权和授权，可以考虑对学院实行"二级法人"制，或者赋予代理法人的地位。那么，如何界定"二级法人"的角色呢？"二级法人"是与法人相对应的概念，是指在法人内部成立的，具有一定的民事权利和承担一定义务的组织，它在法人的直接领导下运作，拥有较大的自主权力。目前已有一些大学试行了两级法人制，如温州大学为一级法人，各学院为二级法人，分别成立董事会。②

当前，独立学院发展模式的新探索以及教育部在全国范围试行的试点学院该改革，为学院摆脱体制障碍、开通改革绿色通道提供了政策的支持，这些改革举措事实上是在向"二级法人"的模式推进，为"现代学院制度"建设提供了理论和实践的支持。

（三）法人理论在院系治理中存在的问题

委托代理理论与法人理论的基本理念适用于处理大学和院系工作层面的问题，但学院在直接面对教师与学生的个人权力和法律纠纷时，难免缺乏正规的法律依据，而不得不上升到学校层面。也就是说，二级学院在权责关系上所获得的权力是行政的授权，而不是法律的赋权。所以学院虽然直接面对社会利益群体的各类诉求，但却无法直接处理与社会利益主体的权益纠纷，当然也无法作为独立的法人直

---

① 李福华：《大学治理的理论基础与组织架构》，教育科学出版社2008年版，第63—66页。

② 赵文华：《高等教育系统论》，广西师范大学出版社2001年版，第81页。

接处理与社会群体和企事业单位的的权力共享和利益分享。在一定程度上，学院只有做事的权力，而无做主的权力，就像"带着镣铐跳舞"。因此，现代大学制度改革需要实现二级法人的政策保障。

第二节　院系治理的权力要素及其关系分析

学院制改革要正确处理好校—院两级关系，不断扩大二级学院的自主权。其实质是学校权力的下放，是权力在校、院两个层级的重新分配。因此，可以说，院系治理是我国高校自主办学探索的深化与延伸。纵览我国高校学院改革的历史，我们发现，权力配置是学院改革的核心，其中，权力下放和权力制衡是改革的难点与关键。由此，我们借鉴法国社会学家皮埃尔·布迪厄（Pierre Bourdieu）的"场域理论"（Field Theory）来分析院系治理中的权力类型。

一　院系治理中的权力类型与结构

根据上述布迪厄对"场域理论"的阐述，我们知道，场域既相对独立又相互联系，一方面以其自身独特的规则厘清了场域的界限，另一方面，其中一个场域中的参与者不可避免地受到其他场域的影响。资本是场域参与者所掌握的话语权的砝码，参与者在场域中的地位由他掌握的资本来决定。场域参与者遵循社会规约，并将其内化于个人的思维模式中，以一定的行为方式体现出来，而这种思维和行为定势系统又反过来影响参与者所在的场域。这种不断与环境互动的思维与行为特点，就是布迪厄所说的惯习。

在布迪厄看来，场域理论主要是指在某一个社会空间里，参与者主要依靠一定的权力关系表现出不同的社会力量，而权力关系是由不同场域中的资本力量的相互关系表现出来的。布迪厄把社会空间里参与竞争的各种资本分为经济资本、文化资本、社会资本和象征性资本，这些资本的互动又产生不同的权力。在院系这一空间系统中，政治权力、行政权力、学术权力（文化权力）、象征性权力为争夺权力资本也在不断进行博弈和竞争,① 我们以此来分析院系治理过程中权力结构和平衡的问题。

(一) 政治权力

在我国学院制改革的道路上,政治权力是客观存在的一种权力类型。我国《中华人民共和国高等教育法》明确规定,我国高校实行党委领导下的校长负责制。一个国家的政治经济制度拥有对教育的领导权,决定教育目的、受教育权利的分配等。高校的管理如此,高校内部的学院管理同样如此。美国学者威尔逊最早提出了政治与行政的分野。他指出"政府是政治家的特殊活动范围,而行政管理则是技术性职员的事情。政策如果没有行政管理的帮助将一事无成,但行政管理并不因此就是政治"。政治权力是国家意志在学校内部管理中的体现,随着高等教育由社会的边缘进入社会的中心,政治权力的影响也在不断扩大中。正如布鲁贝克所言,"高等教育越卷入社会的事务中就越有必要用政治观点来看待它。就像战争意义太重大,不能完全交给将军们决定一样,高等教育也相当重要,不能完全留给教授们决定"②。因此,高等教育越来越世俗化的过程,也就是高等教育不断地政治化的过程。"政治化意味着高等教育'成为'经济和社会政策的关键因素,因而意味着结构多样化的需要和整个中学后教育中新颖的或迄今未被重视的院校升级。高等教育作为国家头等重要的事业,其活动原则必须符合国家需要和广泛接受的社会标准。"③ 因此,为了把握教育发展的政治方向,政治权力也将在高等教育改革中发挥着重要作用。

大学自中世纪诞生之日起,就一直受到政权势力和宗教势力的影响,而今,高等教育已成为增强国力的重要途径,国家政治权力也已

---

① 薄存旭:《当代中国中小学校组织变革的价值范式研究》,教育科学出版社2016年版,第44—45页。

② [美] 约翰·S. 布鲁贝克:《高等教育哲学》,王承绪等译,浙江教育出版社1998年版,第32页。

③ [加] 约翰·范德格拉夫等:《学术权力——七国高等教育管理体制比较》,王承绪等译,浙江教育出版社2001年版,第12页。

是影响高校发展的重要力量。1981年，伯顿·克拉克提出了学术组织经典分析框架，即要同时关注和考察国家权力、市场力量和学术权威三大势力。这里的国家权力是由政治权力来体现，国家权力是政治权力的中心。大学在追求学术自治和学术自由理想的同时，必然受到国家政治、经济和社会发展的影响，不断从大学外部争取资源和获得支持的同时，也服务于政治、经济和社会发展的需要。高等教育中政治权力的存在，正是缘于高等教育与国家和社会的相互作用。当前世界各国政府对高校的政治控制程度虽然不同，但其政治权力的影响却都以某种形式存在着。就具体的组织形式分析，各国政府对高校施加政治权力的方式，从直接到间接，大体有党委会、学监、董事会及调查委员会等几种形式。[1] 我国高校的党委会是监管高校贯彻党的教育方针，保障高校社会主义方向的有力组织，以此确保高校发展的政治方向，使高等教育事业更好地为国家建设发展服务。大学学院各党总支（基层党委）贯彻执行学校党委会的决定，体现政治权力在基层的影响力。

（二）行政权力

高校行政权力是一种职务权力，是靠国家法律、政府意志和规章制度获得的一种影响力，是高校行政人员所掌握的管理学校行政事务的权力，具有一定的强制性。它自上而下形成一个权力体系，维持着高校的日常管理工作。[2] 在院系治理过程中，行政权力主要是指学院的领导者所掌握的管理学院事务的权力，它与把握学院发展方向的政治权力有着鲜明的区别。德国学者马克斯·韦伯曾将政治与行政做出经典性的区分，他在1918年慕尼黑大学所作的《政治：一种职业》的著名演说中指出，政治家的唯一特征恰恰是与文官相对立。政治的实质在于坚定、热情、有道德感，对政策决定敢于个人负责，并且承认政治作用暂时性的特点。行政的实质是认真执行政治权威的命令，似乎这个命令同他自己的信念是一致的。而美国学者弗兰克·古德诺也提出，"实际上，行

---

[1] 杨克瑞：《政治权力：高校管理研究的真空》，《现代教育管理》2010年第5期。
[2] 吴坚：《高校管理中学术权力与行政权力的协调》，《高等教育研究》2005年第8期。

政中很大一部分是与政治无关的;所以,即使不能全部,也应该在很大程度上把它从政治团体的控制下解放出来。行政之所以与政治不相干,是因为它包括了半科学、准司法和准商业或商业的活动——这些活动对于真正的国家意志的表达即使有影响也是很小的。为了能最有利于行使行政功能的这一分支,必须组织一套完全不受政治影响的政府机构"①。由此也可以看出,在院系治理过程中,行政权力要维护政治权力的权威和决定,但政治权力不能代替行政权力,也不能干预行政权力,应该科学地平衡政治权力与行政权力的关系。

首先,行政权力的大小与场域理论中所提到的社会资本占有的多少有着密切的关系。所谓社会资本,是借助于所占有的持续性社会关系网而把握的社会资源或财富。② 一个社会个体在社会网络中能动的幅度决定了他所把握的社会资本的容量,也就在一定意义上决定了他所掌控的权力的大小。但社会资本并不是自然获得的,需要经过社会参与者长期构建、有意识地互动及不断强化才能形成,并在一定的制度环境中,根据所在场域的不同结构而产生不同的权力影响力。由此可以看出,行政权力的获得与发挥需要权力主体与社会资本的不断建构。其次,行政权力还具有一定的制度性。布迪厄认为,制度性是指行动者在交往中采取特定策略来确定或再生产某些社会关系,把偶然的关系转变为选择性的持久关系,并进一步转化为在体制上得到保证的权力关系。③ 而在院系治理中,行政权力的运行也同样需要遵循一定的章程,积极处理各种不同关系,并借助于制度性的规范进一步稳定和强化这种关系。最后,社会交往对行政权力的形成与影响力有重要的影响。布迪厄认为交往在社会网络的形成中起着关键的作用,社会个体借助于各种交往活动,将偶然性的社会关系不断转换为稳定的

---

① [美]弗兰克·J. 古德诺:《政治与行政》,王元、杨百朋译,华夏出版社1987年版,第47页。

② 布迪厄:《资本的形式》,载薛源、曹荣湘主编《全球化与文化资产》,社会科学文献出版社2005年版,第14页。

③ 李全生:《布迪厄场域理论简析》,《烟台大学学报》(哲学社会科学版)2002年第2期。

权力关系,并通过一定的制度使之合法化。院系治理中的行政权力关键要处理好学院与大学的关系,保护自身的办学自主性,并保证院系内部各种权力的相互制衡与协调;同时院系要在与大学、平行组织和社会的交往中,建立良好的关系网络,获得一定的资源与政策的支持,实现自身的合理运作与持续发展。

(三) 学术权力

所谓学术权力是指学术管理的权力,主要指的是高等学校的教学活动、科学研究、学科建设、课程设置、教材建设、师资培养、学位授予以及招生就业等方面的管理权。① 具体到院系治理中,学术权力即在学院内部对教学、科研、学科建设、课程设置、师资培养等方面的管理权。学术权力是由布迪厄提出的文化资本衍生出来的,所谓文化资本是借助于不同的教育行动传递的文化物品,在形式上表现为一种具体的文化资源,本质上则是高校人员劳动成果的积累。文化资本有三种形式,即具体化形式、客观化形式和制度化形式,具体化的文化资本指的是个体长期形成的稳定的内在品质,客观化的文化资本表现为物化或对象化的文化财产,制度化的文化资本指的是由合法化的制度所确认的各种学位及毕业文凭等。② 这说明,学术权力的形成有其内在的依据,不是任何人或群体都可以掌握学术权力,按赫钦斯的话来说,"如果我们将教育和研究的管理交给那些懂行的人,我们就会获得最好的结果"③,所以权力主体要有科学的产生机制,避免政治权力、行政权力等力量干预或争夺学术权力,要建立健全学术权力的选拔和制约机制,确保具有较高的学术水平和创新能力的人员掌握并行使学术权力。学术权力一方面能够维护学术规范,预防学术腐败,另一方面可以有效保障学术人员的权益,维护学院的学术风气。在实践中,既要充分发挥学术权力的影响力,又要有效界定学术权力

---

① [法]皮埃尔·布迪厄、[美]华康德:《实践与反思——反思社会学导引》,李猛、李康译,中央编译出版社1998年版。

② 宫留记:《布迪厄的社会实践理论》,博士学位论文,南京师范大学,2007年。

③ [美]罗伯特·赫钦斯:《美国高等教育》,汪义兵译,浙江教育出版社2001年版,第12页。

的范围，既防止学术腐败，又预防学术霸权，并通过完善学术委员会的组织与建设，有效发挥学术权力的作用。

如前所述，学术权力的主体是具有创新精神和实践能力的优秀的教学科研人员，因为他们掌握着最具竞争力的文化资本。布迪厄说，在文化资本的分配再生产中，起着决定作用的教育制度变成争夺统治地位的关键环节。[①] 这里的教育制度指的是经过合法化的制度所认可的各种学衔、学位及毕业文凭等，这种制度化的文化资本往往以学术资格的形式出现并发挥作用。也就是说，掌握文化资本的多少直接关系着拥有的学术权力的大小。因此，个人及团体组织在一定场域内的地位不仅仅依靠手中的经济资本，更重要的是靠掌握多少文化资本。尤其在高校这一文化组织中，文化资本与学术权力明显地呈现出相互转化与促进的关系，学术资格、科研成果奠定了学术权力的基础，学术权力的不断增强又为学术活动和资格晋升等提供更多的机会。

（四）经济权力

经济权力有时被称为市场权力，是由经济资本衍生出来的。所谓经济资本，是由生产要素、财产、收入及其他经济利益所组成的。布迪厄所说的经济资本指的是可以兑换成货币，也可制度化为产权的资本形式。[②] 在院系这一相对独立的子系统中，经济资本的分配是不均衡的，不同的个体或团体之间存在一定的代理关系，这种代理关系有的是直接可见的制度化的代理关系，有的是间接潜在的、不易察觉但却在实际中发挥作用的代理关系，由此形成了学院内部的关系网络。通过不同形式的代理关系实现了资本的集中，其中部分人也就拥有了这一资本带来的权力，从而能够更加有效地运作和配置这些资本，通过各种各样的交换活动，实现不同主体间的相互协调与竞争，不断地促使不同的行为主体掌握不同的资本。在这一过程中，对经济资本的配置犹如市场中的商品交换一样，通过流通不断地分配和实现不同行为者的利益和价值。因

[①] 吴坚：《高校管理中学术权力与行政权力的协调》，《高等教育研究》2005年第8期。

[②] 胡仁东：《权力与市场：两种高等教育资源配置模式》，《高等工程教育研究》2006年第2期。

此，在院系治理中，也需要通过市场的竞争机制和自我调节功能，将有限的教育资源分配到最需要、最有效的地方去。

那么这些资源该如何分配呢？首先要将整个院系看做一个完整的系统，通过一定的制度安排将相关的人力、物力、财力、信息等资源的流通与利用，由线性方式转化为互动、循环、相互联系的发散方式，使各种资源能够在院系系统内被充分分享与利用，促使各种资源形成一个有机的生态系统。在系统内部，在人力资源方面，一是要建立一支素质高、结构合理、创新能力突出的教师队伍，二是建立一支专业化、规范化、科学化的教辅队伍。物资方面要强化内部资源的管理与分享，避免各自为政，重复购置的现象。财政方面要拓宽融资的渠道，灵活财政管理办法，激发学院创收、理财的热情与能力。信息方面要共建共享，保持信息渠道的上下畅通，做到信息一致、反馈及时有效。同时，学校内部也要建立资源共享和调配机制，促进院系之间的沟通与合作。这也要求院系自身改变封闭的管理模式，将内部的教学资源和基础设施在一定范围内开放、共享，采用灵活的方式，做到互惠互利，实现整个学校办学资源的流通与共享，这既节约了教育资源的成本，也提高了资源利用率。此外，要完善资源利用评价机制，采用一定的激励措施促使院系盘活资源，提高资源的有效利用率，真正实现资源的有效利用。

（五）象征权力

象征权力来自象征性资本。所谓象征性资本，又称为符号资本，是用以表示礼仪活动、声誉或威信等象征性现象的重要概念。虽然声誉或威信资本有助于加强可信度和影响力，但却被某些经济学家称为"不被承认的资本"或"否认的资本"[1]。正如布迪厄所指出的，它同时具有被否认和被承认的双重性质，它是通过无形或者看不见的方式，达到比有形和看得见的方式更有效的一种"魔术般"的手段和竞争力量。[2] 它是一种神圣化或启示的权力，代表权力的象征关系，倾

---

[1] 宫留记：《布迪厄的社会实践理论》，博士学位论文，南京师范大学，2007年。
[2] 同上。

向于再生产并强化建构社会空间之结构的那些权力关系。"象征性权力"的概念是布迪厄社会语言学的理论核心（有时也用"象征性暴力"来替代），在分析卡贝勒人礼物交换中的意义建构时，布迪厄把礼物交换看作是一种权力实施与遮掩的运作机制，他把这种在无形中发挥作用、无需任何外显形式体现的权力称之为象征性权力。在像卡贝勒这样的社会中，明文规定的支配关系并不多见，西方社会中的政府、法院或大学等机构几乎是没有的。个人必须想方设法寻找对他人实施权力的途径。其中，有一种外现的途径就是债务：债务人与债权人之间因为借贷关系而产生了一定的权力关系，这种权力关系是显性的。还有一种隐性的权力，那就是赠送礼物。在这一过程中，赠送者会在无形中使得受礼者处于类似债务人的境遇中，由此产生一种权力关系，即赠送者一方以慷慨的姿态让受礼者接受一种无形的债务契约，这即是布迪厄所说的"象征性暴力"。这种暴力更多是以忠诚、信任、义务、尊重等伦理崇尚的美德形式发挥作用，借助于此，残酷的统治现实即被笼罩在一层美丽的面纱之下。在学院这一场域内，个体及团体之间的相互关系不仅有制度合法化、正当化的权力关系，更有一种依靠象征权力而组合在一起的紧密关系，这种关系依赖彼此之间的志同道合、人格魅力的相互吸引、学术研究的共同进步甚至生活情趣的彼此欣赏并无处不在地发挥着作用，从而构成人与人之间错综复杂的关系。

伯顿·R. 克拉克在《高等教育系统——学术组织的跨国研究》一书中讨论了高等教育系统的权力问题，提出了行政权力、学术权力和市场权力所构成的"呈三角形的协调模式"[①]。后来，弗兰斯·F. 范富格特主编的《国际高等教育政策比较研究》中明确指出，高等教育中有三种主要的力量在起作用，那就是行政权力、学术权力和市场权力，并且这三种力量在高等教育的不同层面都有体现。[②] 当前，我

[①] [美] 伯顿·R. 克拉克：《高等教育系统——学术组织的跨国研究》，王承绪等译，杭州大学出版社1994年版。

[②] [荷] 弗兰斯·F. 范富格特主编：《国际高等教育政策比较研究》，王承绪等译，浙江教育出版社2001年版。

们分析的院系治理过程中的五种权力，它们相互转化，相互制约，共同推动学院的发展。根据不同权力之间的抗衡与平衡，各种资源也在不同的主体间不断流动，促进了院系组织的变革与发展。

二 院系治理中的权力关系与运行

我国高校学院层面享有的权力主要体现在学院与系两个层级，各高校在建立学院时，都将学院看作是集教学、科研、行政管理等权力于一体的实体性机构，具有对人、财、物等进行管理调配的权力和责任。学院制改革对于学科整合、提高管理效能、创新人才培养机制的重要意义不言而喻。它与任何改革一样，都是权力和利益的重新调整和分配的过程，改革的成功主要取决于组织内部权力的科学配置与运行。[①] 院系的职能涉及教学、科研、学科建设、行政管理等方面，具体的职能包括：制定学院中长期发展规划和奋斗目标；组织和协调交叉学科建设，组织开展重大科研项目的攻关工作，组织系所开展教学、科研和社会服务活动。系、所、中心则是进行教学工作与科学研究的基本单位，是实施学院各项工作任务的执行机构。[②] 院系治理的过程主要指，通过院系各利益相关者之间的权力配置和制度安排实现权力的彼此制衡，以达到公正与效率契合的状态。可以说，院系治理结构的核心就是"权力"的合理配置与科学运行。[③]

（一）权力配置：权力运行的前提和基础

权力配置指在管理过程中的权力分配和制度设计，旨在实现组织内外部责权利的对应和权力的协调运行，维护组织运行秩序和管理效率，使组织的管理与运作具有统一性、规范性、公正性和可调节性。利益相关者参与下的学院治理属于多元治理结构，就是通过对不同主

---

① 郑勇、徐高明：《权力配置：高校学院制改革的核心》，《中国高教研究》2010年第12期。

② 周作宇、赵美蓉：《高校校院权力配置研究》，《国家教育行政学院学报》2011年第1期。

③ 方芳：《大学治理结构变迁中的权力配置、运行与监督》，《高校教育管理》2011年第6期。

体权力的合理配置使各种权力共同实现对学院的治理。

院系治理结构包括外部治理结构和内部治理结构。外部治理结构主要指学院与高校、与平行组织和社会之间的权力分配与制度安排。内部治理结构主要指学院内部利益相关者之间的权力分配与制度设计。内部权力包括党委领导权、院长行政权、教授学术权、教职工民主参与权和监督权等。对于学院的发展而言，不仅仅是学术权力和行政权力的有机结合，更为重要的是人事权力、财政独立和象征权力等的获得，拥有相对独立的主体和实体地位。在我国政治体制的大背景（即党委领导下的校长负责制）下，要选择适合我国国情发展的权力运行机制，更好地促进学院办学自主权的提高，促进人才培养、科研水平的提升，进而促进高等教育办学质量的不断提高。

1. 外部治理结构中的权力配置

首先，要正确应对高校行政权与学院自主权之间的冲突。任何权力都是一把"双刃剑"，必须对其进行合理的约束与制衡。从我国大学院系的治理现状来看，学校行政权与学院自主权作为两种不同的权力一直以来都是学院制改革发展过程中的一个非常重要的问题。我国很多高校都在进行学院制改革，但由于受到高校传统观念和管理体制的影响，导致很多学校只放责不放权，学院层面缺乏自主权。除了学院的工作范围扩大、事务性工作增多、任务相比以前更加繁重之外，学院在科研、人事、办学等方面仍没有太多的自主权和决定权，学校权力下移明显不足，学院依旧扮演着被控制的服从者的角色。可以说，大学院系基本上还无法真正享有办学自主权。尽管如此，我国的大学院系在争取自主权方面还是取得了一些进展。2012年11月，教育部正式颁布了《教育部关于推进试点学院改革的指导意见》，提出了试点学院改革的方向和思路，并为试点学院提供了多项优惠和保障条件。文件的出台为相关高校和学院大胆探索体制机制创新、破解人才培养难题提供了强有力的政策支持。

其次，要厘清高校层面与学院层面的权力界限，将高校与学院的关系法律化，为学校行政权力划定边界，为学院自主权的落实扩展空间。按照"统筹兼顾、协调联动、激发动力、民主协商"的原则，高校应改革治理方式，使学校的治理重心向学院下移，强化学院的办学主体地位，使学院迸发出最强大的活力，学校对学院应着眼于进行宏观管理、目标管理和政策调控等。学校各职能部门要转换职能，为二级学院自主办学提供支持和创造条件，并做好协调与服务工作。这就需要改革高校内部管理层权力分配结构，调整校级（职能部门）的管理职能、管理内容和权限，调整学院的权限范围，主要实现决策、人事、财政等方面的权力让渡。①

因此，在管理过程中，高校要将学校的总体目标逐步分解、细化，各职能部门、各学院根据各自的子目标独立完成工作，实现自身目标的同时，促进了学校整体目标的实现。在决策权力方面，我国高校一直沿用集中决策的形式，这能够更好地保证学校整体目标的实现。但在学校职能不断扩展的今天，集中决策也暴露出越来越突出的弊端。一是学校领导需要全面掌握各项工作的信息，事无巨细地亲自筹划每一项工作，而一些重要的职能部门也疲于应对。二是其他职能部门和学院只是根据行政目标应付日常工作，缺乏积极性和创造性。三是信息分散，集中程度越高，越难以掌握全面的信息，也就不能保证决策的正确性与科学性。而现实的客观情况是错综复杂、发展变化的，集中决策很难及时、迅速地对现实需要作出反应，因此，决策后果难以掌控。要解决决策集中过度、分散不足的问题，在学院制改革中，学校应下放一定的决策权力，赋予二级学院教学、科研、学科（专业）建设、师资配置、学生管理等方面较大程度的决策权。这样既可以减轻学校要害职能部门的负担，又可以调动其他职能部门和各学院的积极性，真正实现权责一致。学校在权力下放的同时，应注意加强决策指导和监督，避免学院子目标的设定缺乏长远规划，或不同部门、学院之间目标冲突，相互牵制。学校应通过宏观调控和政策引导，克服诸侯割据和内耗现象。

在人事权的让渡问题上，让二级院系掌握人事的聘任、评价、培

---

① 祝建兵：《普通高校二级管理模式运行中权力让渡思考》，《学术探索》2007 年第 6 期。

训等各项工作会更为科学。在学校的总体规划下，二级学院根据学科、专业建设的需要制定师资队伍建设规划，并向学校汇报。经学校审核，具体负责学院的人才引进工作，专业技术人员职务的评审工作，学科发展的评议工作，本学院人员的内部调动工作，本学院人员的考核、考勤、奖惩工作，本学院人员的进修、培训工作，以及兼职或外聘人员的考核工作等。在学校人事工作目标的总体引领下，学院自身更了解自己的发展前景与实际需要，由学院负责师资队伍的建设工作，更能贴近师生实际，服务于教学、科研的需要。

理财自主权是落实学院自主权的重要方面，也是学院实施其他自主权的基础和前提。在以往学校统管理财权的背景下，经费的管理与分配没有与学院的学科建设、招生规模等相挂钩，造成经费浪费严重、利用率低的现象。学院治理体制改革要改革以往学校管得过细、统得过死的现状，实行理财权力的让渡。首先，应建立校、院两级，以院系为中心的财政管理体制，在学校的统一领导和宏观调控下，明确院系的管理权限，深化学院的自主权；其次，在理财权力的让渡过程中，实行多层次的经济责任体系，按照严格的工作流程，合理安排经费的分配与使用，加强财政的监督；最后，从学校及院系工作的实际出发，结合院系的办学规模、学科建设、专业发展及人才培养等自身发展情况，合理公正地划定经费预算，提高经费的使用率，避免浪费现象的发生。理财权力的让渡有利于树立院系的节约意识和成本观念，调动院系的积极性与主动性，经济上的独立对于激励院系发展、开展产学研活动和服务社会经济具有巨大的推动作用，从而为院系的发展打下基础。

2. 内部治理结构中的权力配置

首先是内部治理结构中权力的冲突与失衡。目前，我国正处于由计划经济体系向市场经济体系、由集权管理体制向分权管理体制、由大学行政化运作向去行政化的三大转型时期，大学内部组织的变革应该回应宏观社会背景的变迁。在学院制内部治理结构中尤其要处理好院长行政权与教授学术权之间的关系以及党委政治领导权与院长行政权之间的关系。其中，在院长行政权与教授学术权之间存在着权力的冲突与失衡。牛津大学第一副校长麦克米伦认为，学术自由是大学的灵魂，是大学得以生存的基础。大学作为一个学术组织，这种学术的内在特征表明了大学需要学术权力，具体到学院同样如此。"过度行政化"的现象一直以来都是我国大学改革治理结构的一个毒瘤。在这种背景下，高校成为了一个具有行政级别、按照行政模式运行的国家的机关单位或下属机构，行政人员占据了学校以及学院的"半边天"，而教授作为学校及学院的学术主体，丧失了科研等独立自主发展的权力，沦为行政人员的"附庸"，降低了学院教授们的学术积极性。另一方面，学院这种"行政化"和"官本位"思想也在一定程度上造成了学术人员盲目追求行政权力而放弃了学术研究的现象，给学院的学术发展造成了巨大损失。除了院长行政权与教授学术权之外，学院中的党委政治领导权与院长行政权之间也存在着权力的冲突与失衡。我国《中国共产党普通高等学校基层组织工作条例》规定学院决策机构为党政联席会议。但具体到学院层面，部分学院复制了学校层面的"党委领导下的校长负责制"，试图建立"党总支领导下的院长负责制"。即便是党政联席制度，也存在书记和院长之间权力合作沟通不畅、权力缺位或越位的现象，导致实际工作中职责分工不明晰，工作运行不协调等，需要对其进行明确的权力规定。

其次是内部治理结构中的权力平衡。学术权力与行政权力作为两种不同性质的权力，具有各自的合理性和局限性。学院作为一个学术组织，决定了教授等学术人员应该广泛参与到学院的学术管理事务中，发挥教授作为学术带头人，在教学、学科建设与专业发展以及优良学风建设等方面的作用，充分尊重学者以及学术组织的地位与作用，确立学术权力在学术管理活动中的主导地位，从而提高行政决策的科学性和民主性。[1] 在强调学术权力重要性的同时，也不能忽视行政权力在统筹全局中的作用。行政权力对于协调学院内部各个利益相关者及各部门之间的相互关系，弥补学术权力的不足发挥着不可替代

---

[1] 张世爱：《地方高校基层学术组织研究》，山东人民出版社2016年版，第221—222页。

的作用。在行政权力的运行过程中，要克服官僚主义作风，尽快实现学院治理结构从官本位向学术本位转变，形成行政权力与学术权力相结合的内部治理结构模式。同时要树立服务意识，推动学校行政部门能够真正以教师、学生和学术为中心，主动为教学和科研服务，做到行政权力和学术权力相互匹配、相互协调、相互制约、相辅相成。无论是党政联席会议决策下的院长负责制，还是教授委员会集体决议下的院长负责制，抑或学院董事会制下的决策机制，学院院长作为一个学科专家和学院治理专家，要运用治院理念科学地组织和协调学院的各种资源，推进学院改革和发展，对全院师生员工和学院的共同利益负责。同时要充分发挥师生的民主参与和监督权力，重视社会力量的参与和反馈机制。

（二）权力运行：平衡学院治理结构的重要保证

1. 大学章程及其细则是权力运行的基本依据

大学章程是高校办学的纲领性文件，是高校依法治校的基础和保障，被称之为高校办学的"宪法"。由此可看出，章程对高校发展乃至学院制背景下学院发展的重要意义。大学章程是对高校办学立法内容的延伸，其核心内容是对权力的制约与保障。我国《中华人民共和国高等教育法》明确规定，设立大学须有大学章程，《国家中长期教育改革与发展规划纲要（2010—2020年）》中特别指出，各类高校应依法制定章程，依照章程规定管理学校。在国外高校，章程作为大学发展的重要保障，基本上都对大学管理中权力的分配和机构的划分进行了法律上的规定。可至今为止，我国具备完善章程的高校屈指可数。校内章程的缺失及高校立法的宏观性与模糊性，导致了高校内部权力冲突与滥用的现象层出不穷，治理结构不尽人意。

大学章程应当明确大学内外部治理结构，对校内权力构成做出明确的规定。如吉林大学在章程里就明确界定了党委与校长的不同权限范围；明晰了学校与学院、学部的地位和关系，确立了校、院两级管理为主的体制；明晰了学术权力与行政权力的关系，明确了学院成立教授委员会，教授对学术问题拥有决定权等"教授治学"的规定；明确教职工代表大会以教师为主体，实行民主管理与监督等内容。随着

《国家中长期教育改革与发展规划纲要（2010—2020年）》中对大学章程的强调，许多高校也开始着手制定大学章程。这意味着我国大学办学将告别长期以来没有章程的困境，真正实现依法治教，实现对权力运行的监督和制约。

2. 正当程序是权力运行的基本原则

正当程序是重要的法治观念与宪法原则，它通过程序的公开、公平、公正来保障权力的正当运行。具体来说，第一，正当程序原则要求权力行使者在行使权力的过程中应保持价值中立，保持一种超然的不偏不倚的态度，不得与任何一方有利益或其他方面的联系，任何人均不得担任自己诉讼案件的法官。第二，正当程序原则要求权力运行必须公开和透明。这就要求权力主体在行使权力的过程中，应当依法将权力运行的依据、过程和结果向公众公开，杜绝"暗箱操作"。第三，正当程序原则要求权力主体的充分参与。这就要求权力主体在行使权力过程中，给予各参与主体相应的权力，使其能从权力方获得相关信息并有机会向权力方陈述自己的看法。

（三）权力监督：制约权力滥用的重要防线

正如孟德斯鸠所说："一切有权力的人都容易滥用权力，这是万古不易的一条经验。有权力的直到把权力用到极限方可休止。""要防止滥用权力，就必须以权力约束权力。"[①] 监督，归根结底，是一种特殊的权力制约关系，也就是委托权对受托权的监督和督促。在学院制改革的道路上，权力在下放的过程中，及时有力的监督更是不可或缺的。如果权力监督得当合理，权力定会在良好的环境中运作，可以促进学院的良性发展；如果权力失控或滥用，后果不可想象。

1. 院系治理结构中的民主参与权与监督权

《中华人民共和国高等教育法》第四十三条规定："高等学校通过以教师为主体的教职工代表大会等组织形式，依法保障教职工参与民主管理和监督，维护教职工合法权益。""教职工代表大会作为大学成

---

① ［法］孟德斯鸠：《论法的精神（上册）》，孙立坚、孙丕强、樊瑞庆译，陕西人民出版社2001年版，第183页。

员的一种利益表达和协调机制,沟通、整合和协调大学成员个体以及不同群体的利益要求,以更好地促进大学组织的和谐发展。"同理,在院系治理中,学院层面应该成立不同的监督机构,分工负责监督各项权力的运行状态,一是为了保证权力的科学运作,二是充分调动学院成员的积极性,使每个人都在权力之中,更在监督之下。

2. 实现高校管理的民主化与治理的多元化是制约权力滥用的重要途径

高校要充分重视和加强民主参与权与监督权的行使,赋予教师、学生以及其他行政服务人员民主参与管理的权力,为其参与权和建议权的行使开辟顺畅的渠道,从而使学校决策更加科学化、规范化和专业化,同时防止权力走向独裁和专制。在学院中着力构建院务委员会、学术委员会、职工代表会、学生代表会等不同组织,充分重视不同组织在学院发展重大决策方面的发言权,增强决策的民主性和科学性。①

三 院系治理的基本原则与愿景

实行学院制后,大学内部的权力运行模式由集权向分权过渡,虽然在现实的实践探索中还面临种种困境,但院系治理模式还是目前我国高校的现实选择,有利于建立更加灵活的办学体制,实现资源的优化配置,促进学科建设,建立合理的学科结构。

(一) 权力结构调整的原则

改革高校的管理体制是学院制改革和院系治理的关键,而高校内部权力结构调整是高校内部管理体制改革的基本方向。我们认为,高校内部权力结构调整应遵循以下主要原则:

1. 行政权力与学术权力适度分离,强化学术权力

我国高校的管理传统中,存在行政化的取向,学术权力相对弱化,学校设置的各种委员会或形同虚设,或难以保障自身权益的实现,或发挥可有可无、无足轻重的作用。院系情况更是如此。院系治

---

① 李波:《山东高校社会服务能力研究》,山东人民出版社2016年版,第41页。

理过程中，不仅应该强化学校学术权力的职能，维护学术权力在管理学术事务方面的权威，而且要在院系层面规范或组建各类学术组织及学术委员会，尤其确立教授在管理学术事务方面的发言权，有效发挥学术组织机构管理学术事务、监督行政权力的作用。越是在基层学院组织，学术权力应该越大。强化学术权力的作用，并不代表用学术权力取代行政权力，而是通过彰显学术权力的地位，创设学术自由的氛围，加强学科建设，促进学术团队的发展与合作。

2. 行政权力密切配合，实现职权分工合作

我国高校的管理传统中，存在行政权责不明的问题。学院制改革中，理应实现院长负责制，院长作为学院治理的行政负责人以及学科发展的专家，负责管理学院的具体事务，党组织主要负责监督和支持的作用，保证学院在学校的总体领导下自主发展，保证学院发展的政治方向，参与讨论和决定学院的教学、科研和行政管理中的重要事项，但并不干涉院长具体行使行政管理职责，即使意见相左，也应该通过一定的程序，由学校最终裁决。同时，要预防以党代政、行政不分或互相推诿现象的出现。

3. 权力重心充分下移，实现校院权责一致

如前所述，学院制改革的核心问题之一即学校权力的下移。通过掌握决策、财政、人事等关键领域的实效权力，扩大学院的办学自主权，激活学院的办学活力，这是学院健康、持续发展的有效路径。学院掌握的学术权力主要体现在基层的学科调整、专业建设、课程改革、一般科研项目管理等方面；学校下放的权力主要包括一定的资源配置权、计划内经费的使用权、学院内部机构的设置权、一定的人事聘用权等。学校在权力下放的过程中，主要是发挥学院作为学术权力管理主体的地位，要以下放学术权力为主、行政权力为辅，实行校院两级权责一致。为了保证整个学校的有效运转，学校保留一定的决策权和审定权是必要的，同时还应该建立有效的监督机制和绩效评估机制，防止学院在自主发展的过程中出现权力过大、相互冲突等现象。

4. 权力结构合理设计，创新权力分配模式

教师与学生作为学院的核心利益相关者，对学院的决策、管理及具体事务的处理拥有毫无疑义的发言权，需要调动他们的积极性并发

挥他们在学院治理中的重要作用,有利于提高学院管理的民主化水平,提高决策的科学性与可行性。因此,学校要在学院一级充分放权,淡化行政权力,强化学术管理,发挥学院级教授委员会、学位评定分委员会和教学指导分委员会等学术组织的作用,保证基层教学科研人员的教学和研究自由,调动他们的积极性和创造性,这需要在学院层面创新权力分配模式,一是建立专门的委员会制度,发挥咨询、参谋和决议的作用,二是建立代表性机构(如学生代表机构),形成广泛参与的氛围。

5. 权力主体力求多元,分化制衡权力运行

办学主体的多元化需要学校内部权力主体的多元化,办学主体以不同的方式参与到学院的权力结构中,作为学院治理的利益相关者,对学院的权力结构与权力运行产生重要的影响。这要求学院治理中,不仅要注重内部治理结构的调整,还应该关注外部治理结构的优化。同时还要加强内外部权力运行的制约机制,实现权力的相互制衡和动态发展。也就是说"在高校学院制改革的权力配置中,建立起校院两级纵向上以绩效限定责任,二级学院内部横向上以权力制约权力的制衡机制"[①]。

(二) 院系治理模式的理想愿景

在我们所要追求的理想的院系治理模式中,我们首先将学院及其生存、发展的环境分为几个相互联系的系统,一个是学院自身作为一个独立的系统,二是学院所在的学校作为第二个系统,三是学校所在的外界环境作为第三个系统。从物理的生存环境来看,学校这一场域要在整个社会系统中求得生存与发展,而学院作为一个子系统,又在学校这一系统的运行中谋求位置与发展空间。

首先,我们来探索院系自身内部的权力配置及运行。通过前面的分析我们得知,学院是以学科专业为基础的学术组织,主要以教师为主体力量,传递与研究知识,以学生为服务对象。学院的这一组织特性要求在其治理过程中,需要淡化行政色彩,突出学术权力的地位与

---

① 郑勇、徐高明:《权力配置:高校学院制改革的核心》,《中国高教研究》2010年第12期。

作用，倡导教授治学的组织形式。在这样的组织架构下，仍然设有党委书记和院长职务，但他们的任务并不在于决策，更主要的是组织与服务。而提出学院发展建议与决策的是由教授及其他教师组成的各种具有不同职能的委员会，例如发展指导委员会、教学委员会、学术委员会、人事工作委员会、学位评定委员会、学生工作委员会等，各委员会之间是一种并列平行的关系，各负其责，各司其职。党委书记和院长主要通过协商教授评议委员会来均衡各个委员会的权益，教授评议委员会有权对各个委员会的决策提出意见及建议。具体运行模式参见院系内部组织结构图（见图2-1）。

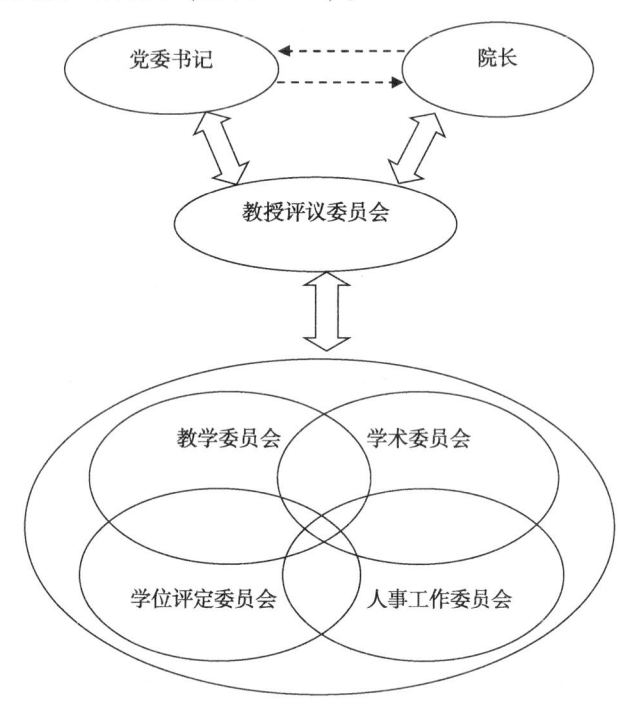

图2-1 学院内部组织结构

根据图2-1所示，学院内部将会存在诸多负责各项工作的委员会组织，由他们负责商讨并决策学院内部的各项工作，而党委书记主要负责学院发展的方向问题，保证学院在国家和学校大政方针的指导下向正确的方向发展，并参与讨论和决定学院教学、科研和行政管理的重要工作，却并不具有决策职能。但在决策意向严重冲突时，书记有权通过程序向学校反映，由学校负责调查并作出决策指导。在这一过程中，党组织发挥了重要的监督和支持作用。院长主要负责学院的行政事务和学科发展等问题，但主要是组织相关委员会讨论、决策，其中主要发挥组织、支持、与学校层面沟通等作用。在这样的组织结构中，教授及大多数教师将从属于不同的委员会，面对不同事务的管理与决策，在一定程度上形成了相互制衡的关系。在党委书记、院长与各个委员会之间存在一个中间沟通与监控的机构——教授评议委员会，此委员会的成员主要由学院内部权威教授、学术带头人或骨干教师组成，负责协同党委、院长对各个委员会的决策提供指导、咨询与意见，这些成员又分属于不同的委员会，这样既有利于维护不同委员会的利益，又有利于均衡各方的权力关系。在这样的组织框架下，学院通过发挥教师尤其是教授的力量，形成各种以教师自身为主体的组织，避免了由党委或院长直接决策、领导的行政倾向，由教授从专业的角度为学院的学科发展、专业设置、经费分配、教师管理、教学改革、学生培养等各方面工作做出规划与设计，学院作为一个实体性组织，在学校宏观政策的指导下，拥有对外交流、产学研合作、招生宣传等实质性的权力。

在学院内部，各个委员会的地位都是平等的，要维持学院的平稳发展，委员会之间的沟通与合作至关重要，而委员会内部的决策主要是在充分民主和自由交流的基础上产生，有利于内部成员认同和保持一致的价值观。因此，在委员会内部发挥作用的主要是学术权力和象征权力，行政权力的作用显得非常微弱，政治权力处于一种潜意识的状态下，经济权力随着学术权力和象征权力的旋律自觉发挥作用。由于学院内部成员一般可能会在不同的委员会中处于不同层次的位置，发挥不同的影响力，这本身就在一定程度上有利于各种权力的相互制衡。而具有较大影响力的权威教授组成的教授评议委员会，更会着眼于学院的长远发展，对各个委员会的决策采取适切的态度，以此均衡各种权力和资源在学院发展中的配置。而党委书记和院长仍将是学院内部最具权威性的人物，他们对外代表学院的意志。虽然这种权威体现的主要是职权带来的威信，但起决定性作用的，也是帮助他们顺利开展工作的却是象征性权力带来的威信。因此，这就要求党委书记和院长，必须充分尊重教授们的选择与决策，有效维护学术权力的影响力，注重与教师们的沟通与交流，才有可能将整个学院紧紧团结在一起，实现对学院成员的规范与管理。同时，党委书记和院长还肩负着根据社会的需求和学校发展的总体思路制定学院发展的规划，并提交教授评议委员会商讨，以此来指导各个委员会的宏观工作。

第二，学院在学校这一场域中的定性与定位。学院作为一个实体单位负责自身的规划与发展，并不代表学校无所作为。学校对学院发展的影响主要体现在政治方向的把握和宏观政策指导方面，其一，作为社会系统中的一个子系统，学校需要保持整体发展的政治方向，这是我国的政治体制和教育体制所要求的。其二，学校在下放权力、给各个学院分权的同时，更重要的是加强指导与监督，避免各学院的发展目标相互冲突，防御学院发展的短视行为，学校应及时通过宏观政策引导，把握学院发展的整体方向，调控各个学院发展的步调一致，实现学校整体的人才培养目标。其三，学校在引导学院发展的同时，还应该整体调控学校的办学资源，避免各学院诸侯割据的现象。这就需要学校制定必要的评估制度和激励措施，引导和鼓励学院充分利用办学资源，避免内耗现象的出现。其四，学校可以通过公共资源的配置有效引导学院的行为。虽然学院在很大程度上拥有自治权，但并不可以完全脱离学校母体，为了自身的发展，还必须积极响应学校的政策要求，以期获得更多的资源与发展空间。学校对学院的控制与管理更多是间接的，当学院远离学校的发展轨迹的同时，可能也在失去一些重要的有助于长远发展的资源，或者在降低一些需要借助学校这一平台实现自身目标的可能性。而学校在对学院施加影响的过程中，依然需要借助于不同的组织机构，这种组织机构的建立同样主要采用委员会的形式，但不同委员会的成员不再固定于学校内部的组织成员，也有可能是办学的赞助者、校友、家长、用人单位等，由此从更多的方位为学院的发展提供建议与指导，也为学院的发展提供更大的平台和更多的资源。这些利益相关者根据融入学校发展的程度，也有可能转换为学院委员会的成员，更直接地对学院的发展产生影响。

第三，学校所在的外界环境对院系治理的影响。如上所述，当学校外界的环境以某种方式与学校的发展建立联系的时候，就有可能由学校第三层的利益相关者转化为潜在的利益相关者，如参加高考的学生的家长，即将从学校吸纳人才的用人单位等，当孩子步入大学，或为毕业生搭建进入用人单位平台的时候，这些因素都将影响学校的招生与就业，如此一来，实际上产生直接影响的是学校内部某些相关学院的专业招生与就业。因此，这些环境因素也就转化成为了学院的利益相关者，会在某种程度上对学院的发展产生影响。有时候，家长、用人单位、校友等通过捐赠、合作等不同形式可能加入学校层面的委员会，甚至成为核心的校领导团体成员，即由潜在的利益相关者转化成为了学校发展的权威利益相关者，这时候他们的意志将通过学校政策或制度的形式对学院的发展产生更为直接的影响。此外，学院作为一个实体单位，在工作的各个层面也将拥有更多的机会直接与环境建立联系，这也促使了更多的环境因素转化为学院发展的不同层次的利益相关者，对学院的发展产生不同的影响。而与环境建立不同联系的学院内部的委员会，也因为各种与环境的联系从而掌握了不同的资源，在学院发展中也就具有了不同性质和不同影响力的权力，这就进一步影响了学院与利益相关者的进一步发展。综上所述，无论是在学校层面还是学院层面，利益相关者的群体和位置都不是固定的，都将随着与学校或学院的联系程度发生转化，转化的同时也就产生了不同的资源类型，也就有了不同权力的博弈与制衡。

总之，学院将是一个以学术权力为引领，以政治权力为导向，以行政权力为保障，以经济权力为杠杆，以象征性权力为精髓的学术团体。这些团体既有高度的自治性，又相互联系、相互合作；既相对稳定、固定，又具有较强的灵活性与开放性；既拥有明确的自我发展规划，又紧密围绕学校的总体发展目标。

本章小结

本章是论文的理论基础部分，在治理、大学治理和学院制等基本概念的基础上，进一步概述了当前有关治理理论的主要观点，分析了这些理论观点对大学学院治理的适用性及其存在的问题，并进一步分析了大学院系治理的权力要素及运行机理。

首先对四种理论进行了深度分析，其中，委托代理理论体现了院系治理的研究前提和权力本质，法人治理理论体现了院系治理的独立性质和合理地位，利益相关者理论体现了院系治理的权力多元和制衡需求，场域理论则为院系治理提供了独特的研究视角和分析工具。各种理论从不同的角度为大学院系治理提供了研究的可能性与可行性。

其次，从国内外关于大学内外部治理的研究中，概括出大学院系治理的基本要素及其价值理念，为院系治理研究明确方向和路径。通过理论分析，探求大学院系治理的基本要素、类型及其关系，构建院系治理的理想权力场域。对于院系治理而言，涉及的主要权力有政治权力、行政权力、学术权力、经济权力、象征权力。各种权力相互作用，形成治理的结构和过程，治理结构表现为权力配置方式，治理过程表现为权力运行机制，权力的合理配置是权力运行的前提和基础，而权力的有效运行又是平衡治理结构的重要保证。对于权力运行来说，大学章程是依据，程序正当是原则，权力监督是防线。对于权力配置来说，基本原则是：行政权力与学术权力适度分离，强化学术权力；行政权力密切配合，实现职责分工；权力重心充分下移，实现校院权责一致；权力结构合理设计，创新权力分配模式；权力主体力求多元，分化制衡权力运行。

最后，根据场域理论的分析工具，为院系构建了理想状态的权力运行图式：大学院系将是一个以学术权力为引领，以政治权力为导向，以行政权力为保障，以经济权力为杠杆，以象征性权力为精髓的学术团体。院系治理即围绕着这一理想图式，构建三个相互博弈而又密切配合的权力系统，一是学院自身作为一个独立的系统，二是学院所在的学校作为第二大系统，三是学校所在的外界环境作为第三大系统。该观点可以为解读院系现有不同管理模式的权力互动机制提供独特的分析视角，也为院系治理改革路径提供独特的思维方式。

第三章

当前我国院系管理的主要模式及困境

管理模式是指组织为实现其发展目标而组织资源进行系统活动的基本框架和方式，主要包括管理理念、系统结构和操作方法三个部分。不同类型的管理模式对现实问题的关注点和解决力度是不同的，在既定时空内，某一模式在解决一定问题的同时，又会表现出某些缺憾。因此，对当前我国高校院系管理的主要模式进行深度剖析，对发现其问题，寻求破解之路，具有重要意义。通过综合梳理当前我国高校院系管理的主要模式，我们发现主要存在三种模式，即行政主导模式、学术主导模式和市场主导模式，以行政主导模式为主。下面将从价值信念、系统结构和运行机制三个分析维度，分别进行论述。

为了更好地呈现不同管理模式的具体运转状况以及它们面临的具体难题，我们在此除了进行理论分析之外，还会与现实中的某些院系管理实景描述联系起来。在进行了大量观察和调研之后，在每种模式中分别筛选一个有代表性的学院，进行深度访谈和田野观察，在搜集数据的基础上进一步提炼问题，从而对学院内外权力关系和运行机制做深入剖析和反思。（访谈提纲与对象见附录）

第一节 行政主导的管理模式

行政主导模式是高校行政化管理的一个缩影，是当前我国高校学院管理最常见的主流模式，也是院系治理改革的主要对象，因此我们在此进行重点分析。我们选取L大学J学院作为此类管理模式的研究个案。该部分研究方法采取了参与式的田野观察法，作者作为该大学的工作人员，有条件以现场参与的方式进行了深入持久的观察，从而进行实景描述与分析。该部分的分析结果一是基于作者个人深入其中长达十年的观察和体验，二是基于作者对学院内不同群体（教师群体、学生群体、行政群体等）和个人的 16 次不定期的访谈和交流（访谈提纲见附录）。

L 大学是一所具有 60 多年办学经验的综合性院校，地处经济发达省份，在校生近 4 万人，专任教师 2000 余人。L 大学设有 17 个学院，覆盖了除军事学以外的所有一级学科。J 学院在 L 大学中属于建院较晚的机构，但教学、科研和社会服务能力在全校都居于前列位置。J 学院拥有教职工 80 余名，在读全日制学生 1200 余人，内设 5 个本科专业和 1 个硕士专业。受制于学校行政化管理体制，J 学院一直遵循着行政管理模式，具有较强的代表性。在此以 J 学院为行政管理模式的代表，分析其中的要素和面临的问题。

高校行政化管理的源头可追溯到孙中山效仿苏联模式建立广东大学，后改名为中山大学，以此形成了"党化教育"。后遭到教育家胡适、陶行知等人的极力反对，民国政府逐渐转向提倡"三民主义"的教育模式。20 世纪 50 年代以后，我国高校以苏联作为模仿对象，大面积推行行政管理模式。[①] 行政作为推动高校发展的一支力量，具有不可忽视的作用。但行政化的管理模式却给高校的学术、人才和社会服务等工作带来了巨大的障碍。当前学术界对高校行政管理模式的研究绝大多数都在学校层面上，对院系层面的行政运转少有问津，这在一定程度上反映了两个问题：其一，高校行政管理模式盛行，院系只是作为该系统中的一个子系统，没有可以作为深化研究的独特性；其二，作为高校行政管理模式下的一个附属单位，在校级层面无法解决其面临的行政化难题时，改革院系管理模式的可能性是不大的。

在此我们认为，校级层面的行政化管理模式与院系层面上的行政管理模式在价值信念等方面虽然有一定的共同点，但作为两个不同的

[①] 储朝晖：《大学管理从"心"开始》，《光明日报》2012 年 1 月 30 日第 5 版。

系统，它们在价值信念的生成、组织系统运转和具体操作方法上还有诸多不同点。

一 行政主导管理模式的价值信念——"权力控制"

马克斯·韦伯（Max Weber）在其行政组织理论中提到，行政组织是一种正式的、非人格的理想系统，它有利于提高组织效率，达到组织的目的。它有精确、稳定和纪律性强的特点，适合于政党、军队、教会等各种团体。当行政管理模式进入高校学院层面之后，其本质特点并没有发生本质性变化，只是在其中表现出了一些特殊的形式，也给高校院系发展带来了一些无法回避的弊端。虽然，有些学者从理想化的层面上谈到，行政管理应该坚持人性化、以人为本、服务学术和师生等价值追求，但这在很大层面上都是一厢情愿的，与实际运行中奉行的价值信念相去甚远，即使那些醉心于学术理念的人，一旦成为管理者，就会在不自觉间摒弃了那些原来的价值信念。这就说明，行政管理模式无论在什么层面运转，其组织本性是无法改变的。

（一）核心价值信念——救赎的价值观

救赎文化源于基督教文化，是个体自身价值在难以寻求出路的情况下，为了个体的救赎而生成的一种文化体系。这种价值观并没有因为宗教退出世俗政权而消失，而是以多种变体隐藏在各个领域。20世纪50年代后，我国大陆高校的管理经历了军事管理、行政管理、无秩序管理、以行政为主体的多元因素参与管理等阶段，以民众政治身份解救为主题的意识在社会中广泛宣传开来，特别是在经历了全国范围内的土地改革运动之后，以党性救赎为主流的价值观成为整个社会的核心思想。这一思想被推及到高校之后，党化教育的模式便成为一种主流模式。改革开放后，随着个体意识的增强，高校与社会之间的关系发生了微妙的变化，受制于时代性的多种因素限制，个体自由的意识和能力并没有发展起来，而只能成为一种对历史的怀旧，学术自由、教授治校等从西方引进的高校价值观日益蜕变。现行的高校管理体制使行政在更高层面控制着高校的各种运转资本，因此，也就形成了更为集中的权力。特别是在组织人事设定等方面，绝对权力使各个学院的人事权力也牢牢地被校级层面控制。此种运转体制使校级层面所奉行的价值信念也会顺延至院系层面，行政管理体制使行政管理队伍和管理方式自校级一脉相承地贯穿于院系层面。在院系层面，救赎性的价值观表现在多个方面。

其一，管理者以布道者现身。救赎文化的传播需要救世主出现，传布救赎之道为首要任务。校级层面的集权型管理使院系只能作为宣传校级价值观念的传声筒，因此，院系在此则以布道者的身份出现，由院系主要负责人传达校级价值和精神。这无疑为学校的统一管理提供了良好的基础，但这种身份的出现也使学院失去了自身的独立精神，更无法与自身的专业、学科特点结合起来。L大学J学院的党委书记和院长在每周的例会中，首先扮演的角色就是传达学校层面的发展要求和有关精神，并且要求每一位员工和学生从内心深处认识到，只有遵循学校发展要求，才能实现个体和组织的发展。

其二，院系以单一舆论为主，且具有多变性。救赎者的文化往往是毋庸置疑的文化，因此，在特定的时空内表现为单一性，尽最大可能排除其他舆论方向，由此可以使被救赎者对此形成信奉态度。院系作为校级舆论的传声筒，舆论自然也就相应表现出单一性。同时，由于自身无法对自身具有自治权，因此，一旦校级层面的舆论产生变化，学院层面就会立即产生相应变化。从我国当前的高校行政管理运转模式来看，校级层面的领导者在实施学校发展方案时，总是喜欢独树一帜，以此显示出自己的独到和创新，缺乏历史继承和长远设计，致使院系层面的价值舆论不得不随风而动，稳定性很小。

其三，追求利他主义的幸福观。从伦理学来看，功利主义包括利己主义和利他主义。在当前功利主义盛行的时代，世人往往对利己主义进行口诛笔伐，相反对利他主义则赞赏有加，即为他人和组织进行奉献。当每一个人都具有利他的观念和行为时，社会应该是和谐一致，组织会有长足的发展动力。从韦伯的行政组织理论来看，行政组织是非人性化的，强调官僚性和等级性，因此，应该是以组织利益为核心的，恰好与利他主义的幸福观相左。对此，我们认为这不过只是一种表面现象。在高校院系层面的实际运转系统中，救赎性的价值观念与行政结合起来，使管理者形成了一种更为积极的幸福观，也就是通过各种条件为组织成员创造来自组织认同的幸福感，将个体权利放在相对较低的位置；对于组织成员而言，利他主义的幸福观在组织认同层面上获得了更多的资源和发展机会，因此，也在一定范围内获得不同程度的认同。也就是说，所谓利他，总是需要从某种角度和价值标准出发的，因此，在院系层面奉行利他主义的幸福观并非是从个体的实际利益和需求出发，而是着眼于组织的需要。受我国当前高校管理体制的影响，院系的追求从方向和整体来看，都受制于学校层面，因此，这并没有改变组织非人格化和官僚性的组织特点。

追求利他主义幸福观的行政管理模式使院系运转呈现出一个新的特点，即组织管理者习惯于为组织成员设定某一幸福目标，对自愿程度和个体权利关注较少。它假设成员在某一领域内是鲁钝的，是需要时刻提醒、并不断给予压力和牵引力才能进步的，这使管理者在很大程度上将自己打扮成一个救世者和先知者，而组织也必须选拔出或者塑造出这种管理者。[①] 这无疑是一把双刃剑，在给组织发展带来某种生机和可能的同时，组织和个体发展也极易陷入集权的管理误区。

(二) 附属价值信念——效率和等级观

以行政为主导的管理模式以救赎为核心价值信念，以此为基础衍生出一些附属的价值观念，它们实际上是核心价值信念的现实具体表现。在当前院系以行政为主导的管理模式中，效率、统一、等级和服从等价值观念表现出较强的势头，它们与当下高校中的某些文化因素结合起来，在现实中呈现出独特的表现力，下面我们将分别对其加以分析。

效率。此处之效率非指绝对效率，而是指相对效率，是相对于某一利益主体或者某一利益领域而言的。院系作为高校行政化管理的一个子系统，人事调控和财政基本被控制在学校层面，因此，学校层面的工作追求自然通过目标划分的方式分配到各个院系，并且以此作为考评的基本依据。为了能完成上级部门布置的任务，进而获得上级部

---

① 薄存旭：《当代中国中小学校组织变革的价值范式研究》，教育科学出版社2016年版，第216页。

门的肯定和嘉奖，院系层面自然会对准某一个或几个领域集中发力，而这又无法脱离开其服务的对象。需要注意的是，对于服务对象而言，并不存在绝对的有利或者有害，而是能够满足组织在一定时空内的要求。因此，在救赎的核心价值信念的前提下，院系层面就经常以指路人或者导师的角色出现，要求组织成员为完成既定目标提高效率。

J 学院在工作中，基本发挥着上传下达的作用。为了完成行政部门完成的任务，院长、党委书记不得不整天筹划如何完成这些目标，并在同层次院系中保持靠前的位置。为此，学院在会上会下无不为此而焦急。正如前面所述，院系资源是从学校层面依据行政逻辑划拨过来的，竞争性的效率自然会使一部分人获利，而另一部分人由于沟通、人际关系等因素无法有效获得资源。因此，J 学院的工作往往就在"扇火"与"灭火"之间来回奔波，为了更有利于"灭火"，不得不动用私下商讨、会后决定等隐秘手段，所以，一旦产生一些危机事件，院系层面又难以应付。

等级。院系层面等级层次性并不多，但行政命令要发挥作用，还必须将等级性拉开，这主要是通过资源控制、工作安排和仪式象征等渠道实现。前两者主要表现为，运用行政职权的权威进行资源的收集与发放，同时依据组织需求命令组织成员从事某方面的工作。后者主要表现为，在正式或非正式的场合，行政管理者在行、坐、言等方面的先后顺序和前后位置。一般而言，等级性要求行政上级不能越位处理下级问题，下属也不能越级干涉上级行政管理者的行政事宜，行政管理者应该与下属保持足够的距离，以此可以体现组织机构的严肃性和等级性，行政命令的效率才可能会更高。与一般性的行政组织相比较而言，院系层面的行政管理模式以救赎为基本价值信念，导致这里的等级性带有一定的教化色彩，在顶层上的人员更像是一位教父级的人物。一方面要扮演着全院师生员工父母官的角色，以宽容、博爱、仁慈的态度对待每一个组织成员，不时需要给予组织成员以教导；另一方面，需要组织成员绝对遵从教父发出的命令。为了提高对命令的履行程度，学院组织就必须在两个方面做足文章：其一，在管理者自身方面，必须做一个威严者，以体现家长的威慑性，同时，还要做好亲民行为，以示对组织员工的关爱；另一方面，必须在组织制度的制定和运行上，充分考虑到上级与下级之间的施教者与受教者之间的关系。

J学院的行政级别严格意义上来讲只有两级，即处级层面（正、副处）和普通成员层面（师生），师生之间几乎没有行政关系，正副职之间更多的是一种共同协商关系，党委书记和院长之间因为职责分工不同，属于协作关系。J学院在运行中，历任的五届院长基本是以年龄资历、学历资历、科研资历为基础提拔起来的，作为源于教师行列的一员，欲树立起权威，基本都是以行政命令加教父式引导作为管理手段的。首先以行政职权身份出场，发布学校文件规定，以行政等级权力要求师生遵循；同时，管理者也会经常以苦口婆心和循循善诱的方式教育师生该如何行动。当下属群体与管理群体的意愿和走向不一致时，教父式的权威方式就会发挥出来。

二　行政主导管理模式的系统结构分析

行政主导的管理模式拥有独特的系统结构，根据前面有关场域理论的论述，我们可以看到，任何一个机构都是处于关系的系统之中，脱离开它的关系对象，自身也就会消失，失去本身存在的意义。因此，大学中的院系作为一个个相对独立的场域，是无法脱离院系以外因素而单独论述的，这将包括三个大系统，一是院系场域系统，二是学校场域系统，三是校外场域系统。如图3-1所示，在院系场域层面，行为主体主要包括院系党委书记、院长或系主任、教师和学生等，学校场域层面的行为主体主要包括校党委书记、校长、各行政机构以及后勤、教辅单位，校外场域层面主要包括政府、家长、社会团体以及其他单位（企事业用人单位、媒体等），它们之间交错在一起，具有以下几个方面的特点。

第一，场域内外关系交错复杂。首先在各自的系统内部形成一个由多种互动关系组合成的联合体，然后，三个系统之间相互发生作用，再形成一个场域整体。

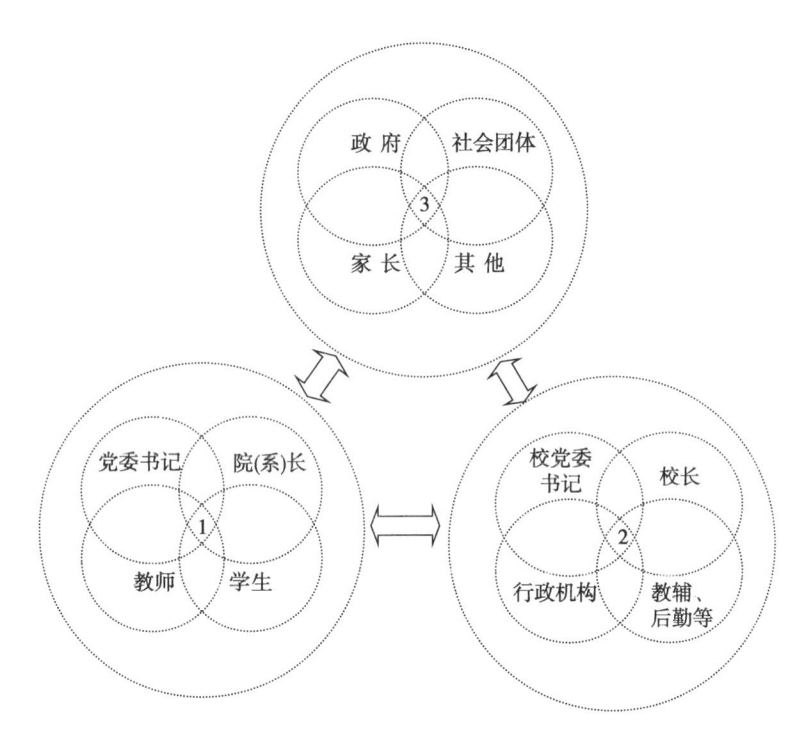

图 3 - 1　院系、学校和校外场域系统互动关系

第二，具体场域是实时构建起来的。在既定时空内，互动主体不同，他们之间的心理认同机制也会千差万别。因此，在任何一个大的场域内，其具体场域既可能随时产生，也可能随时消亡，当然，也存在着长期稳定的具体场域。同时，由于互动和认同程度不同，各场域之间的边界都是不确定的，因此，在下列"院系场域系统关系图"之中，我们用虚线作为标示，以表示它既能拓展也能缩小。从理论上来讲，任何一个场域内部都会有一个权力交集地带，也是权力互动最为复杂、权力特征最为明显的区域。同时，各个系统之间都会有一些非交集地带，这代表着其职权不对任何一方发挥实质作用，出现了权力的空白地带，或者叫做权力盲区。

第三，三个系统之间是三角互动关系。一般认为，学校应该属于院系的上级单位，因此应该属于院系外围的场域，社会场域应该属于以上两个场域的外围场域。自此，我们认为这种关系只是从表面上分析了它们之间的互动行为。实际上，当学校和社会两大场域与院系场域产生互动之前，它们已经在它们各自的内部场域内通过同样的逻辑形成了既定要求，然后以整体权力束与其他场域发生互动。在这一过程中，并不排斥某一场域中的行为主体直接作用于其他场域中的行为主体。例如，校长直接越过所有机构和中介，直接对具体某一学生或教师下达指示和命令，但这种情况在行政主导的管理模式中只属于例外事件。因为，庞杂的人群和事务不允许这种事情大面积发生，否则，整个系统将会陷入瘫痪状态。

在三角互动关系中，没有哪一个是权力的绝对中心，在不同的管理事务中，各自的位置是不同的。在行政职权划分方面，学校层面的行政场域拥有更多的权力，但一旦涉及象征性权力、经济性权力、学术权力、政治性权力，那么以政府为主的场域系统和院系场域系统就会分别发挥着更为重要的作用，这恰恰符合场域理论的基本观点，也能很好地解释当前院系运转面临的困境。

在每一个场域内部，资本类型、数量和质量有所不同，与各行为主体结合起来，在决策权、执行权、监督权、建议权等方面表现出不同的影响力。如图3-2所示，在不同领域，不同权力类型与不同主体结合起来，形成一个多方位的立体式权力场域系统。下面我们将分别对三大场域系统以及它们之间的互动关系进行分析。

（一）院系场域的系统结构分析

在院系场域层面，互动主体之间会形成非常错综复杂的关系，在行政为主导的管理模式下，有些互动关系比较具有特色，也潜藏着某些现实危机，因此，在下面的分析中，我们主要关注其中比较核心的问题。

1. 党委书记与院长（系主任）的权力互动关系

党委书记主要负责院系的行政、思想等工作，有关学生管理的日常性事务，则由副书记、辅导员等群体管理，形成行政以及学生管理为中心的场域。有关人事、财务、教学、科研等工作主要由院长（系主任）负责，有关师生的教学、科研等问题则由副院长、教学秘书来负责管理，他们结合起来也会形成一个以教学科研为中心的权力场域。因此，两者属于分工负责、相互监督的关系。由于在学校层面的

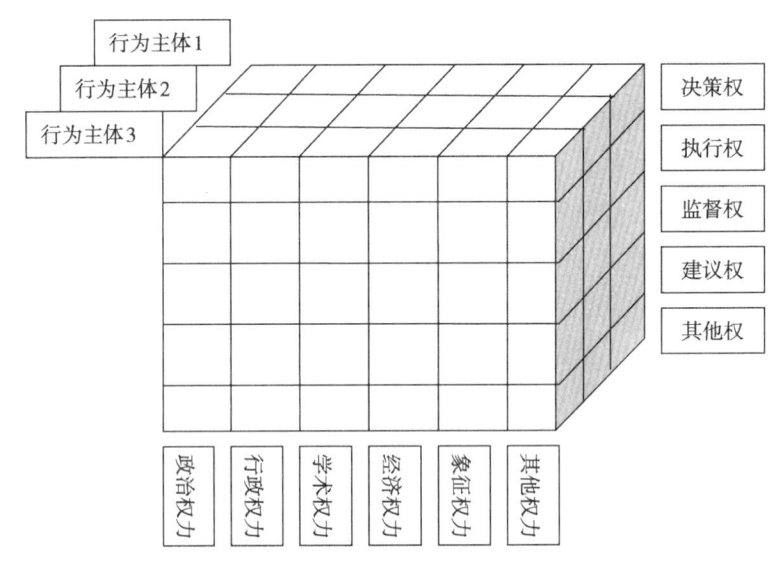

图 3-2　场域权力类型组合立方

管理体制是党委领导下的校长负责制，按照顺应关系，在学院层面，党委书记往往会排在院长（系主任）前面。因此，在实际运转过程中，党委书记在教师群体的互动中，其影响力不如院长（系主任），所以，党委书记经常会干预院长（系主任）的工作，以此保证由学校而来的管理体制的顺畅运行。干预又经常会引起两者之间的矛盾，为了缓和两者之间的矛盾，许多学院都实行党政联席会议，通过协商来处理两者之间的矛盾，实现各自的利益诉求。党政联席会议得以顺利运行的前提是两者能够做到关系协调，否则，这一制度也会陷入瘫痪。

J 学院受制于学校管理体制，学院层面的权力并不多，前两任书记与院长关系相对融洽，党委书记在抓好党务、思想工作的同时，基本不太关注学院具体教学、科研和行政事务。新任院长和党委书记在新的任期，基本都在强化自己的权力或权威：一方面，党委书记在通过拼命强调各种公共事务纪律来显示自己对教师的权威；另一方面，新任院长为了在学院上下获得足够高的威望，开始在教学、科研等事务上大力推行自己的观念和行为方式。由于两者在发展的逻辑思路上并不一致，因此，不得不经常开党政联席会，并且会后需要进行大量的协调，其中不乏各种对双方的臆测。在 L 大学中的 X 学院，由于党委书记和院长人际关系不和，党政联席会也基本处于瘫痪状态，相互对抗的结果是，行政运转的内耗性特别大，学校不得不调整人员重新组合领导班子，但这种管理制度带来的弊病本身并没有得到解决。

2. 教师与学生的权力互动关系

行政为主导的管理模式已经在很大程度上削弱了教师对学生的管理和评价权，影响学生发展机会的资源被大幅度地控制在以党委书记为核心的行政权力系统中。当前学生的学习目的相对功利；同时，为了提高学校的就业率、毕业率和院系的校内外形象，院系总会想方设法为学生考试创造合适的机会和条件，教师通过评价来控制学生的权力基本得到消解。因此，教学人员影响学生的力度是比较低的。在科研方面，教师对学生的影响程度也非常有限，因为，行政系统控制毕业率和就业率的办学追求会使教师不得不为学生的顺利毕业而考虑，虽然，某些时候，学生会因为教师的要求而倍感压力，但这些要求也不过是行政要求的一种变体。

J 学院，教师与学生交流的空间有限，基本是课堂之上，课余时间的交流频次较低。行政为主导的管理方式，使学生入党、评优等评价权基本集中在辅导员和院系行政层面。虽然教师拥有评定学生考试成绩的权力，但这种权力一般都是受院系行政和行政严格控制的，包括考试难度、及格率等。加之功利化的学习目的，学生更愿意去靠近辅导员和行政管理人员，特别是以学生会为代表的学生群体，基本成为行政管理的附庸力量，教师普遍感觉无法有效影响学生，学生也在很大层面上感觉教师对其并没有多大的控制权，造成的结果是，除了在知识和人格等认同方面，教师对学生的影响力会受到干预或限制。

3. 委书记、院长（系主任）与师生的权力互动

从行政职务分工来看，党委书记与教师之间主要是通过党务、思想等工作链接起来，因此，政治权力的影响力更为强大。教师作为知识分子，在专业领域内部有着相对独立的追求，专业技能也具有很强的不可替代性的特点，因此更需要一种相对宽松的自由环境，这与党委书记要求的某种思想取向存在着内在的紧张度。所以，在政治权力

上，教师的认同性并不很强，权力的影响力度也不大。党委书记如果不想参与更多行政事务，那么在教师群体中的影响力并不是很大。同时，受制于中国的政治体制，行政权力成为教师群体成员获得行政权力以及其他相关资源的重要影响力量。因此，党委书记对其权力的影响力会因对象个体追求的差异而出现很大不同，追求进入管理层的教师员工就会更加认可这一权力；相反，对于只将教学、科研作为追求对象的人员，党委书记权力的影响力就比较小了。需要注意的是，党委书记所代表的政治权力只要存在，就一定会对教师发生作用，因为，某些教师虽然不关心政治，但是政治一定会随时随地就在他们的身边，这种由外而来的政治影响，使教师在一定程度上必须正视政治权力的存在，并对其持必要的恭敬和严肃态度。

院长（系主任）相对于党委书记而言，拥有更多类型的影响教师的资本，这主要体现在教学和科研项目的获取、职称评定、工作评价、财务收支等方面，对教师的个人发展具有更大的影响力。因此，院长（系主任）也需要牢牢抓住这些可以影响教师工作积极性的因素。同时，院长（系主任）还需要拥有更多的教学、科研资本，即在教学和科研能力方面要表现出更强的能力。除此之外，与党委书记相同，都需要人格魅力和品德涵养等象征性资本。按行政职权划分来讲，院长可以通过上述资本划拨资源，实现对教学科研人员的权力影响力。但随着教学、科研人员个人能力的增强，院长的个人职权影响力就会相对降低，因为，他们可以超越院长资源配置能力范畴，从学院以外或者学校以外获得资源。另外，在教学、科研等方面，作为专业知识分子，教学、科研人员在价值信念和办学思路上也会有自己独特的看法，因此，他们与院长的具体工作方式也会存在一定的差异，这就要求院长能展现出人格魅力和品德涵养，以更加宽广的胸怀来包容这些观点和行为。相反，如果院长不顾其他教职员工的意愿，强力推行某些个人或团体主张，那么就会在院系内部制造大量矛盾，权力认同性将会在不同程度上遭到消减。

党委书记与学生之间主要是通过辅导员作为连接，运用纪律维持、评优树先、品德评定、学生干部、加入党组织等方式去调控学生，对学生管理得比较多，权力也体现得比较明显。相对于教学等其他事务，影响学生发展的直接资源被以党委书记为首的行政体系牢牢控制，而教学则变成相对次要的因素。院长与学生之间主要是通过教务系统联系起来，中间穿插着教师、教学管理人员等因素。由上面的论述可知，由于教学在当前中国大学高校中的弱势位置，导致以院长为首的行政系统并没有多大的实质性权力，相反，有时候往往被来自于行政和学生方面的权力所绑架。

自J学院成立以来，教师与党委书记之间基本都保持着若即若离的关系，党委书记对专业了解度不够，缺乏专业技能，缺乏专业权威影响力，这些因素都导致教师对党委书记的权力认可度不高。院长作为教学、学术权威，对知识分子具有较强的影响力，院长以行政职权为基础对资源进行分配，其办学理念和思路对教师而言具有重要影响，行政权力认可度相对较大。但由于个人品格和涵养的问题，导致教师对其行政权力的认可度大打折扣，实际影响力并不大。以党委书记为首的行政系统对学生的管理是相当严格的，几乎涉及了学生生

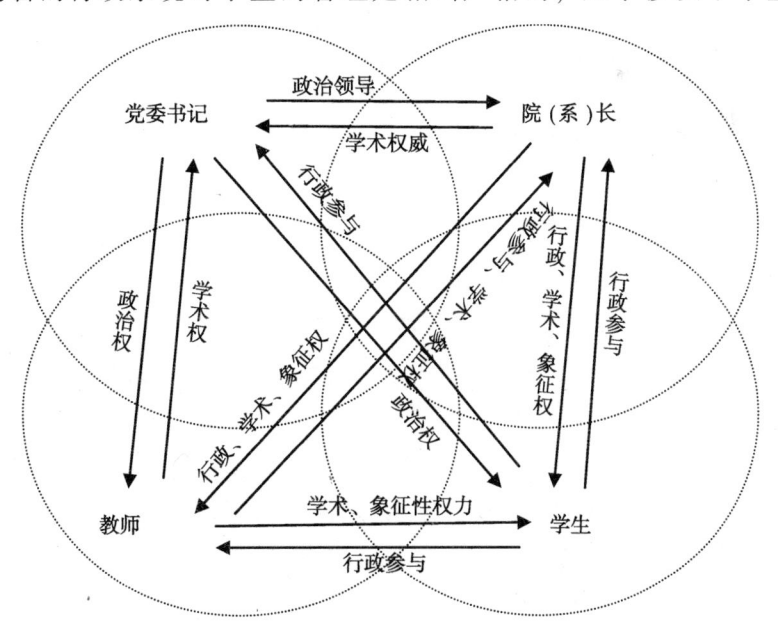

注：非交会处为权力盲区；四个区域交会处为权力复杂交错区

图3-3 院系场域内权力互动结构

活、学习的方方面面，纪律和评价成为两个主要管理工具，权力得到了显著体现。以院长为首的行政系统通过教师教学对学生产生了一定影响，但受制于行政系统的影响，权力影响力度却相对较低。根据上述权力之间的互动关系，我们制作了院系场域内权力互动结构图（图3-3），以此对他们之间的关系进行描述。

在上面的分析中，我们主要对两个权力区域交会处的权力互动关系进行了关注，对三个或者四个权力区域交会处并没有进行关注。这是因为，两者之间权力的互动已经比较清晰地反映出核心问题。另外，在三个以上权力区域交会处，权力互动有一些独特性表现，如某两个或三个权力区域可能首先会形成联盟，然后针对其他方，例如党委书记、院长和教师可能先形成权力联盟，然后一起针对学生；或者，各个权力区域各自为政，依据利益最大化的原则，进行权力博弈，这时权力互动关系就显得非常复杂。

（二）院系内外场域权力互动分析

与院系权力场域互动的外部场域有两个，首先是学校权力场域，其次是由政府、企事业单位、家庭以及其他社会团体所组成的社会权力场域。它们通过直接或间接的渠道对院系运转产生影响，虽然本书关注的核心问题是院系内部权力互动关系，但外层权力与院系内部权力的互动方式会直接影响到内部权力互动，并且，随着外部权力互动关系的调整，院系内部权力关系也会相应产生变化。因此，在此非常有必要明晰院系内外场域权力的互动关系。

1. 学校场域权力与院系场域权力的互动

以党委书记和校长为首的学校场域权力体系与院系场域权力体系互动时，具有行政化的明显特点。

第一，在发挥权力的工具运用方面。学校场域权力体系经常会用到行政命令和经济诱导等方式。由行政体系而来的行政命令在很大程度上影响着院系的工作方向、人事安排、政策具体落实方略和工作绩效评价等；经济权力可以使行政机关操控着院系运转的物质基础，以经济为管理工具，可以很好地实现对院系的良好控制，即通过经济诱导来控制院系的工作方向和执行情况。

院系场域的权力对学校场域的权力影响工具主要是通过学术权威的影响力来实现的,从行政和行政运转系统来看,整体影响力比较小。

第二,在权力分工方面。学校场域权力体系经常采用集体分层分工的管理体制。党委书记负责学校党委全面工作,主持校务委员会工作;主管党的建设、廉政建设和干部、人才工作。校长主持学校行政全面工作,主持教学、学术委员会工作;主管教学、科研、学科建设工作。中国高校的高层干部任命权力来源于政府或者上级主管行政机关,党委在人才选拔和任用方面几乎具有决定性作用,加之在高校管理体制上,现在实行的就是党委领导下的校长负责制度。因此,在学校场域权力的高层互动关系中,党委书记对校长实行政治领导。一所运转良好的高校,党委书记和校长需要分工负责、相互协调,否则就会产生矛盾。因为,校长作为学术权威,同时又拥有主持高校教学、科研、学术委员会等关键事务的权力,如果党委书记和校长产生不和,那么势必就会影响全校的权力运转格局。

按照分工负责的管理原则,党委书记通过行政、人才工作,直接作用于院系的党委书记及其相关人选,形成一个直线式权力结构;另外,校长通过教学、科研等管理权力直接作用于院长及其相关人选,形成另外一个直线式权力结构。同时,两者之间也会产生权力穿插,即党委书记对院长及其相关人选的任命和考评,校长也会对党委书记及其相关人选产生影响。实际上,党委书记和校长通过行政命令对各学院除了产生直接影响之外,还有重要的中间环节,一是学校教职工代表大会、党政联席会议等,二是组织部、人事处、财务处、教务处等一系列行政机关。一般而言,党委书记和校长不会直接与各学院产生直接性的行政命令,而是通过上述中间环节。经常的工作方式是,学校层面的各个党政、行政以及后勤、教辅等单位独自或集体与院系协商,然后,再通过行政命令和经济诱导的方式对院系权力结构产生影响。所以,学校场域权力通过集体分层分工的管理体制对院系场域权力产生影响。

院系场域的权力体系在上述关系中并没有多大的自主权,学术自由和学术自治基本成为一种摆设,教授的学术权力基本得到消解,不但难以参与到所谓的"教授治校"中,就连"教授治学"也基本流于形式。

J学院自身并没有相对独立的行政、经济和学术权力,学校党委书记、校长以及相关行政部门几乎控制了学院的所有权力,J学院内的管理者和师生员工基本都在顺应着行政和行政机关的命令和经济诱导,这不仅包括行政工作,还包括教学、科研和社会服务等方面的工作。学校对此也乐此不疲,运用这些工具调动学院工作的积极性。

2. 社会场域权力与院系场域权力的互动

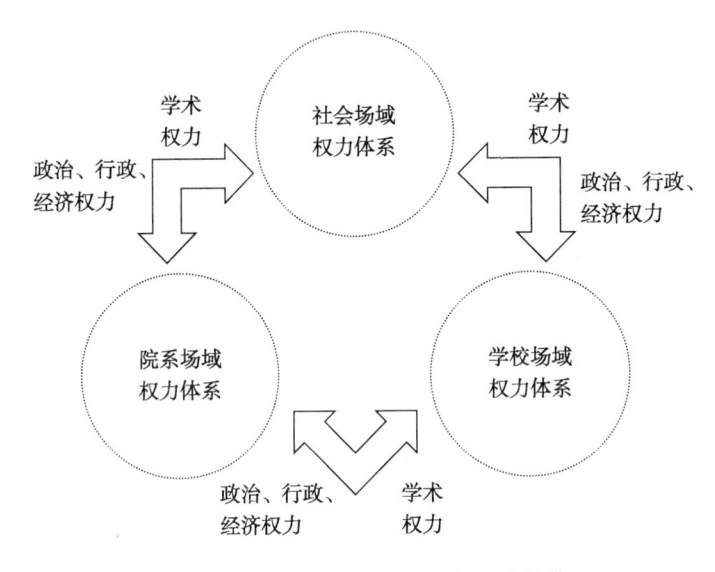

图 3-4　院系内外场域权力互动结构

行政主导程度与政府主导程度存在着密切关系,因此,在当前中国的高校管理体系之中,政府投资和主管的学校占有绝大多数的比例。另外,那些政府投资比较少或者不投资的私立高校也会因为政治、教育管理体制等因素的影响,不同程度上受政府控制。学生家庭虽然没有拥有影响高校的行政权力,但可以通过民愿等方式对政府施加压力,然后间接地对高校产生影响。企事业单位也可以通过经济社会发展需求、经济资本投入等方式影响高校。

这些因素综合起来,以政府为龙头,对高校产生影响,然后高校再转换成各种工作需要对院系工作产生影响。因此,社会场域的权力基本都是以间接方式、通过学校场域对院系产生影响的。

院系作为教学、科研和学生管理的直接管理主体,对政府、企事业单位、社会团体以及家庭产生影响,主要是以学校场域作为中介来实现的。由于院系对学校场域权力体系的影响力度并不大,所以,对外层的影响力度也是很小的;所谓的学术自治、学术自由权力也基本得不到保证。

上述权力互动关系,我们可以通过图3-4清晰地表现出来。

J学院的内部权力关系几乎与学校层面的权力结构是一致的,也与校外政府权力结构相似,这说明院系权力机构基本是行政权力结构的衍生物,这恰好有利于权力自上而下的顺畅运行。社会场域权力体系通过政治、经济和行政等权力作用于学校场域的权力体系,然后对院系的权力体系产生影响。而院系权力体系对外也基本是通过学术权威发挥作用,相对社会对院系的影响而言,院系对社会的影响力度比较小,学术权威并没有得到比较明显的体现。这导致院系层面的权力很难向外辐射,只能更多关注于内部事务。

三 行政主导管理模式的运行机制

管理模式运转需要较为具体的运行机制,为此,我们将决策、执行、协调和控制作为基本机制,它们不仅仅是一种具体的方法,同时,也是管理模式的操作程序,是一个管理流程。下面我们将根据行政主导管理模式的实际运行,从以下四个方面逐一对此加以分析。

(一) 决策

著名管理学家西蒙讲"管理即是决策",决策事关院系发展的成败,对院系具有重要影响。也正是因为决策之重要,所以院系管理者在决策方面也显得格外谨慎。决策能否成功在很大程度上取决于两个因素,一是科学性,即能准确预测院系未来发展的走向和具体发展策略;二是认同性,即能获得院系成员的认同。在很多时候,决策的对错并不是关键问题,而是决策是否为成员所认可,在机会成本面前,任何人都不敢轻易给出判定。为此,院系在做出决策的时候,往往成立以党政为核心的决策联盟。

高校院系属于松散组织，教学、科研人员以专业技术为核心，人际关系相对松散，行政力量约束的实效性并不是很强。因此，行政主导的管理模式在决策时，为了能使师生员工服从行政命令或者执行政策，行之有效的方法便是组织成员联盟，即行政管理人员必须想方设法与师生员工融合起来，获得大多数人的支持。它一方面可以使"少数服从多数"的原则得以通行，减少阻力；同时，院系决策具有非常强的专业性，决策联盟可以使相关人员参与协商，提高决策的科学性；进而可以减小行政管理者个体的责任。

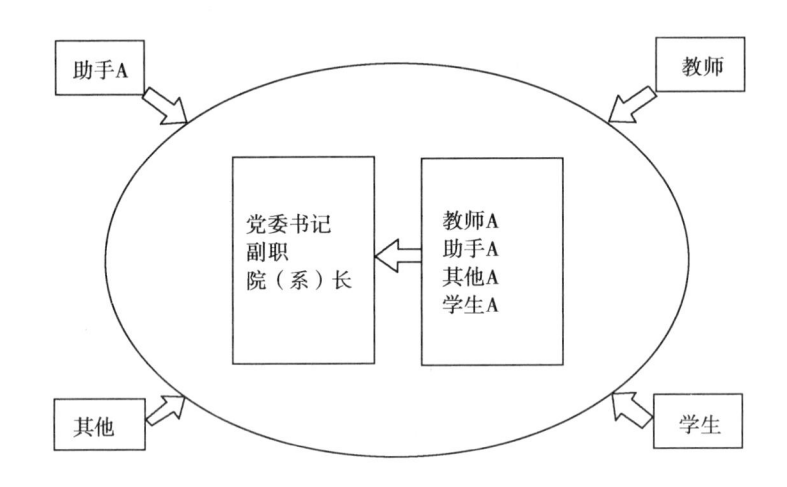

注：党委书记和院长是决策中首先考虑的联盟对象，但并不一定会成功联盟；副职联盟可能与党委书记或者院长联盟，也可能会自立门户；A 代表只有部分成员有机会参与到联盟系统中，其余部分都被排除在该系统之外。

图 3-5　院系内部决策联盟结构关系

如图 3-5 所示，一般而言，决策联盟往往是以政治和行政为核心的，即党委书记与党委副书记和辅导员首先形成联盟，然后延伸至学生班干部；院长与副院长和教务人员首先形成联盟，然后延伸至普通教学、科研和教辅人员；同时，党委书记、院长、党委副书记、副院长之间也会形成决策联盟，制定院系政策，传递学校政策。常用的正式形式为党委会、院务会和党政联席会议等，还存在着诸如感情关系、私人交往等非正式形式。通过这些渠道，相关主体事先经过协商和沟通之后，然后通过通知、会议等形式告知学院其他成员。政治权力和行政权力处于支配地位，这可以保证院系的决策权较为牢固地控制在上层管理者的手中。在上述过程中，行政成员也会参与到学术组织中，例如院系学术委员会等，但学术委员会成员中的领导人员也一般都是行政人员，并且往往是权威人物，所以，即使是学术决策联盟，也是被牢牢地控制在行政权力手中的。

J学院党委书记和院长为了推行学校或者自身的思想和政策，不遗余力地寻找支持者，将这些人团结在周围。首先是院系的副职，如果副职不配合工作，党委书记和院长就很可能成为孤家寡人，权力被下属架空，这也是他们最担心的事情。然后，再从教师和学生队伍中寻找鼎力的人员，主要包括教研室主任、科研骨干、学生班干部，通过这些人员，J学院的上中下三层人员密切联系起来。这种行政构造方式要求院系主要管理者必须具备联盟的素质，它包括知识、能力、道德和心理等因素，同时要学会操作权术，即纵横力。在这一过程中，J学院的主要领导还要经常与来自于分解行政、行政权力的联盟周旋，某些对院系既定利益分配感到不公的人员会组合起来，形成小的利益群体，然后通过推、拖、拉等方式拒不执行教学和科研工作，甚至制造新的矛盾和冲突。这些利益联盟虽然并非总是给J学院核心领导群体制造麻烦，但它们的存在势必会引起管理者的戒心，为此他们不得不把很多时间和精力放在了安抚或者压制等这些看似额外的事务上。

(二) 执行

根据场域理论，权力生成于关系之中，权力行使主体和对象之间只有存在共同事务和共同认可性，职权才可能发挥实效，否则，权力就会出现盲区现象。在行政主导模式中，院系层面的权力执行程度取决于三个主要的经常性的权力域：一是由教学、科研事务组合而成的师生权力域；二是由党政和行政事务组合而成的院系行政权力域；三是由学校和院系事务而组合成的学校权力域。与此同时，某些权力主体突破自己的权力场域与其他场域的权力主体发生事务关系，这时就会生成不规则的临时权力主体，如家长、学生与社会某些团体联合对学院事务进行干涉，他们会运用一些媒体的影响力和社会压力对院系产生非职权性的影响。一般情况下，行政主导模式的执行推动权力主要来源于行政力量，并受到学校权力的控制和监督。

鉴于上面的论述，我们可以看出，行政主导模式中的执行力源于不同权力域之间的干预和监督，院系管理必须实现场域之间权力的顺畅流动，避免出现权力盲区或者权力被阻现象。J学院平时对此运行机理并不是很清晰，导致许多工作杂乱无序展开。党委书记、院长有可能随时干预最基本的事务，甚至包括教室卫生打扫；也有可能高高在上，对该处理的事件置之不理，甚至是暗地纵容。例如，考试作弊一直是困扰学院上下的事情，虽然出台的很多改革措施，要求教师提高责任心，对考试作弊学生的惩罚力度不断提高，甚至提高至一次作弊即要取消学位的层面，但考试作弊现象不但不减少，反而呈现上升趋势，学风、考风亟待解决。院系工作的执行情况之所以出现这种困境，其重要原因是将权力类型和权力互动关系混淆在一起，没有把握住院系内部权力的互动机制。

（三）协调

院系决策执行之中总会遇到各种纠纷和矛盾，协调力量和方式也有多种，在行政主导的管理模式下，协调工作呈现出一些独有的特点，我们主要从以下几个方面加以探讨。

1. 协调目标

从前面论述得知，行政主导管理模式下，院系管理者直接从学校层面获得职权，他们需要从整体上维护组织的整体利益，因此其协调目标即为维护组织的整体利益，使组织整体利益达到最大化。

20世纪，我国著名的社会学家费孝通在其著作《乡土中国》中提出了差序格局，认为以情感为纽带，中国社会形成了以家族为核心的社会结构，根据情感远近，逐步形成一个由中心及边缘的环形结构。当中国社会步入近现代社会之后，人际交往也更多地掺入了政治、经济等利益因素，因此，这一结构在一定程度上已经发生了变化。家族式的结合方式逐渐让位于公共利益的结合方式，但其中的思维方式却部分性地保留了下来,即不断延伸变化的水波状权力结构。由于行政管理模式下,院系内部形成了以行政为核心的权力场域,根据利益相关程度和情感紧密度,以此为中心而形成了一个逐渐外拓的利益格局,它具有比较明显的水波性特征。正是鉴于上述利益格局,院系协调的目标范畴时有变化,那些加盟者个体或组织的利益按照由近及远的原则,得到不同程度的关注,那些因利益、品行、追求不同而被排挤出去的个体和组织,其利益追求是得不到关注的。

2. 协调内容

从上述内容来看,院系组织的整体利益有着内在独特的格局,这就决定了协调内容的独特性和复杂性。从利益联盟的角度和构成要素来看,这主要涉及以下两个方面。其一,利益主体及其关系,这主要包括院系上层管理者之间、院系管理者与师生之间、教师与学生之间、院系与外部利益主体之间等几对关系。其二,利益性质,这主要包括政治、行政、经济以及象征性等利益关系。

这其中主要包括以下几个主题。其一,党委书记与院长(系主任)的领导权力协调,即院系发展应该以谁的思路为主,这一点在双方配合不好的院系经常存在,对院系发展影响很大。其二,管理层与师生之间的利益诉求以满足哪一方为主,即政治权力、行政权力和学术权力之间的关系,它成为影响组织属性的关键点,是目前院系内部关系协调中最为棘手的体制性难题。其三,学校发展诉求与院系发展诉求之间的关系协调,院系需要拥有一定程度的自主性,学校则需要具有掌控组织全局发展的能力,这一点成为当前院系发展的热点问题,即如何放权,才能实现院系合理有序协调发展。同时,还存在着其他主题,例如,教师控制与学生自主发展之间的协调问题,管理中的隐性文化控制与师生全面发展之间的协调问题等。

3. 协调方法

在此,我们从矛盾主体间的妥协度切入,将协调方法分为硬性协调方法和软性协调方法,前者主要是通过命令、制度等形式,使某一方或多方无条件地服从其他方,后者主要是指通过参与协商、谈判、交流等形式,使利益主体之间从观念和行为上相互妥协,实现利益共赢。

行政主导管理模式下，上述两类方法都会经常用到。就一般情况而言，院系内部有许多矛盾是由学校或者社会场域直接硬性输入的，院系没有讨价还价的余地，一旦产生矛盾，院系只能通过命令和制度强制的方式来实现；对于某些软性的事务而言，进退的余地比较大，多方协调以化解矛盾的软性方法则用得比较多。就两者实施的比例来讲，前者要大于后者，因为在院系没有足够自主权的前提下，大量问题是属于外部生成的，因此，强制性的因素就会更多一些。

J学院表面上风平浪静，但内部却充斥了多种矛盾：新任院长与党委书记就学院领导权问题，暗中较劲，紧张度比较大，院长极力在拉拢一部分年轻人，欲扩张影响力，党委书记则力挺学院元老派，以此巩固权力基础；部分教师对管理层持有不满态度，认为工作方式过于武断，于是形成几个暗地对抗领导管理层的小群体，对待工作敷衍塞责、出言反讽，甚至公开分庭抗礼；学院为了迎合学校各部门的要求，强力推行某些工作规范，如烦琐的会议安排，形式烦琐而几乎没有意义的教学规则等，这又会与教师和学生追求的自由自主的教学、科研氛围有点格格不入，学院管理层不得不承载着源于外层强制而带来的内部矛盾。

（四）控制

控制是管理中的最后一个基本环节，事关决策、执行和协调等工作的方向和实效，不同的运转方式会给院系管理带来不同的结果。院系内部控制受制于学校层面的控制体制，在行为逻辑上具有许多共同点，但其内部独特的构造结构，也使院系内部控制表现出独有的特点。国内学者史新华通过灰色关联模型分析了我国独立学院内部控制体系，[1] 该论文的研究对象虽然不是高校院系管理，但是，他们在逻辑关系和思维方式上与本研究基本是一致的。因此，本书以该研究作为基础，然后结合本研究中的权力类型，与之进行纵横交错式的对接，对院系控制系统进行分析。

---

[1] 史新华：《我国独立学院内部控制体系评价研究》，硕士学位论文，中国地质大学（北京），2012年。

在行政主导的管理模式中，根据场域理论和利益相关者理论的基本观点，我们可以看出，院系内部控制主要分为四个场域，如图 3-6 所示。

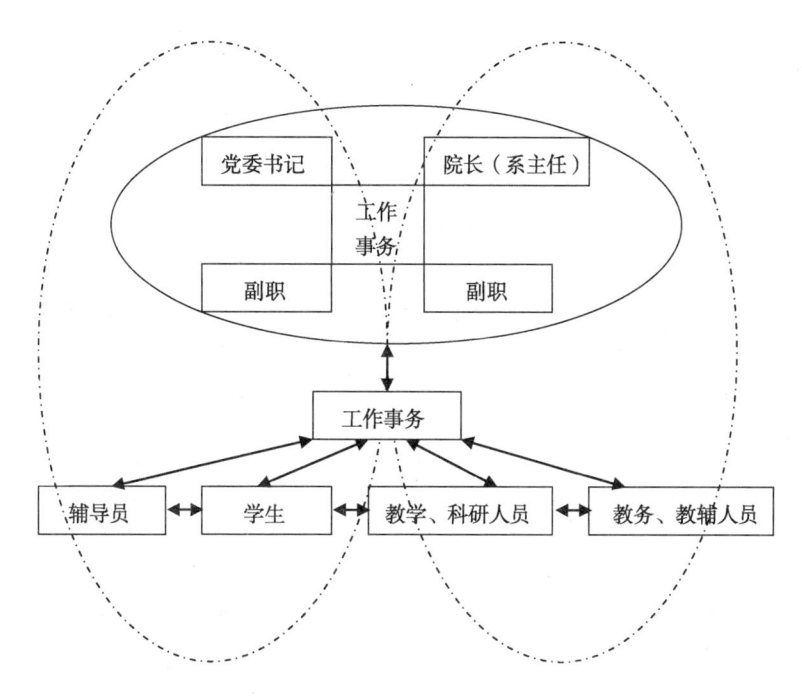

图 3-6 院系内部控制结构的"蝶形"关系

第一，以党委书记、院长和各个副职为一体，通过工作事务结合起来的控制场域，主要的控制关系有：党与行政的控制关系，党委书记、院长分别与副职的控制关系。第二，以第一控制场域为基础，然后与辅导员、教学科研人员、学生和教辅教务人员等群体通过工作事务结合起来，形成一个涵括整个院系的控制系统，其中的控制关系主要是上层与下级的政治、行政、经济控制关系；其中，学术反控制能力也具有一定空间，但是空间不大。第三，在院系控制系统中，党委书记、副书记、辅导员、学生等群体因主要工作事务而结合成一个相对独立的控制系统。同时，院长、副院长、教学教务人员和教学科研人员也会因工作业务关系，形成另外一个相对独立的控制系统，其中的控制关系主要是上层与下级的行政控制关系。其中，以党委书记为首的控制系统，更加注重政治、行政和象征性权力控制；而以院长为首的控制系统，更注重行政、学术和象征性权力控制。第四，党委书记与教学科研人员、教学教务人员之间也会形成一个附属控制系统；院长与学生和辅导员之间也会形成一个附属控制系统。在这个附属系统中，其中的控制关系主要也是上层与下级的政治和行政控制关系，不同的是，象征性的控制关系要更强一些，党委书记对教学科研等专业人员的控制权力在缺乏象征性力量的前提之下，往往是难以奏效的；院长如果没有象征性权力，那么对辅导员的影响力度也是不大的，单凭行政力量是无法奏效的，学术权力的影响力对辅导员群体而言，意义并不大。

从图3-6来看，院系内部控制系统以工作事务作为"蝶"的主轴，形成了一个"蝶形"关系图。这是因为，在处理具体工作事务中，各种权力主体之间因为组织事务而形成正式的职权；与此同时，与之相关联的学术权力和象征性权力也会应运而生。在"蝶形"关系图中，党委书记、院长和各个副职通过工作关系形成了院系的高层控制场域，在内部主要通过权责分配、不相容职务分离、沟通控制等方式实现对内部成员的控制；在与非院系管理群体间的控制关系主要是通过持续监督、识别风险、信息与沟通反馈控制、机构设置与权责分配、人力资源、信息控制和评估考核等方式实现的。J学院工作进展的动力来自于学院发展事务，通过教学、科研和社会服务等项目，高层管理者之间欲形成决策联盟，总是会以上述工作为依托，通过各种私下和正式的沟通方式，使各个职位人员各司其职；一旦其中存有矛盾，其中的某些成员则往往也会以工作事务为借口，联合其他核心力量来排挤其中的某一部分成员，如此一来才可以为自身赢得更大的进退余地；但为了更有效地对下属实施控制，内部控制意图一般而言都是相对一致的，否则就会因为内耗而降低了对外的影响力。在对非管理者的控制中，J学院的管理群体拥有传达学校信息的正式渠道，其中会经常考虑信息传达类型、表达方式和传达程度等因素，这会影响下属对工作的认可度和履行程度。另外，上层对基层的控制也会从对教学、科研和社会服务等方面，对管理对象持续监督和考核评价，以此获取被管理者的行为动向和工作落实情况。

从图3-6来看，院系内部控制系统具有两个飞行的"蝶"翼，一面是以党委书记为首的权力控制场域，另一方面是以院长为首的权力控制场域，他们两者也是以院系工作事务为中心，形成一个左右配合的双翼系统。从理论上来讲，两者应当是相互配合，共同将"蝶"身支撑起来。但实际上这种配合具有很强的偶然性，这是因为：以党委书记为首的控制系统更喜欢用政治权力，通过权责分配、持续监督和思想沟通等方式实现对各个成员的控制；以院长（系主任）为首的控制系统更喜欢用行政权力和学术权力，通过信息与沟通反馈控制、机构设置与权责分配和评估考核等方式实现上述目标。两者从本质上来讲是有着内在的冲突的。J学院的党委书记与院长（系主任）两翼之间的配合在很大程度上取决于双方的人格和品性，从近十年的发展来，中间既有合作良好的阶段，也有充斥了内部矛盾的阶段，由此而对全院形成了不同程度的影响力。矛盾凸显的时候，管理群体对下属的影响力也会下降，学院工作事务效率也会有所下降。

从图3-6来看，院系内部控制系统被分别区隔为"蝶"的前后部分，其中，以党委书记和院长为首的权力场域构成了院系中的方向控制者，然后，他们以院系的工作事务为中介，对下属形成控制权力。下属在"蝶"形系统中，对院系的发展方向具有重要的调节作用，如果"蝶"形的尾部系统不能配合前部方向，那么院系的理想和追求是难以实现的。从理论上讲，两者应该属于相互配合的关系，但实际上，他们中间也存在着不同程度的张力。即作为基层人员，他们对各种控制权力的认可度并不同，辅导员、教辅、教务人员和学生更加认可政治和行政控制力，而教学、科研人员则更加认可学术和象征性控制力。这使得院系高层管理者只有采取软硬兼施、恩威并济的控制措施，才能对院系的工作具有较强的影响力。J学院在发展历程中，这种张力一直没有消失，来自院系高层的控制方式对下属的工作积极性有很大影响，现任院长和党委书记在当前总是强调政治和行政权力，导致其管理实效大大降低，虽然学院的工作目标明确，但许多工作总是表现出"出力不出功"的疲态。

四 行政主导管理模式遭遇的困境

(一) 行政主导管理模式价值信念面临的现实困境

1. 管理思维难以生根，规训调节误区重重

无论多好的管理体制都需要管理者和组织成员具有与之相对应的素养，在组织整体没有觉悟之前，管理者的素养更为重要，其在一定程度上决定着组织的发展方向，平庸的组织成员会使组织处于虚弱或危险之中。从我国高校院系的人事任命制度来看，管理者主要有以下三个来源渠道：一是从教学科研领域中选拔优秀者；二是从其他领域招聘来的空降者；三是由行政机构调入的寻位者。对于前两者而言，学究气都相对较浓，管理经验几乎来自于自己的感觉，对院系管理的方式基本属于"摸着石头过河"类型。对于第三种，管理者往往将行政机关的思维方式生搬硬套到院系层面，基本上属于"一厢情愿"类型。

在管理思维难以生根的情况下，富有责任心和事业观的管理者往往为"追求组织和成员幸福"所驱动，拯救者的价值信念促使管理者进行大刀阔斧的改革，或者在不顾及整体利益协调的同时，努力推动项目进展。这往往会将管理者置于非常被动的位置，多方矛盾纠结在一起，最终可能使表面上动机良好的许多工作不得不面临着停滞、甚至是后退的尴尬境地，管理者最终以身心憔悴、筋疲力尽而退场。为己之利者，则往往在其中扮演着集权和独裁的角色，在给组织成员带来局部利益的同时，也会使组织处于危险之中。出现这些不良后果，皆因救赎性的价值信念割裂了管理者、组织成员和组织本身之间的关系，低估了影响三者互动的因素，这包括组织成员的价值观念、利益生成和维护关系、文化背景等，组织机构则涉及体制、运转环境、资本获取及权力生成方式等。当管理者忽视了其中这些复杂的互动关系之后，权力的合法性、合理性以及合情性都面临着种种质疑，这将会进一步增强管理者与其他因素之间的紧张度。对待其中的混乱状态，管理者最终不得不求助于两件法宝：一是说教，二是通过惩罚加以强制。但这两件法宝最终会使规训式的管理方式盛行于整个组织之中，

即一方面管理者恩威并重和软硬兼施；而另一方面，组织成员仍拖沓行事，抱怨声此起彼伏；组织运转效率也比较低下。因此，救世主式的管理方式要么使管理者成为独裁者，要么就成为自说自话的狂妄者或者迷失者。

J学院新任院长属于学术新秀，在其研究领域具有一定的知名度。在J学院老院长调离之后，学校领导欲发挥其学术示范和引领作用，任命M为J学院院长。M新官上任，欲大展宏图，带领学院走出新的发展样式。随即引导学院教师关注其本人关注的领域，尤其对J学院面临的学术发展困境进行了大胆抨击，同时进行了大刀阔斧的改革，推出了学科发展、团队建设、校外合作等新的发展项目，对某些组织成员的懒散状态进行不断的批评和教育。M原计划能通过这些措施使某些项目获得突破性进展，但事实却不尽人意。教师的积极性不但没有得到调动，抱怨声却更为严重，甚至出现了逆反现象；项目虽然推出了很多，但得到落实的却非常少，绝大多数停留在了形式上。这不得不让M停下来，反思管理工作出现了什么问题，为什么工作难以推进，工作中由此又增添了更多的牢骚和批评；而教师群体对此的反应依然没有什么大的改观。

J学院M院长的管理绩效相对较低，其原因即在于救赎性的价值信念，M急于求成，忽视了管理的复杂性，忽视了学院面临的实际问题，一厢情愿地将自己的优势强加于教师身上，在教师总体素质没有得到有效提升的情况下，M大用批评教育，甚至以各种处罚作为威胁，致使M的权威性大打折扣，只能靠仅有的职权发挥影响，而当大学知识分子的心性认同结构与此碰撞在一起的时候，拖延和阳奉阴违的情况就会频频出现。

2. 效率论会面临种种危险

其一，管理如果以隐蔽的方式进行操作，会引起民众的不满，管理策略一旦经常被质疑，行政管理的效率反而就比较低了。其二，如果从理论来讲，效率是全院师生员工的效率，那么就可能会出现"民意"论的管理方式，这种方式在当前院系管理中经常会以口号的方式表现出来，实际上落实的难度是很大的。一方面是可操作性不高，在利益多元化的背景下不可能做到全院满意，随之就是暗箱操作，出现上述第一类危险。另一方面，即便是真正追求民意论，但民意并不代表就是真理或科学，如此一来，管理者就会变成典型的民意操控者，要么以此为发挥权术依托，要么就鼓动民意，为民意所累，或者为民意所控，失去对管理真理的追求。其三，效率论实际上就是"价值论"的变体，根据施密特的观点，价值论的核心是"效用"，① 因此，效率论就是追求管理的有用和有效。由于价值之间存在着很大的竞争性，因此无用和无效的就会被抛弃掉，更有用、有效的会替代相对无用和无效的，这种价值的替代和竞争方式往往导致管理沦为效用论，丢掉了管理中的伦理底线，为了更有效地完成既定目标，往往会不择手段。

3. 教父式管理面临窘境

以儒家思想为主体生成的民族心理结构在很大程度上属于心性体认结构，即在遵从命令时，起关键作用的不是宗教信仰和制度强制，而是源于人与人之间的人格认同，因此，在组织运转中绝对集权式管理是很难出现的。② 因此，教父式的价值观念的效度要因人而异，如果管理者不能具有组织成员所认同的资质，即使有再多的职权，也很容易被下属架空，成为"光杆司令"；相反，如果组织成员对管理者形成了巨大的认同态度，那么即使赴汤蹈火也在所不辞。因此，由救赎核心价值信念而带来的等级观念，要求管理者和组织制度必须努力塑造出师生员工在心理上认同的形象，这便造成这种管理模式中的一个极大的弊端，即民愿经常成为左右组织运行的重要因素。由于利益取向不同，认同机制也有很大差异，组织体制和管理者不得不为协调民愿而投入更大的精力。如果院系组织成员的整体素质不高，那么，遵循民愿就可能偏离正确方向；如果院系组织成员的个人能力又很强，那么，管理者往往就被卷入拉帮结派的旋涡之中，甚至迷失在其中。

---

① [德] 卡尔·施米特：《价值的僭政——一个法学家对价值哲学的思考》，转引自刘小枫选编《施米特与政治法学（增订本）》，刘锋等译，华东师范大学出版社2008年版，第23页。

② 曾仕强：《中国式管理》，中国社会科学出版社2005年版，第26页。

J学院的老院长具有年龄和资质的资本,又由于在相当长的一段时间内,年轻人比较多,因此,教父式的等级观念是能比较好地发挥作用的,整体而言,J学院师生员工基本能根据相应安排按时保量完成工作。但刚刚上任半年的新任院长没有充分研究学院现在的情况,时隔6年之后,学院的年轻教师已经慢慢成长起来,新任年轻教师又很少,新任院长的年龄与在职教师的年龄相距不大,虽然在科研方面具有一定的能力,但高校的专业具有相对独立性,加之新任院长没有给学院教师的科研方面带来实质性的成果,有时甚至有失信的表现,这些因素综合起来,导致他在认同度上面临着巨大的危机。因此,无论是出台什么制度和措施,无论新任院长如何去强制推行,老院长在任期间所具有的团结向上的风气都已经大打折扣,推拖拉的现象经常出现,有些工作强调多次之后,仍然没有得到有效落实。

(二) 行政主导管理模式下权力系统结构面临的现实困境

1. 为填补权力盲区,易造成院系内部权力冲突

由上述有关权力系统结构分析而知,管理者的行政职权会因管理对象的工作性质以及认同等因素的影响,出现不同程度的权力盲区。权力的本性就是要不断拓展权力范畴、提高权力强度,当职权出现盲区后,管理者则会想方设法弥补这一缺憾,这主要有三种情况。其一,当职权无具体事务可管时,便会想方设法制造权力管辖之下的工作。例如J学院,以行政作为主管领域的职权,总会创造机会对教师、学生的方方面面加以干涉,涉及教学、生活的方向、方式等方方面面。从权力的运转规则来看,这种无穷干涉的管理方式往往是权力弥补盲区的鲜活体现。这种无限干预的权力控制会与教师和学生的自治权产生冲突,这不但会引起师生的普遍不满,而且也导致师生独立发展能力逐步降低,对于学生的发展而言尤其如此,当教育管理者以关爱的名义无限制干涉其生活和学习时,教育的罪责便由此而生。其二,当职权因为认同性因素的影响而实效式微时,便会通过强制的方式迫使管理对象服从。J学院新任院长因工作方式等因素影响而使认可性降低,屡次强调后效果仍然比较差,项目难以落实到位,导致院

长与教职工之间的紧张度比较大。其三，当职权与其他职权产生冲突时，双方会抢夺权力，致使双方权力实效都会降低。L大学X学院党委书记与院长双方都想拓展自己的权限，互不相让，结果导致双方产生内耗，学院管理整体陷入瘫痪，师生员工无所适从。

2. 依赖于管理者较高的综合素养，易造成院系组织的动荡

行政主导的管理模式要求一个稳定、有效的体制作为前提，否则就需要管理者具备较高的综合素养，在专业素养、品德魅力以及管理能力等方面都需要具备较高的资本。当前，我国高校实行的管理体制经常会导致党委书记与校长之间争权夺利，因此，院系层面的管理者也同样面临着这种挑战和考验。一方面，党委书记秉承学校领导体制而拥有行政权力，院长（系主任）因教学、科研等核心业务而拥有行政权力，如若两者沟通不畅，协调不力，那么院系冲突在所难免。这就要求管理者必须在各方面具备较高素养，首先能够协调沟通，在协作中化解其中的矛盾。在这一过程中也体现了其自身的人格魅力，也相应具有了象征性权力。从行政主导管理模式的实际运转来看，如果管理者缺乏这些综合素养，就非常容易使院系组织产生动荡。J学院的前三任党委书记和院长不但相互沟通顺畅，而且在各方面都具备师生员工认可的能力和魅力，J学院一直处于上升势头。而新任院长虽然科研能力比较强，但沟通协调能力相对较弱，与教师的关系并不协调，学院的许多工作被无限拖延，士气开始下降，教师内部不满情绪逐步升高，院系组织整体发展前景堪忧。

3. 执于体制性的奖励和惩罚，易造成院系内外利益竞争失去尊严

行政主导的管理模式使学校资源的分配权基本掌控在行政和行政机构之中，通过体制性的奖励和惩罚，鼓励某些认可的观念和行为，消除某些被认为有损学校和院系发展的观念和行为，这种管理方式效率比较高，便于统一管理。但这种管理方式却存在着一种不利于组织长远发展的缺陷，即行政和行政组织和主管者当把自己视作资源分配的主宰者时，喜欢利用"顺我者昌，逆我者亡"的管理思维，以有限资源作为诱饵，辅之以与之相应的评价体制，引诱院系师生员工为此而追名逐利。权术运用成为首要的追求，公正的价值观念往往被忽

视，由此带来一系列我们不愿看到、但又时时发生的不良后果：院系为了获得学校层面和学校外部的资源，往往不得不围绕着政策转，削足适履，虽然挣来了利益，但尊严感往往全无，可如果不围绕政策转，那么就往往会被忽视或者排挤。院系内部也以此作为引导师生遵从行政和行政意愿的依托，通过职称评定、职务晋升等发展性因素，引诱教师和学生就范，这种引诱无论是出于自愿还是不自愿，无论是出于清醒还是出于迷茫，都会使师生员工乃至管理者失去人格尊严，为了眼前的名利而奔波，教学、科研的自由、责任和尊严往往流于形式。通过这些措施，师生员工的学习和工作积极性虽然被调动起来了，但这种积极性是丧失良善追求的积极性，是以个体被完全体制化作为交易成本的，这对于一个本质上需要创新的组织而言，扼杀掉的恰恰是其本质性追求，这无论是对于个体发展而言，还是对于集体发展来说，都隐藏着巨大危机。

J学院为了获得学校的正面肯定，并获得更多发展资源，必须时刻关注学校行政机构的政策走向，研究教学、科研项目审批和评价的指标，然后被行政、行政机构牵引着，完成无上述机构规定的诸多任务，以此获得学校体制的青睐。同时，为了获得校外的某些资源，如政府奖励、资助、企业和社会团体的捐赠等，J学院也不得不放下学术的尊严，去主动顺应那些体制性的奖励措施。在J学院内部，也会通过竞赛、奖励和惩罚等方式顺应上述学校内外体制性要求。虽然也在倡导创新和改革，但它们的前提是不能违背上述体制性要求。我们知道，行政和行政机构的追求可能并没有错，但体制性的强制使J学院已经习惯了按部就班、谨小慎微的工作方式，学院也几乎将全部精力和财力都放在了应付体制性的要求，无暇顾及真正的学术创新，学院发展潜力令人堪忧。

（三）行政主导管理模式运行机制面临的现实困境

1. 利益联盟决策方式容易导致管理变成权术操控，院系工作容易偏离科学公正的道路

如何获得更多人的支持，这成为利益联盟机制运转的动力源泉，决策正当、科学与否已经不是其中的核心问题，甚至有时会成为一个

可有可无的问题。为此，院系管理者为了搞好人脉关系，平日多有权术研究，并付诸实施。操控权术的目的不在于组织发展，而是在于个人权力的稳定，组织发展也不过是实现个人权力增长的一种工具。J学院的日常教学、科研和社会服务项目管理模式基本来自学校层面的安排，被动执行成为主流，以党委书记和院长为核心的联盟者一方面需要迎合学校的要求，另一方面还要不断安抚师生员工，同时，还要在管理人员和师生员工之间周旋，拿捏其中的利害得失，博弈而行。例如，教学工作虽然创新不断，花样多出，然效果却始终不理想，无数次修订后，仍然漏洞百出。培养方案中的课程设计工作，在基本没有进行实际调研的情况之下，学院上层和教研室主任联合为一体，先制定出为学校层面制度认可的课程体系，然后通过各种方式来应付来自教师、学生以及社会等群体的异议和压力，其结果便是五年内课程体系发生了三次革命式的变革，并且正在执行的课程体系依然面临重重困境。课程变革的核心动因是学校高层领导调换后主导思想发生了变化，院系层面的管理者为了自己的既定利益，不得不照此执行，其后就是内部的权力博弈，专业教学人员对此也不断提出过诸多异议，但基本得不到正面回应。

联盟决策形成的文化筛选机制，容易导致不断再生产出保护既得利益的体制结构。法国著名社会学家布迪厄研究发现，"那些离权力场域中经济一极最远的教授，那些进行科学研究、投资于新的知识形式的教授，比传播维持现在社会秩序的文化遗产的人，更倾向于质疑现存的秩序"[1]。这表明作为知识分子的教师如果要参加以党委书记、院长为核心的决策联盟，从知识生成的本性上来讲存在着内在性的难度，如果参与其中，而又无法割舍这种本性，那么只会被排挤出去，或者毫无作为。S大学中的J学院与L大学中的J学院基本一致，X院长具备知识分子的批判性特点，科研能力也非常强，在课程与教学论领域也有比较大的影响力，然X院长却难以与学校层面的管理者形成

---

[1] [美] 戴维·斯沃茨：《文化与权力——布尔迪厄的社会学》，陶东风译，上海译文出版社2006年版，第278页。

决策联盟，也无法与学院内部的主要管理者形成决策联盟，其结果是不得不离开J学院。行政主导管理模式的利益链与学校利益群体是密切联系起来的，因此，它会在价值取向、具体利益追求上都存在着惊人的相似，这个体制会使决策联盟形成一种文化筛选机制，只有那些符合该体制运转逻辑的人才可能被吸引进去，并在其中得到发展，并重复不断地生产着这一体制结构。

高等学校的院系组织的本质使命是传播和创造高深知识，这需要求是精神、质疑态度和重构能力，行政主导管理模式更喜欢维护现有秩序，这必然会排斥探索的精神和批判的态度。所以，该管理模式所吸引的人才基本都属于既得利益者或者追随者，异质因素往往被排斥、忽视甚至是开除，这在很大程度上不利于高深知识的探索和传播，相反，更容易表现出保守、平庸的特点。J学院的教师群体中，特立独行的人物往往被视为异类，或者经常会遭受行政和行政制度的惩罚；学生群体亦是如此，抛却制度的合理与否而不论，那些更喜欢或更容易遵循行政规章制度的学生，会在学习成绩评定、入党、评优树先、奖助学金申请等方面得到更多的发展机会。相反，那些不愿意进入或者不适应行政联盟决策模式的学生，则往往成为管理者关注和改造的对象。

2. 院系顶层如果设计不好，执行实效往往会大打折扣

中国著名新儒学代表人物徐复观曾言："一部中国知识分子的历史，就是'道'反抗'势'，又被'势'排斥的悲剧。"[1] 孔孟时期以来建构的儒家道统观念，被知识分子用来对付政体中的"政统"，"使任何专制之主，也知道除了自己的现实权力之外，还有一个在教化上、在道理上，另有一种至高无上，而使自己也不能不向之低头大拜的人物存在。——每一个中国人的真实价值，也不是由皇帝所决定的，而是由圣人所决定的，连皇帝自身也是如此"[2]。中国知识分子长时间以此为行动依据，但他们没有很好地运用其民众的力量，来民主

---

[1] 许纪霖：《中国知识分子十论》，复旦大学出版社2003年版，第92页。
[2] 方克立、李锦全：《现代新儒家学案（下册）》，中国社会科学出版社1995年版，第703页。

地处理各种关系。因此，他们希望管理者和民众通过自身道德修养，达到道德高尚，管理者以此可以实现道德领导、化民成俗，民众可以做到安分守己，这实际上是在运用政治力量削弱民间权力。于是，中国知识分子在思想和行动方面就陷入了一个进退两难的境地，一方面对德性社会的追求成为其人生目标，对政治保持一种平淡的心理；但另一方面又不得不依赖于政治力量作为中介来处理各种事务。在当前社会，政治力量被分化成党政、行政等因素，再加上经济等权力的影响，更加提高了知识分子的心理纠结程度。

在高校的学院层面，教师群体深受儒家思想影响，一方面希望学院上层管理者能具有较高的德性修养，为院系整体发展承担责任，为学生提供发展机会等，所以教师群体在道统上预设了一个相对完美的管理群体形象，同时，也希望每一个教师和学生能在德性修养方面不断提升并通过这些期望设定对管理者的行动预期，也是对管理者权力运用的限制。但当面临一系列复杂的利益纷争问题时，管理者能运用权术充分化解。这本来是处于相互制约位置的力量，在很多时候不得不矛盾性地合为一体。这只能说明一个问题，那就是管理群体需要有足够的德性修养和权术能力来化解问题，教师群体给予管理层更多的期望。

因此，提高行政主导模式下师生员工的执行力，首先需要管理层具有良好的场域权力互动设计能力，并能以较高的德性修养制约权力欲望，这实际上回到了一个执行力提升的关键问题，即院系管理者本人的素养问题，以及管理者与其他组织成员的体制构造问题。在宪政、民主力量难以发展起来之前，这种美好的设想往往是难以实现的。由高层个体意愿主导的院系管理体制，很容易使各类权力得不到有效制约，所以，各个场域的权力欲实现良性互动是很困难的。如果院系层面或者学校层面的高层管理者仅凭个人好恶来设计整体工作结构，或者是将上层结构设计为管理、抓住权力，工作喜欢形式，那么，教师群体的信念就会产生集体崩塌的危险。在缺乏教师支持的前提下，任何院系的工作都是难以良好进行的，工作执行力度也将是比较低的。

J学院在日常管理中，缺乏对党、政、群的权力运转关系进行系统梳理的意识，管理者更喜欢作为上传下达的角色，同时在某些方面表现出开创性的一面。这都表明，每个组织成员没有很好地摆正自己的位置，教师给予管理层以莫大的期望，而管理层又希望教师无条件地完成布置的任务，权力并没有因为行为主体、所涉事务等因素而进行系统设计。致使J学院的一些工作一旦出现了问题，面临的情况总是扯皮，教师抱怨管理者没有尽职尽责和统筹安排，而管理层则认为教师玩忽职守和粗心大意，相互埋怨的声音总是不断，管理层的监督、检查往往由此流于形式，进而形成恶性循环。涉及学生的事务，教师群体与学生群体和辅导员以及管理者群体之间也因权力体系设计不合理，彼此之间的抱怨不断。

3. 行政主导的协调方式，容易导致院系关系趋于僵化、紧张，甚至流于形式

行政主导的管理模式下，协调方式自然也是以行政为主，在协调目标、内容和方法方面容易导致院系内外关系趋于僵化、紧张，甚至流于形式，这主要表现在以下两个方面。

其一，在缺乏个体和院系有效力量介入的前提下，院系内部的协调力量主要是行政管理者。他们既作为工作的发起者，也作为协调工作的落实者，在很大程度上也是协调工作的评价者，既当裁判又当运动员式的协调机制，使以行政为核心逐渐拓展的水波状结构在感知矛盾时，总是以某一部分联盟者的利益为核心，关注的内容大多表现为，是否影响了院系在学校的评价成绩，是否有损于管理层的集体权威，是否有损于院系的未来发展，对于个体权利的关注度则远远不够。J学院内的教师群体普遍感觉，协调工作也不过就是为了完成学校或者学院规定的任务而已，缺少较为到位的沟通工作，导致多方相互抱怨的不良困境：一方面，教师群体抱怨没有尊重个体想法，没有关注实际情况；另一方面，管理层则批评教师群体责任担当感不强。

其二，偏重硬性沟通方式，导致对长效协调机制构建不太重视，缺乏常规性的机构和组织方式。管理者习惯了用命令和制度强制的

方式，临时沟通，并且多为处理危机事件。这种协调方式，极容易造成师生对管理群体和管理制度失去信任感，例如，某些沟通协调会，教师们则认为不过是管理者在传达他们的命令，沟通协调是没有实际意义的，因此也就对此提不起兴趣，更无从深度参与；或者，将协调沟通会议转换成抱怨会、牢骚会，而不是本着多方共赢的原则参与其中。J学院一直没有正式而有效的协调机制，协调工作多为临时进行，沟通协调会上经常是抱怨声此起彼伏，相互指责的语言不绝于耳，管理者为此又不得不往回退缩，对付抱怨和指责的有效方式就是重新启用命令和制度强制。当两者之间形成恶性循环后，教师和学生群体就会产生越来越大的疏离感，改进建议更是无从提起。

4."蝶"形院系控制系统潜藏的管理危机

从前面的论述得知，"蝶"形院系控制系统以院系工作事务作为核心，从该系理想运转情况来看，"蝶"形院系控制系统能够在院系发展方向、策略方面具有一定的优势。但该控制系统也潜藏着多种难以克服的危机，我们主要从以下两个方面加以分析。

第一，工作事务如果难以得到院系成员认同，"蝶"形控制系统将会面临瘫痪的危险。院系工作事务涉及教学、科研和社会服务等各方面，其中必然会涉及多方利益主体。由于各个主体的利益诉求不同，因此，形成一套能为全体组织员工认同的工作事务体系便会成为院系控制系统不得不面临的难题。由于政治、行政、学术等事务在当前中国高校的运转中冲突矛盾不断，这直接导致工作事务的认同度往往不高。政治事务不断，行政事务繁杂，这成为众多行政主导管理模式面临的通病。J学院在过去几年的工作之所以能够获得比较大的进展，是因为年龄等象征性因素发挥了重要作用，年长的管理者对年轻教师的权威性作用比较容易奏效，因此，各种控制权力运转得比较灵活。但随着组织员工资历和影响力不断提高，J学院积极沿用的传统控制方式已经难以奏效。由于政治、行政、学术等权力存在着内在矛盾，加之上述因素的影响，出自管理联盟传达或者决策的工作也因此慢慢地失去了认同性；而J学院管理者并没有清晰地意识到这些问题，直接导致J学院提出的教学、科研和社会服务工作多有落空之处。在党委书记与院长之间对工作方向多有疑义，在管理联盟与师生员工之间多有无法达成共识之处，一项工作往往需要经过多次协调之后才能有所推进，而整个推进过程中，形式性的工作又经常暴露出来。

第二，如果院系办学难以拥有足够的自主权，"蝶"形控制系统将会容易沦为集权系统，不利于调动院系发展的活力。中国教育管理领域内存在一个通行性的困境，即权力"一收就是死，一放就乱"，当权力过于集中之后，组织机构的灵活度和创造性将大打折扣，而过于放松之后，受制于组织成员的素质，组织机构又会陷入瘫痪，所以如何均衡收权与授权之间的关系，这事关组织发展的成败。从行政主导的管理模式来看，中国院系管理中的自主权基本被学校管理层面所控制，这导致学院一方面必须要顺应学校管理意图，另一方面将有限的权力集中起来，牢牢地控制在院系管理者的手中。师生员工的积极性和创造性很难得到凸显，如果与院系高层管理者的思路存有冲突的话，将难以获得试验的机会。J学院的管理者为了更好地控制好仅有的权力，体现出管理者的存在价值，高层管理者对于任何事情几乎都会亲自参与，通过命令、奖惩等方式指挥师生员工根据其意图行事，忽视了各种利益群体的不同利益诉求，对各种权力之间的内在矛盾和冲突重视不够。其最终结果便是，院系权力高度集中，师生员工在工作中战战兢兢，唯恐不合上意，而对违背其意图的师生员工则给予多种正式或非正式的惩罚，被惩罚对象的工作积极性在很大程度上会进一步降低。

第二节 学术主导的管理模式

学术主导管理模式是对大学行政化的改革，也是高校回归学术本位的探索。这种模式往往以改革者的形式出现，目前发育不够成熟，不占主流。这类学院管理模式大多在研究型大学，旨在强化学术权力在基层学术组织的地位和作用,尤其是决策权和监督权等关键权力,因而在一定程度上代表了学院未来的发展方向。

该模式选取了国内"教授治学"改革成绩显著的D大学为个案,采取了深度访谈、现场观察和文本分析的方法。D大学为国内重点师范大学,具有近70年的办学经验,现有23个学院(部),68个本科专业,全日制在校学生2万余人,专任教师约2000人,学校现拥有除军事学和医学以外的11个学科门类,是一所具有雄厚实力的综合性大学。2000年启动学校内部治理结构改革,建立学院和系一级的教授委员会,二级学院(系)实行教授委员会决策基础上的院长(系主任)负责制,确立学术本位的价值,促进学术自由,实行教授、专家和学者的学术民主管理。D大学院系治理结构的改革对于国内其他高校的内部治理结构改革产生重要而深远的影响。

一 学术主导管理模式的价值信念——"学术本位"

大学是以学科为基础聚合而成的学术共同体,大学是研究高深学问和培养高级人才的场所,大学的根本特征在于其学术性。作为学校的二级结构,与大学一样,其内部事务一般也可划分为行政事务和学术事务。与此相应,院系内部也存在着两大相互交织、并行不悖的权力系统。一种是以党委书记、院长和行政人员等为主体,以行政管理组织为载体的行政权力系统,一种是以教授和专家学者为核心,以"教授委员会"等学术组织为载体的学术权力系统。布鲁贝克曾说:"大学教师、研究人员、学者对大学内部事务的功能、组织和运行最为知晓,因为他们最清楚高深学问的内容。"[1] 从院系层面上讲,对于学术事务的管理,学者和教师具有最大的发言权。因此,与行政主导管理模式相对,院系内部治理结构中还存在一种学术主导的管理模式。

在西方,自欧洲中世纪巴黎大学始,"教授治校"便作为大学的

---

[1] [美] 约翰·S. 布鲁贝克:《高等教育哲学》,王承绪等译,浙江教育出版社1987年版,第28页。

基本理念得以形成,"教授治校"即教授集体参与大学学术事务的管理及其重大学术问题的决策。后来,牛津大学、剑桥大学等英国古典大学仿效了巴黎大学的做法,使得"教授治校"这一理念得以继承下来并日臻完善。而德国柏林大学才真正使"教授治校"这一理念得以确立并对后世大学产生重大影响。当时的柏林大学聘请了各个学科领域的一流教授,以他们为中心成立了研究所,由讲座教授负责主持,教授拥有最高的权力,处于绝对的支配地位,经费使用、人员调动等内部事务均由教授决定。这种以讲座教授为主的管理模式有效地保证了教授进行教学与科研的独立与自由,保障了大学自治与学术自由。当时的德国大学不仅在校级层面实行学术为主的管理模式,在大学二级结构即学部层面也强调以学术权力为主。当时的学部类似于今天我国大学的二级学院,德国大学在学部设立部务委员会,主体为教授,但同时也吸纳一部分副教授、部分学生和助教参加。德国大学的部务委员会是当时大学二级组织的决策机构,它具体负责学部里与教学和科研相关的事务。[①] 不难发现,当时的柏林大学重视学术高于行政,校级层面成立校务委员会,学部层面成立部务委员会,都是以教授为主体,可参与办学方针、教学计划等事务的决策和管理,避免学术事务过多受到行政权力的干预和影响,大学内部学术运转方式和机制的确立保证了德国大学的各级教授在教学和科研问题上拥有很大的发言权和决策权。[②] 随着近代高等教育规模的不断扩大、功能的日趋多样以及社会联系的错综复杂,各国的大学管理日益呈现出专业化和行政化的趋向。在这种趋势下,出现了从"教授治校"向教授委员会形式的"教授治学"转变的趋势。

我国的教授委员会始建于民国时期。20世纪初,蔡元培先生在借鉴德国大学发展经验的基础上,对北大进行改革,倡导学术自由和教授治校。提出:"大学的事务,都由大学教授所组织的委员会主持;

[①] 郑玮:《试论我国高校院系级教授委员会之建设》,硕士学位论文,山东师范大学,2012年。

[②] 王秀芳:《我国大学内部治理结构的研究》,硕士学位论文,湖南师范大学,2007年。

大学的校长，也由委员会选举。"① 蔡元培先生主张大学建立民主的管理体制，强调教授治校，这是西方大学管理制度在中国大学的成功借鉴，对中国现代高等教育产生了深远的影响。

《国家中长期教育改革和发展规划纲要（2010—2020年）》中明确提出："要探索教授治学的有效途径，充分发挥教授在教学、科学研究和学校管理中的作用。"2000年，D大学在学院层面建立了15个教授委员会，并明确实行"教授委员会集体决策基础上的院长负责制"。受D大学院系内部治理结构影响，F大学管理学院也成立教授委员会，不久后，S大学材料与工程学院也尝试建立了包括16名正教授在内的教授委员会。D大学赋予院系教授委员会8项决策权力，具体涉及学科建设、学术评价、资源配置、师资队伍建设、教师评职、教育教学、对外办学等几乎所有与学术相关的事宜。F大学管理学院设有管理科学系、信息管理与信息系统系、会计学系、统计学系、企业管理系、市场营销系、财务金融系和产业经济学系8个系，14个跨学科研究中心（所），全职教师152人。F大学管理学院教授委员会成立一个月后，就协助学院院长做出了与学院发展密切相关的两大重要决定，体现了"智囊团"的咨询作用。S大学的材料与工程学院拥有科学与工程、轻化工程等6个专业，全职教师120余人，2004年，突破传统的"院系领导班子"定方向的行政主导的管理模式，成立由该院16名正教授出任委员的院教授委员会，他们拥有对学院发展方向、发展规划、专业设置、人才引进、重要改革措施等重大事项的决策权；拥有反映师生呼声、维护师生合法权益以及对学院各项管理工作和决策建议、批评和监督的权利。可见，学术主导管理模式为专家教授参与学校和学院重大事项的决策权提供机会，有利于提高学院决策的科学性和合理性。

不难发现，学术主导管理模式非常强调学术人员在院系的权力系统中相对居于主导地位，强调教授参与学院的重大学术事务的治理，强调包括"教授委员会"在内的基层学术共同体在院系治理过程中的作用，

---

① 盛淑慧：《高等学校教授委员会制度研究》，硕士学位论文，淮北师范大学，2011年。

力图形成学院的学术治理氛围，提升教授、专家和学者在院系学术治理中的地位，以教授为主体的教授委员会在学科建设、课程设置、成员晋升等院系学术事务的咨询、决策以及非学术事务的审议等方面享有充分的权力，从而逐步实现高校的行政管理体系的重心从管理走向服务，学术管理体系的重心由咨询走向决策，凸显教授的主体地位，凸显学术自治、学术自由和学术民主，学术权力运行机制的确立保证了学术主导管理模式是一种学术内行对院系实行民主管理的制度。

二 学术主导管理模式的权力系统结构分析

与行政主导管理模式的系统结构分析一样，我们也主要从院系内部场域、学校场域系统和校外场域系统三个维度对学术主导管理模式的系统结构进行分析。

（一）院系场域的权力系统结构分析

1. 党委书记与院长（系主任）的权力互动关系

通过对D大学调研，发现其二级学院普遍设置院学术与学位指导委员会、教学指导委员会、教授委员会等专门委员会，同时设有各学系、研究院（所）等机构。各委员会都是由学院各学科教授代表组成，学术委员会具体负责学院的学术评议、审议、学术决策和咨询事务，对学院未来发展规划会产生重大影响；学位委员会是学院学位审议机构；教学指导委员会是对学院本科教学工作进行咨询、审议、监督和指导的专家组织。依据《学术与学位管理专门委员会章程》《教学指导专门委员会章程》和《教授委员会章程》的相关规定，学术与学位委员会和教学指导委员会的重大决策须提交教授委员会审议决定。因此，在院系场域内学术权力主要由上述专门委员会行使，形成学术权力运行机制，保证学院学术决策的规范和科学。

院党委书记主要负责学院的思想、行政等工作，行使学院的政治权力。有关院系人事、科研、教学等事务具体由院教授委员会集体商议决定。院系教授委员会一般是由院系内资历较高、学术专业水平较好的教授或副教授担任，一般以教授为主体，院长一般由教授担任。因此，院长往往是院系教授委员会成员，以院长为代表的教授委员会在权力互动关系中居于主导地位。院党委书记和院长各司其职，院党委书记对教授委员会和院长起监督作用。

D大学的二级学院在学校内部治理结构改革时，明确提出实行"教授委员会集体决策基础上的院长负责制"。在其颁布的《教授委员会章程》第十七条明确规定：学院（部）党委书记为教授委员会委员，代表学院（部）党委参与教授委员会的决策与咨询工作。[①] 国内另一所重点师范大学即B大学，在其《教授委员会章程》中也提出：学院党委是学院的政治核心，保证监督党和国家的方针、政策及学校的各项决定在学院的贯彻执行，并参与讨论和决定学院教学、科研、行政管理中的重要事项。为充分发挥党的基层组织的作用，党委书记为教授委员会的成员，并按有关规定行使表决权。[②] 学院党委书记作为教授委员会的当然成员，在一定程度上体现了政治权力对学术权力的监督、对学术事务的参与，保障学术事务的社会主义方向。但这样的"规定"无疑与"学术的事务归学术，管理的事务归管理"的学术本位倾向不一致，还有可能会因为书记的权力强势而形成干预，从而潜在地存在着政治权力对学术权力的影响和干预。

表3-1　　　　　　　　学术主导模式院系内部治理结构

权力 主体	学院未来 发展规划	学科与 课程设置	研究 决策权	学术成员聘 任与晋升权	预算与 财政权
学院党委书记					
学院行政机构	▲			▲	▲
教授委员会等学术机构	●	●	●	●	●
其他教师	☆	☆			

说明：▲表示有部分决策权，●表示有完全决策权，☆表示有建议权，空行表示基本无权力或权力很小。

2. 教师与学生权力互动关系

学术主导管理模式一般规定院党委书记不能参加教授委员会，教

---

① 东北师范大学：《东北师范大学教授委员会章程》，百度文库（http://wenku.baidu.com）。

② 北京师范大学：《北京师范大学教授委员会章程》，百度文库（http://wenku.baidu.com）。

授委员会在院系与学术相关事务中享有决策权力,这在一定程度上拓展了教授、专家和学者在院系内部结构中的地位。D学院的院教授委员会就被赋予了讨论和确定学院发展规划、学院本科生和研究生教学计划或培养方案、学院学科建设、学院教学与科研组织形式、学院资源配置原则、学院经费使用原则等权力。正因为学术人员在院系内部治理结构中居于重要地位而初步实现了学术权力与行政权力相分离,体现学术自治和学术自由的民主管理体制。

院教授委员会中的成员也是院系的教师,一方面,他们在制订学生培养方案、从事学科建设等活动中,必须与学生进行沟通和交流,了解实际情况,以便制订出更符合院系发展实际情况的课程方案和教学计划等,另一方面,他们本身就是院系的教师,因此,课堂与课外,正式场合与非正式场合,他们也在积极与学生进行互动和交流。因而,学术主导管理模式下的院系教师对学生的影响还是比较大的,尤其是那些入选院系教授委员会的教师,他们往往都是院系里拥有较高学术成就和学术威望的人,他们对学生产生的影响会更大。

3. 党委书记、院长(系主任)与师生的权力互动

教师是学院管理的主要对象,也是治理过程中的重要资源。院长(系主任)是院(系)的负责人,院长(系主任)往往还担任教授委员会的主任委员或重要成员。一方面,院长作为教授委员会的成员或院系教授委员会的负责人,拥有对院系重大学术事务决策的权力,另一方面,院长一般是由学术成就和学术威望较高的教授担任,他们始终站在学科和专业发展的前沿,他们在教学和科研方面具有巨大的影响力。因此,学术主导管理模式中院长与一般教师和学生的关系非常密切。学术主导管理模式中,实行院(系)教授委员会集体决策基础上的院长(系主任)负责制,有利于调动学科带头人的积极性,有利于学科建设,也有利于充分发挥教师在院系改革、建设与发展中的主体作用,有利于激发教师主体的内在活力。①

学术主导管理模式下的学院决策机制不再是党政联席会,而是有

---

① 张君辉:《中国教授委员会研究》,博士学位论文,东北师范大学,2006年。

党委书记和院长参与的教授委员会的集体决策，所以学院权力结构由"二元模式"转为"三元模式"，即由行政主导模式下的"行政负责行政（行政权力）、教授委员会负责学术（学术权力）"转变为学术主导模式下的"党委负责行政（政治权力）、院长负责行政（行政权力），教授委员会等专业委员会负责学术（学术权力）"。具体关系如下。

院党委书记主要是对教授委员会、院长（系主任）贯彻执行党和国家的方针、政策以及学校各项决定的情况和勤政廉政建设等情况负有监督的责任，必要时负责将有关情况向学校党委反映，同时还必须支持院长（系主任）在其职责范围内独立负责地开展工作。[1] 学术主导管理模式下的教授委员会主要负责与学术相关事务的决策，而包括院长、副院长、教辅人员及教务人员等在内的主体负责对教授委员会的决策具体组织实施。因此，在院系权力结构中，院党委书记和院长（系主任）是一种相互支持、相互监督的关系。院党委书记主要负责党建和思想政治建设工作，通过政治权力产生影响，对广大教师和学生而言，因业务而产生控制和影响的可能性不大。学术主导管理模式下院系内部权力结构中，学术权力占据绝对优势地位，院长与教师、学生的关系更为密切。

（二）院系内外场域权力互动分析

院系内外场域权力主体一般涉及校内的学校权力场域和校外的以政府为代表的社会权力场域。学校权力场域和社会权力场域直接或间接地对院系的学术权力产生影响。

1. 学校场域权力与院系场域权力的互动

除了在学院设立教授委员会，校级层面通常也会设立校级教授委员会、校级学术委员会、校级教学指导委员会等学术管理机构。校级学术管理机构的成员一部分由二级学院的院长或来自各学院的资深教授来担任。因而，校级学术管理机构会对院系场域的学术主导管理模

---

[1] 郑玮：《试论我国高校院系级教授委员会之建设》，硕士学位论文，山东师范大学，2012年。

式产生较大的影响。学校场域权力对院系场域外权力的影响主要表现在三个方面。第一是通过法律形式实现,即通过校级学术管理机构制订《大学章程》《学术委员会章程》或《教授委员会章程》等,明确规定校级学术管理机构的治理职责,对院级学术机构的目标、任务、职能等做出详细规定。第二,校学术管理机构通过授权等方式,将课程设置、学科建设和学业评价等专业性问题委托给学院基层学术组织来完成,重视基层管理,发挥基层学术组织自我控制、自我管理和自我发展的作用,实现大学内部治理重心下移。① 校学术管理机构可以把更多精力和时间投入于学校发展规划、资源争取和服务保障等具体事务方面。第三,院系负责人一般都是由学校校长负责任命的,因此,院长或系主任既是学术权力的代表,也是校长在基层行政权力的代表,院长或系主任要对校长负责。②

院系场域的学术机构实现了大学治理重心的下移,一部分原本归属于校级的权力,现在已经下降给院系学术机构行使,院系场域权力结构间接地影响了学校场域的权力系统。良好的学术权力运行机制直接影响了院系和学校场域内的权力结构,通过学校和学院两个层面权力的交织互动,真正实现大学的学术本位。

2. 社会场域权力与院系场域权力的互动

在大学内部治理结构变革过程中,政府和社会的影响不可忽视。政府在大学发展过程中扮演着多种重要角色,决定着大学发展的规模和速度、质量与水平。行政主导管理模式下的政府在大学发展过程中更多表现为管理者和评估者的角色。③ 管理者角色体现在政府为大学提供必备的土地和资金等物质资源,因而,政府往往会对大学的招生、教学、科研、人事管理等内部事务进行干预;评估者角色则体现

---

① 毕宪顺:《教授委员会:学术权力主导的高校内部管理体制》,《教育研究》2011年第9期。

② 于红玉:《治理视角下我国大学教授委员会权力运行机制研究》,硕士学位论文,山东师范大学,2013年。

③ 郑玮:《试论我国高校院系级教授委员会之建设》,硕士学位论文,山东师范大学,2012年。

在对大学的评估与考核，但政府权力在大学内部治理结构中的过度延伸，直接导致院系行政权力远高于学术权力，严重影响大学学术独立与自由的追求。当前，高等教育领域综合改革的深入推进和大学"管办评"分离模式的提出，更加强调了政府的宏观管理职能，强化了大学的办学自主权。作为管理者的政府、作为举办者的大学和作为评价者的社会组织，各自承担不同的角色和职能，大学的当务之急是如何能充分发挥好这些自治权力，面向社会自主办学且办出自己的特色。第三部门与中介性评估组织等专业性社会机构将对大学评价起到举足轻重的作用。因此，学术主导管理模式的大学与社会的关系是大学自治权有效发挥和学术本位的充分回归，政府通过社会组织和反馈实现对大学治理的综合监督和引导，是更加符合大学本质的、比较理想的治理模式。

三 学术主导管理模式的运行机制

管理的目的是为了实现目标，学术主导管理模式的实施离不开一系列相互关联的运行方法，下面从决策、执行、协调和控制四个方面对学术主导管理模式的运行机制逐一进行分析（如图3-7）。

（一）决策

随着社会的发展，大学组织规模持续扩大、学科数量不断增加，教育管理呈现越来越复杂的态势。作为重要利益主体的教授，出于对自身利益的考虑，有可能会做出偏向自身利益的决策，因而，现代大学内部治理模式中，"教授治校"越来越趋向"教授治学"，这种回归学术本位的模式有利于教授掌握学术事务的决策权，从而保证学术权力的正常实施。由于院长和书记都作为教授委员会的当然成员，可以将政治和行政方面的要求贯彻其中，保证学术事务的方向性，体现学校发展的理念。也就是说，实现了学术权力主导式的决策，但主导不是唯一，更不是独裁，而是实现政治权力、行政权力与学术权力的相互制衡。

学术主导管理模式的决策机构主要包括院系层面的学术组织，具体包括学院的学术委员会、教授委员会、学位委员会、职称评审委员会以及教学指导委员会等。学术与学位委员会是由院系各学科教授代

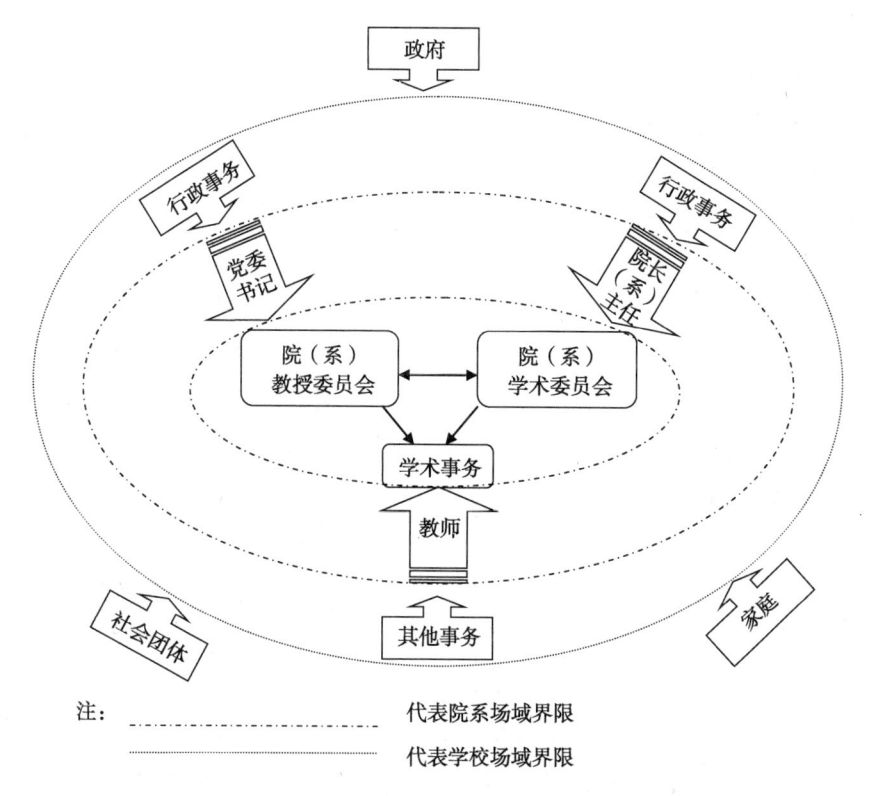

图 3-7 学术主导型院系管理模式

表组成的学术评议、审议、学术决策咨询与学位审议的机构,是加强专家学者在学术与学位工作中的主体地位,发扬学术民主,保障学术决策规范、科学的组织。[①] 教学指导委员会是对学院本科教学工作进行咨询、审议、监督和指导的专家组织。委员由长期从事教学工作,经验丰富,责任心强,作风正派,能从全局出发全面考虑院本科教学工作的在职教师和教学管理人员担任。[②] 国内重点大学 B 在其二级学院(部)普遍设有学术与学位指导委员会、教学指导委员会以及教授委员会等,分别制定《学术与学位管理专门委员会章程》《教学指导专门委员会章程》和《教授委员会章程》。学术与学位委员会和教学

[①] 北京大学:《北京大学学术与学位章程》,2009 年 6 月。

[②] 同上。

指导委员会的重大决策须提交教授委员会审议决定。

从决策的内容角度讲，学术委员会决策的内容主要是院系学术重大事务，包括院系未来发展方向和发展规划。教学指导委员会重点涉及学院教育教学事务。院系教授委员会决策的内容主要涉及学术领域，具体包括：（1）院系学科建设规划；（2）本科生、研究生的专业调整、课程设置、教学改革和培养方案；（3）院系教育教学的计划和安排；（4）学术成果、科研项目及人才选拔等的评价或遴选，学术失范行为的甄别或定性；（5）院系各类资源的配置；（6）院系教师队伍建设规划；（7）院系专业技术职务（岗位）评聘事宜；（8）讨论、审议或决定院长或学院党政联席会议提请审议或决策的其他重要事项。不难发现，院系教授委员会的决策内容比其他专门委员会都要广，几乎涉及院系发展过程中所有与学术有关的事务。

从决策的过程讲，学术委员会、学位委员会、教学指导委员会以及教授委员会通常都会设主任委员，负责召集专门委员成员商讨并决策相关事务。以院系教授委员会为例，一般由主任委员召集和主持教授委员会，主任委员一般会由政治觉悟比较高、学术成就比较多、学术影响比较大的专家和学者担任。教授委员会一般定期召开例会，特殊情况下，也可由主任委员临时召集会议，并对相关事务进行讨论和审议。决策过程中，首先，提出讨论或审议的议题。一方面，议题可以由院系行政班子提出，然后，院系行政主要负责人与教授委员会主任委员进行沟通，并最终确定教授委员会会议议题，召开教授委员会会议，讨论决定或提出审议意见；另一方面，议题也可由教授委员会成员提出，但要求教授委员会成员人数必须达到总数的2/5以上。其次，召开教授委员会会议，各委员可以对所议事项充分发表自己的观点和看法。再次，按照少数服从多数的原则，教授委员会实行实名或无记名投票。一般议题要求超过教授委员会人数的一半以上方被通过，涉及院系教师专业技术职务等敏感事项的，则要求教授委员会人数要达到2/3以上方可通过。对于涉及院系未来发展规划的重大议题，教授委员会还可以邀请相关领域专家列席讨论或参与咨询。

（二）执行

在院系权力场域里，院党委行使政治权力，院行政部门行使行政权力，教授委员会行使学术权力。在对 D 学校的调研中，我们发现，学院教授委员会对院系重大学术事务做出的决策主要通过由院长为领导的院系行政部门具体贯彻落实。院长要对教授委员会所讨论审议和做出的相关决策的落实情况实行每学期报告制度，由院长代表学院（部）班子向教授委员会报告。[①] 其中，院长和副院长一般来说既是行政人员又是委员会成员，因此，集行政权力与学术权力于一身，便于教学科研等学术事务的执行。但也有副院长不属于教授委员会成员，没有决策权，但有建议权，因此并不影响对学院决策的执行。系或教研室主任一般来说都归属于各类学科专业组织，兼顾学术事务的提议、审议、决策和执行，属于"自己的事情自己说了算，自己的事情自己做"，不存在权力的矛盾与冲突。与学生有关的工作由党务系统与行政系统分工协作完成。

（三）协调

从目前我国大学的现实情况来看，教授委员会的成立主要有两种情况，一种是校院两级都建立教授委员会，一种是只在院系一级建立教授委员会，无论是校级还是学院的教授委员会，目前都将其定位为学术决策机构，在学校和学院民主管理过程中承担着重要的角色。当学院院长对教授委员会讨论决定的事项有不同意见时，可以有一次提请重议的机会和权力，经重议，再次以规定的票数通过原结论的，学院院长则必须服从教授委员会的决议。当然，此时，学院院长仍可将自己的意见作为保留意见一并上报学校，由校长裁定。也就是说，在行政权力与学术权力发生冲突的时候，必须有一个协调的机制。如果说院长同时担任教授委员会主任，协调会更加容易，集体决策和个人意见相左时，个人意见服从集体决定。如果院长以行政角色为主，不担任教授委员会主任，当学术事务决策与行政权力要求相左时，就需要有来自校级层面的协调和裁定制度。

（四）控制

在学术主导管理模式中，根据场域理论和利益相关者理论，可将

[①] 东北师范大学：《东北师范大学教授委员会章程》，百度文库（http://wenku.baidu.com）。

院系内部控制划分为三个场域。第一，以教授委员会等为主体的基层学术组织，对学院学术事务的控制领域。此控制领域的控制关系主要包括教授委员会与教学科研人员、学生等群体因学术事务而结成的关系。第二，以学院党委书记为主体的学院党委对思想和党建工作的控制领域。此控制领域的控制关系主要涉及学院党委书记、学院党委副书记、辅导员以及学生等主体之间因政治权利而形成的控制关系。第三，以院长为代表的学院行政组织对学院行政事务的控制领域。此控制领域的控制关系主要关涉院长、副院长、教辅人员、学院行政机构管理人员、教师和学生等主体因行政权力而产生的控制关系。

四　学术主导管理模式遭遇的困境

（一）学术主导管理模式价值信念面临的现实困境

1. 学术权力本位的组织保证尚未形成

无论是英美大学还是以德国为代表的欧洲大学，都崇尚学术自由的理念，强调教授治校和学术本位，认为学院基层组织首先是一个学术性组织，因而在课程设置、资源分配等方面具有决定性的权力。学术权力在学校权力结构中处于主导地位，行政权力是为学术权力服务的，西方高校历经几百年的积淀，最终形成学术权力本位的组织保证，形成稳定的学术权力运行机制，这真正保证了高校学术权力的主导地位。20世纪初期，蔡元培先生在学习西方高校发展经验时，尽管也提出"学术自由""教授治校"等理念，但由于受我国特定的社会政治背景和文化传统等的影响，并未能在高校形成良好而稳定的学术权力运行机制，从而也就不能为学术权力本位的院系权力结构提供组织保证，直接导致学术权力的弱化和行政权力对学术事务的影响和干预。

2. 学术权力主体在院系治理中存在一定局限性

现代大学存在着行政权力和学术权力两种权力类型，这一点已得到大家公认。行政权力源于高校规模不断扩大，日益复杂的事务需要一个专门的行政管理系统来进行处理。学术权力则是源于知识的专门化和教授专家在学术上的成就而被赋予特定的处理学术事务的权力。与行政权力相比，学术权力非常关注教学与学科方面的专业利益，各学术主体更多关注自己学科领域内的理论和实践问题，对学术以外的事务关注较少，对社会责任关注也较少。① 因此，学术权力的核心是"力"，"力"大"权"就大，学术权力的大小，取决于学术主体对知识的把握程度，即学术影响力的大小。而行政权力的核心是"权"，"权"大则"力"大。学术主导管理模式强调院系治理中凸显基层学术组织的学术权力，发挥学术专业人员的自主性，实现学术自由和学术自治。但现实问题是，院系学术组织中的代表常由一些学术造诣较深和学术影响力较大的资深教授担任，他们对自己所研究领域的学科和知识掌握较好，而对其他领域则知之较少。因此，现实的院系治理中学术权力具有一定的局限性。行政权力刚好可以弥补学术权力的不足，可以提高管理效率，可以加强与社会之间的联系，平衡各权力主体之间的利益。因此，目前我国高校内部管理中，学校层面和学院层面各种活动仍以行政权力为主导，行政权力在学校和院系的资源配置、课程设置等学术事务中拥有很大的权力，实质上造成学术权力和行政权力的失衡。

(二) 学术主导管理模式下权力结构面临的现实困境

1. 学术权力主体与社会的联系不够密切

学术主导管理模式中，基层学术组织中学术权力主要来自于学术影响力和学术实力。那些学术造诣深、学术影响力大的教授在学术管理过程中，一般具有更大的发言权。这些学术权力主体因而非常关注本领域的研究，对研究领域之外的事务往往关注不多。而高校权力系统是一个复杂的系统，内部不同权力主体不断发生作用，与学校外部的各类权力主体也会发生千丝万缕的联系，但由于学术权力主体对于社会事务关注不够，导致其与社会的联系不够密切。

2. 学术组织成员选拔以行政任命为主，易造成学术组织内部权力冲突

学院基层学术组织中的各位成员应当合理分工，共同合作，明确

---

① 赵萍:《我国高校治理结构中学术权力与行政权力协调问题研究》，硕士学位论文，陕西师范大学，2013年。

各自的职责，厘清自身的权利与义务，从而保证基层学术组织有条不紊地运行，并达至最佳运行效果。然而，实际中，包括学术委员会、教授委员会等学术基层组织中的成员不是通过公选产生，尽管也会考虑其知识的精深程度、学术威望等因素，最主要还是由校长任命，知识分子的清高性格会导致学术组织内部的矛盾，造成学术组织内部权力冲突。

3. 强调管理权力重心下移，与学校层面管理权力结构存在冲突

《中华人民共和国高等教育法》规定学院基层党组织是学院的政治核心，也是学院的领导核心。党组织既要主动加强对教授委员会政治和思想上的领导，又要切实支持和保障教授委员会的权力，尊重学术权力，充分发挥其治学功能。院系教授委员会，在接受院系党委领导的同时，必须认真完成职权范围内的学术工作。[1] 在院系层面权力结构中，强调政治权力的存在，重视党委对行政和学术权力的监督。在学校层面，我国当前实行的是党委领导下的校长负责制，校长是行政权力的代表。一方面，校长和学校相关机构经常干预和影响教学、科研、教师职称评聘等专业性、学术性事务，另一方面，二级学院的院长或系主任往往也是由校长直接任命的，院长或系主任需直接对校长负责。这样，现实中大学管理权力仍集中在校级层面，学术性很强的院系在自己学术事务中却不能很好享有决策权。学术主导的管理模式认为院系基层学术组织在院系学术事务中具有极大的决策权，这实质上是主张大学治理权力重心的下移，而校长和校级机构对学院或系学术事务干预的事实说明，当前大学治理权力重心仍在学校层面，作为学校核心组织的学院并没能拥有更多的权力，学术权力依然存在弱化现象。这也从另一个侧面说明高等教育的发展离不开特定社会的宏观政治环境，高等教育的发展必定会受到一个国家的政党制度、思想观念和高等教育管理体制等诸多因素的影响和制约。

---

[1] 郑玮：《试论我国高校院系级教授委员会之建设》，硕士学位论文，山东师范大学，2012年。

(三) 学术主导管理模式运行机制面临的现实困境

1. 学术组织的独立决策机制尚未真正建立

大学首先应是一个专门化的学术性组织，其次才应是一个行政性组织。然而，由于历史和文化传统的原因，我国高校的管理结构尚未发生本质性上的改革，学术自由和学术自治的理念尚未最终建立，作为基层学术组织的院系教授委员会、学术委员会的独立决策机制也尚未最终形成。高校行政权泛化，行政权力和学术权力不能很好平衡，行政权力过多干预院系学术事务，学院的资源配备、课程设置等直接受到行政权力的影响，有些学术事务的决策甚至直接被行政决策所替代。[①]行政权力的肆意干预，一方面，直接导致教授们参与学术事务管理的信心和积极性的降低；另一方面，直接导致学术权力在大学内部治理及决策中主导地位的丧失，教授委员会、学术委员会等基层学术组织形同虚设。

2. 学术权力如果缺乏制约，将会走向学术权力的行政化

学术权力受到干预和缺乏制约，都会运行不畅。学术权力如果由于受政治和行政权力的过多干预，教授委员会等基层学术组织就会成为行政权力的附庸，普通教授则被"边缘化"，加上高校有效监督机制的不完善，这种现象对基层学术组织中的学术权力主体产生了非常大的消极影响。但是，如果学术权力缺乏政治与行政权力的制约和监督，往往又潜在地存在"权力滥用""权力垄断"的危险，如某些掌握学术组织决策权的资深教授，会利用这种权力谋求"圈子"和裙带关系的发展，形成学术霸权或学术垄断，反而不利于学术权力在学术事务上的民主决策，违背了集体决策的旨意而成为部分人决策或小集团决策。这就使学术本位的追求走向反面，走向新的行政化管理思维，会形成新的制约，不利于激发基层学术组织的积极性和创造性。

3. 学术权力运行过程中，易受多种利益主体的制约和干预

对于公立大学而言，大部分财政来源来自政府的拨款和学费的收

---

① 于红玉：《治理视角下我国大学教授委员会权力运行机制研究》，硕士学位论文，山东师范大学，2013年。

入，院系的办学运行经费大部分来自学校，部分经费来自自我创收和项目经费，但在政策上也受制于大学或行政主管部门的政策制约。根据"谁买单谁点唱"的市场法则，院系学术权力的运行所需要的人财物等根本性资源，无法自行解决，因而将接受不同层面权力的制约，完全独立的运行难以实现。在实际运行中，学术权力因为缺乏直接的资源配置权和财务权等，往往不得不屈从于行政权力的制约和规定，造成学术权力的泛行政化趋向，真正的学术权力的运行机制不能有效建立和实施。

第三节　市场主导的管理模式

在国内高校中，与行政主导和学术主导模式相比，市场主导型的学院不占主流，为数不多，大多属于私立高校或具有私立性质独立学院的二级办学机构。它们虽然不占主流，但代表了高等教育发展的一股重要力量，其独具特色的市场运行机制给公立高校学院治理带来另类的启发，因此有必要进行分析。该模式选取民办本科高校B高校的G学院作为个案，采取了深度访谈、现场观察的研究方法。

B学院始建于1992年，1999年成为S省首所民办专科院校，2005年升格为S省首批民办本科高校。至2014年，学校共开设36个本科专业、37个专科专业，涵盖文、理、工、管、经、艺、医、教育等学科门类，在校生16000多人。其中G学院是B学校中的二级学院，由于学院发展需要，于2013年从该校J学院分化出来，至2014年，G学院拥有教职工70余人，在读学生1500余人，其教学、科研和社会服务实力都在该校前列。G学院作为市场主导型学院表，市场力量无孔不入地渗透于其中，为了在招生市场抢得一份蛋糕，它们必须设计一套对市场需求反应比较敏感的组织运行体系，形成一个完整的运转系统。其中既有经验值得借鉴，也有多处困惑值得我们思考。

一 市场主导管理模式的价值信念——"交易效率"

民办高校指的是企业事业组织、社会团体及其他社会组织和公民个人利用非国家财政性教育经费，面向社会举办的高等学校及其他教育机构。民办高校依靠市场而生，没有市场便亡，这包括来自市场的资金、生源、就业率。教育与市场的结合，更多解决的是教育的效率问题。交易效率可以说是市场主导型管理模式的价值信念。著名的华人新兴古典经济学家杨小凯最早提出了交易效率概念，强调政治制度、法律规则及其对整个经济体交易效率、城市化和经济发展的影响。复旦大学经济学博士赵红军把交易效率界定为"一定时间内一国经济体中交易活动（与商业活动相联系）或业务活动（与行政活动相联系）进行的速度快慢或效率高低"[①]，或者简单地说交易效率可以被理解为经济体在特定时期内，交易参与方在开展交易活动时的投入—产出关系。

这一价值理念被民办院校采用之后，市场主导型的管理模式便成为这一部分院校内部管理的主流模式。这种管理模式自然从学校层面延伸到学院层面，他们突破传统高校的行政主导和学术主导模式，在机构的设置、人员的任命、教师的招聘以及招生、收费、制度的运用等方面都紧紧围绕市场设定。交易效率的价值信念主导院系的管理取向，主要表现在以下几个方面。

（一）专业设置紧跟市场，关注办学效益

民办高校的专业设置大多根据就业市场和社会需求的冷热度而设立，学校层面的这种价值取向从根本上影响院系专业设置的价值选择，院系在进行专业设置论证的过程中优先考虑市场的需求，市场需求什么就设置什么，其他要素退求其次。B学校J学院的发展始于1999年学历文凭教育工民建专业；2004年开始招收普通专科工程造价专业；2007年设置普通本科土木工程及工程管理专业，2011年设置普通本科建筑学及建筑环境与能源应用工程专业。随着学校快速发

[①] 赵红军：《交易效率、城市化与经济发展》，上海人民出版社2005年版，第9页。

展和学科调整，2013年7月将建筑工程类专业从J学院分离，组建了G学院。我们可以看到该学院专业的设置始终在追逐社会的热点，只有这样才能吸引学生，才能带来办学的效益资金，投资人就能收回办学资本。

(二) 机构设置精简高效，行政合二为一

大多数民办院校机构设置和人员配备非常精简。机构臃肿、人员繁多势必加大办学成本，在学院募集资金数额不动的情况下，增加资金投入，所得效益必然降低。院系内部机构和人员的设置亦是如此。G学院的机构设置和人员配备如表3-2。

表3-2　　　　　　　G学院机构设置和人员配备情况

		机构	人员配备	人数
G学院组织机构图	管理机构	院长办公室	院长	1
		教学工作管理办公室	教学干事	1
		学生工作管理办公室	学生干事	1
	教学机构	土木工程教研室	教研室主任	1（兼）
		工程管理教研室	教研室主任	1（兼）
		建筑学教研室	教研室主任	1（兼）
	科研机构	建筑工程学院实验教学中心	教研室主任	1（兼）
		建筑模型室		

G学院专职管理人员共3人，院长1人兼院系党委书记，教学干事1人，学生干事1人。这和行政主导管理模式的高校院系相比，人员数量差距较大。从G学院机构设置模式和人员配备数量可以看出，它实行了"两类系统、一套人马"的合署办公，既减少了机构和人员配备，节省了支出，解决了公办学院的机构臃肿、人员超编、办事效率低下的状况，还避免了行政摩擦，使党群和行政两大系统得到了有机统一，达到了精减高效之目的。这充分体现了交易效率的价值理念。

(三) 学生管理严格细致，注重服务意识

民办高校大多对学生行半封闭管理或者准军事化管理方式，严格细致，注重服务。B学院从1992年建校起就采用这种管理制度，辅导员几乎成全职保姆。2005年来到G学院担任学生管理干事的L老师说:"天还没亮就要起来跟学生一起跑操,所有的教职员工都要跟学生一起穿军装跑操,平常要抓学生的到课率,晚上还要挨个房间查房,所有人都睡下了以后,辅导员才能去睡觉。"学风是民办高校的生命线,也是民办高校学生工作的难点,它直接关乎学校的办学质量和办学声誉,最直接的影响就是学校的生源和办学效益,最终还是会触及教师的根本利益。所以民办高校对此比公办高校有着更为清醒的危机意识。

民办院校的行政人员往往有较强的服务意识,学生有事情可以直接到某个行政机关办理,G学院学生管理干事对每个学生都了如指掌,这在公办院校的学生管理中是很少见的。这与民办高校自上而下的"效益"和"效率"意识是分不开的。一方面,相比公办院校,民办院校的学生及家长支付的学费较高,有的民办高校学费高出公办学费一倍以上,因此他们要求获得更好的教育服务,这体现了市场规律中投入和产出的关系;另一方面,院系管理人员对学生的服务质量的高低直接影响学院在学生、家长和社会各领域的声誉,从而影响学校发展的资金的投入和募集,最终影响学院所有人的利益。

二 市场主导管理模式的系统结构分析

根据场域理论我们得知,任何机构都不能脱离它的关系场域,否则,自身就没有存在的意义。市场主导的管理模式也拥有独特的系统结构,与行政主导管理模式的系统结构分析一样,我们主要分为三大系统来论述,分别是院系场域系统、学校场域系统以及校外场域系统。在院系场域层面,行为主体主要包括院系院长(党委书记)、教师和学生等,学校场域层面的行为主体主要包括学校董事会、校长、各行政机构以及后勤、教辅单位,社会场域层面主要包括政府、家长、企事业单位以及社会团体等。它们在各自的系统内形成场域,然后三者之间相互发生作用,形成一个大的场域。三大场域关系系统如图3-8。

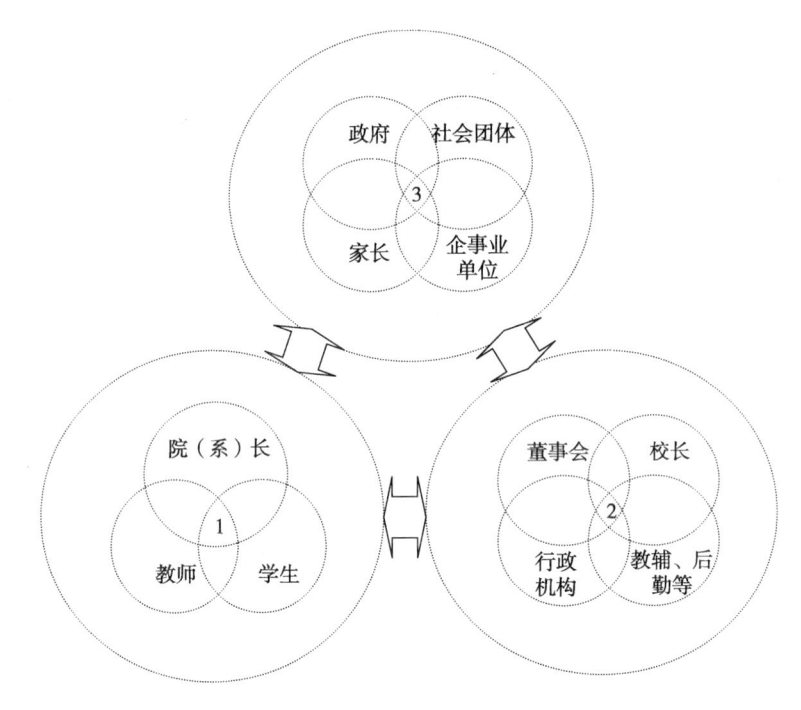

图 3-8　市场主导管理模式各系统互动关系

（一）院系场域的系统结构分析

市场主导管理模式下院系场域互动的复杂程度远远低于行政主导模式。主要主体之间的互动充分体现了鲜明的市场特色，呈现出市场经济规则下的制约与反制约、控制与反控制的关系模式。

1. 院长（党委书记）与教师的权力互动

民办高校的学院院长（系主任）一般都是由学校面向社会公开招聘的，因此院长就需要对他的上级主管即校长负责。由于民办院校资金来源的特殊性，整个运转体制中党组织的影响力明显减弱，不同于公办院校的党委领导下的校长负责制，民办院校采用的是董事会领导下的校长负责制，在学院体现为院长负责全院日常管理工作。但是，基于对教师、学生思想工作领导管理的需要，一般由院长兼任学院的党委书记。这种设置，一方面可以节约教育成本，另一方面可以避免公办高校学院出现的书记和院长扯皮的现象，提高工作效率，增加教育效益。B学校在选聘院长时，一般会选聘有一定管理能力、学术权威和行业声望的人来担任，以创立学院口碑，吸引更多学生，保证投资人的利益。院长在管理过程中承担着公办院校院长和党委书记的双重职责，既要负责学院的行政管理工作，又要负责党务思想工作，而这一切的权力最终还要受学校的制约。人事权、财务权、资源配置权等基本被掌握在学校层面，院长只是起到一个枢纽的作用，他做的一切即为选聘他的校长负责。所以B学校的院长行政任务很重，但目标单纯、方式简单。

由于民办高校的教师来源的多元性，院长与他们之间权力的互动呈现多样性特点。B学校G学院的教师主要有三个来源：一是招聘已退休的教授或高级讲师，这部分人具有丰富的教学经验；二是以高薪聘请公办大学教师，或从其他公办学校"挖"来的骨干教师；三是前来应聘的应届毕业生。对于退休的教授等教师，他们没有职称评定等方面的诉求，院长主要是整合学院内外的资源为他们提供服务，为他们搭建平台，充分利用他们的影响力为本学院学科发展增强实力，也利用他们的职业声望和专业实力，吸引家长和学生的目光。高薪聘请的公办教授、副教授或"挖"来的骨干教师，他们往往可以越过院长直接和校级层面的领导对话，他们的各种权益甚至会在院长之上。所以，对于他们，院长能做的只能是小心翼翼地提供服务，因为他们是本学院满足市场需求的最重要的砝码，院长的权力影响力对他们来说形同虚设，甚至有时反受其制约。对于前来应聘教师的应届毕业生，院长拥有更多影响他们的资本，这主要体现在学院有权对教师的政治思想、业务水平、工作态度和工作成绩等方面进行考核，而考核的结果往往与青年教师的成长和发展密切相关，院长需要运用政治权力、经济权力、行政权力以及学术权力等综合因素对青年教师施加影响。但有一点是必须坚持的，那就是优秀人才的市场规则，即培养并留住优秀人才。因此，对于院长来说，象征性资本和权力的影响力对青年教师更具有现实意义。

2. 院系长与学生的权力互动

B学校的院长（兼党委书记）与学生之间主要是通过学生管理干

事作为中介,对学生进行管理和调控。如前所述,民办院校学生管理最突出的特点是严格。院长必须把这种管理方式完全顺延到自己的学院,这种管理方式才能发挥它固有的作用。这种管理方式实质上还是在迎合学生家长的需求,尤其是学习成绩差、自律能力低的学生家长更希望学院严格管理学生。学生干事在其中只是院长管理学生的代言人,几乎没有决策权。院长在学生管理的过程中主要靠行政权力发挥作用,其次是靠人格魅力等象征性资本的影响,而学术权力对学生吸引力和制约力不大。但由于市场规则的制约和教育服务意识的觉醒,学生对院长也可以起到反控制的作用,学院的管理政策、规章制度等必须获得学生和家长认同,学生才可能服从。他们之间的权力互动存在制约与反制约的关系。

3. 教师与学生权力互动关系分析

教师对学生的影响主要通过教师对学生学业成绩的管理和评价来实现。基于学院人才培养目标的市场化取向,B学院要求教师的授课内容、授课方法、评价方式都要结合市场变化,符合学生以就业为目的的学习需求。教师总是想方设法为学生创造机会和条件,提高本学院学生的就业率,同时展现本学院的形象和吸引力,从而获得市场的认可和回报。如果教师的教学和管理完全按照学科而不是市场的逻辑来运行,很可能会面临淘汰,所以教师既要研究学生,更要研究市场,这一点充分体现了老师和学生之间的教学管理权的控制与反控制。在民办高校普遍重教学轻科研、重技能轻学术的氛围下,教师的学术权力对学生影响力并不大。虽然高薪聘请的骨干教师有一定的学术权威,但面对民办学校学生智力、能力、知识水平等方面水平不高且参差不齐的现状,他们的学术权力的影响力也被逐渐淡化。

另外,B学院的教师还有一个必须承担的任务就是招生。教师们把招生理所当然地当成自己应该承担的任务,他们非常清晰地认识到学生对他们的重要性,没有学生,就没有他们的一切。因此,他们要充分利用一切可能的人脉资源,包括现有的和已经毕业的学生资源,从而强化了师生间的互动关系。

上述权力互动关系见图 3-9：

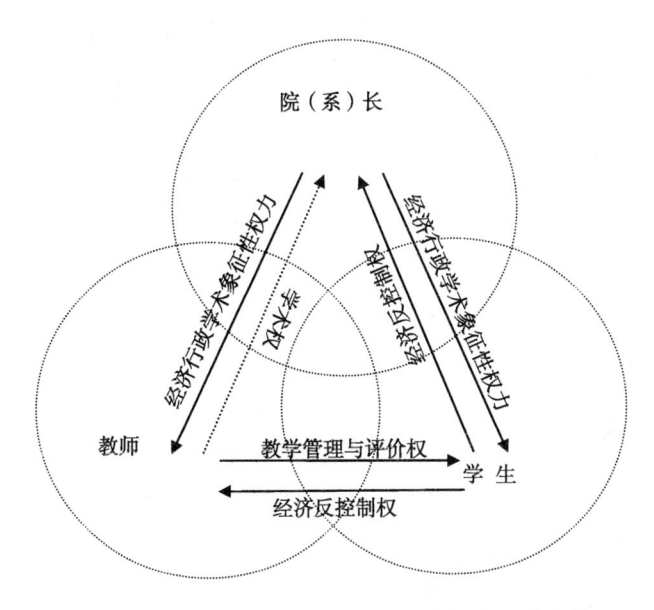

图 3-9 市场主导模式院系场域的权力互动结构

(二) 院系内外场域权力互动分析

1. 学校场域权力与院系场域的权力互动

由于投资主体的出现，民办学校机构和人员设置与公办学校有很大不同，学校场域权力主体也不同，主要由董事会、校长、行政机构以及后勤教辅机构构成。在 B 学校，董事会作为投资主体是学校的最高权力机关。它的主要职责一是选聘校长；二是决定重大项目的开支；三是筹措资金；四是根据校长建议决定收取学费标准。校长（设一副校长协助校长工作）的主要职责：一是选聘学校各中层领导；二是客观、公正地考察中层干部；三是确定各部门一般性开支，重大支出报董事会决定；四是协调、管理各部门工作。校长之下分设各行政机构和后勤教辅机构。从校长、副校长到院长、行政部门负责人、教师，面向市场、公开聘任、年薪制度、合同管理，侧重于借鉴企业的组织管理运行模式，具有鲜明的市场化特点。

"董事会领导下的校长负责制"发挥作用的基本杠杆是经济资本，从院系长和教师的聘任到各类考核都直接与经济挂钩。行政命令成为经济诱导的附属品，表面看是行政权力在影响院系的发展方向、人事考核、绩效评价等，但从本质上讲还是经济杠杆起决定性作用。G学院院长认为，之所以能全心全意为校长负责，因为他们的合同规定了他的权利和义务，必须履行合同法定的义务才能获得约定的经济利益。另一方面，院系基本没有财产权，院系运转的物质基础掌握在学校手中，所以学校很容易实现对院系的绝对控制，即通过经济诱导来控制院系的工作方向和执行情况。B学校的各个院系没有任何的财务权力，即使是一次性纸杯、粉笔、打印纸等常用的消耗品也要到总务处统一领取。G学院的S院长谈到院系改进的期望时，也提到应该给予院系一定的财务支配权，有利于院系的良性运转。可见，经济利益代替学术权威，合同义务代替自主发展，民办高校内部的企业化运作机制，使学院行政权力有限，学术权力不强，院系场域对学校场域的权力影响力较小。

2. 社会场域权力与院系场域权力的互动

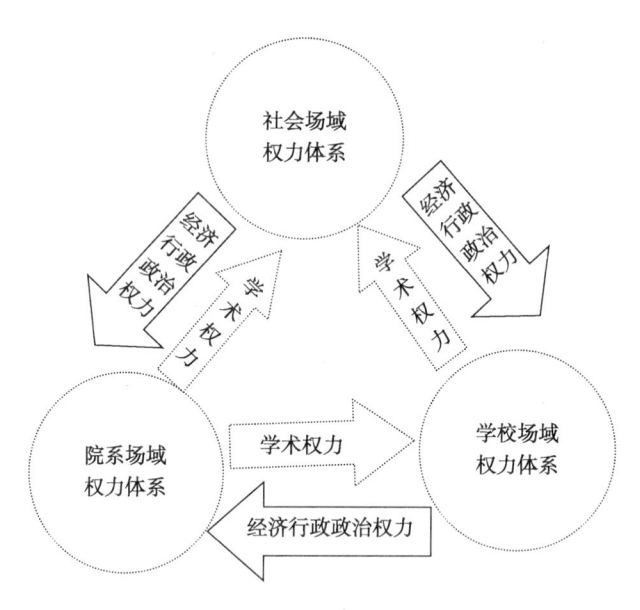

注：三个场域权力体系互动结构图，箭头的粗细代表着影响力的大小，虚线箭头代表着一方对对方影响力的淡化和消解。

图 3-10 市场主导模式下三大场域权力互动结构

第一，政府与院系场域权力的互动。由于民办高校不是由政府出资兴办，这就决定了民办学校受政府的制约较少，更为独立。但是由于受政治体制和教育管理体制等因素的影响,在政策上又一定程度地依赖政府。理论上来说,政府作为民办高校的服务者,应重在加强对民办高校的规划、认证、评估等层面的宏观调控,不应越位直接干预民办高校的具体办学行为。但在现实中并非如此,政府直接行使所有者的职能,简单复制公立大学的管理模式来管理民办高校,导致政府角色的越位。[1] 从整体上看,政府主要通过颁布各种政策法规对民办高校进行行政监督和管理,如包括准入的行政许可、学校的组织运行与教学活动管理、学校财产财务管理等方面。同时国家也颁布了一系列法规保障民办高校的办学自主权,包括在人事制度、工资制度、教育教学、课程设置和资金使用等方面的自主权。[2] 政府的这种政策性影响基本是以间接的方式,化作微观因素,通过学校场域对院系产生影响。

第二,学生家长、企事业单位与院系场域权力的互动。学生的学费是民办高校办学经费的主要来源,因此,支付学生学费的家长可以利用经济权力的力量对学校和院系产生直接的影响,他们以利益诉求的方式直接反作用于学校和院系,对学校和院系而言是一种有力的制约力量。企事业单位的影响力主要体现在两个方面:其一,企事业单位可以通过经济资本投入等经济权力影响学校或院系;其二,企事业单位可以通过人力资源需求杠杆对院系产生影响。作为 G 学院合作伙伴的 H 企业一方面是学校的投资人,另一方面还为 G 学院的相关专业学生提供见习、实习以及就业的机会,协助 G 学院初步建立起校企一体、工学交替、订单式培养等育人模式。不论是 G 学院的领导还是 B 学校层面的领导对 H 企业都是非常小心翼翼,这就是因为 H 企业可以运用经济权力和人力资本权力来作用于学校场域和院系场域。

第三,社会团体等与院系场域权力的互动。打造民办高校的软实力(吸引力、影响力、文化力、制度力、公关力、组织力等)应成为民办高校可持续发展的有效途径。与社会团体(媒体、评估中介)的

---

[1] 王志:《民办高校内部运行机制研究》,硕士学位论文,浙江师范大学,2007 年。
[2] 张耀萍:《在自主与干预之间——我国民办高校与政府关系初探》,《教育与职业》2005 年第 34 期。

良性互动是宣传增强院校软实力的重要途径，民办高校以及各院系应和媒体建立良性有效的沟通机制，逐渐消除社会对民办院校的误解和歧视。应重视引进第三方的评估机构，发布学校发展的各项指标，增强数据的权威性和可信度。社会团体主要通过话语权与学校场域以及院系场域进行权力互动。

在社会场域权力与院系场域权力的互动中充分体现了市场的作用，体现了交易效率的核心价值理念。院系场域对社会场域的影响理应通过学术权力、人力资本权力等途径，但是在实际运行过程中，尤其在高校毕业生就业难的背景下，市场有很大的人才选择权，是市场拖着学校走，而不是学校引导市场走，因此院系场域对社会场域的影响力度也很小。

三 市场主导管理模式的运行机制

（一）决策

民办高校在办学资金、办学定位、生源渠道、专业设置、人才培养等方面均以市场需求为导向，具备市场化运作特征。[①]民办高校具有敏锐的市场反应和应变能力，在其内部管理体制、融资方式及人员聘任等方面都有优于公办高校的灵活性，并在办学过程中拥有决策自主权。[②]虽然落实到学院层面，这种自主权是有限的，但院系决策的过程也充分体现市场的影响力量，基于市场，利用市场，满足市场。基于市场是指决策前中应关注市场的需求，准确预测院系未来发展的走向和具体策略；利用市场是指可以利用市场所固有的特点、方法和手段使决策获得院系成员的心理认同；满足市场是指决策产生的效果应尽量满足市场的需求，获得市场的正向回馈，使院系能够良性可持续发展。

就院系场域内部的决策过程来看，决策联盟是以院系长与学生事

---

① 刘尧：《我国民办高等教育的现状、问题与发展趋势》，《教育研究》2004年第9期。

② 甘金球、工芳：《试析民办高校复兴的必要性与可能性》，《当代教育论坛》2004年第11期。

务主管、教学事务主管为决策主体，以市场为核心价值观。院长负责制的管理体制，使得决策机制不存在行政冲突，学生管理系统和教学管理系统的决策性沟通也更加流畅。但与公办高校相比，影响学院决策的不是内部冲突，而是一只看不见的手——市场的力量。不论哪一个联盟在决策过程中都必须充分考虑和关注市场的需求。所以，说到底，这种管理模式的决策权最终掌握在市场手中。

B学校G学院的学生管理工作以严格著称，经常作为学校的典型为其他兄弟学院分享学生管理的经验。S院长强调这种半封闭式管理或者准军事化管理政策的出台充分考虑了受教学生的特点和家长的需求。他们认为民办高校的学生学习成绩、自律意识都差一些，对于没有养成良好的学习习惯的学生来说，这种管理模式肯定是利大于弊。虽然有一些学生不能接受、叫苦连天，但是这符合学生家长的需要，很多家长就是冲着他们这种严格的管理方式支付高昂的学费，不在于孩子学到多少知识，而是希望他们形成坚强的意志、对待困难的勇气和良好的心理素质等。S院长把这种严格管理叫做"因材施教"，可以说这个决策的过程充分考虑了市场的因素。同样的决策过程还出现在教学管理过程中，B学校的学生可以自由选择专业、教师、课程。G学院的学生X原来是学前教育专业，后来根据自己的兴趣爱好申请转到工程预算专业，虽然，两个专业跨越文理，但考虑到学生需求，学院采取了灵活的转专业政策，认为留住了学生也就留住了他们手中的资本，所以归根到底在决策过程中必须充分考虑市场的需求。

(二) 执行

不同于行政主导的院系管理模式，在市场主导的管理模式执行的过程中，市场的力量处处彰显。不论是在学校政策的执行中还是在院系政策的执行中，经济权力处于主导地位，行政权力、政治权力以及象征性权力处于从属地位。决策执行的成功与否取决于执行的结果是否得到市场积极的反馈和认同，如果执行不力，预期效果达不到，市场反应消极或否定，学校领导会采用经济、政治等权力施加压力，其中经济手段首当其冲。

G学院前任院长Y，之前是公办学校的退休行政人员，受行政主导管理模式思维的严重影响，在政策执行过程中全力以行政权力去推行新政。在学院专业建设课程设置过程中，完全照搬公办学校的教学方案，不考虑该学院生源状况和培养目标，受到师生权力场域的极力抵抗，达不到预期效果。市场反应消极，连续几年招生不理想，受到学校领导的批评并扣除了该学院部分教学考核津贴。新任院长S是该领域的学术权威，无论在执行学校的政策还是在推进学院决策的过程中，始终围绕市场，灵活多变地征询企事业单位对录用人才的质量标准，从就业的出口往回找，根据需求设置该专业的课程，对积极参与课程改革的教师给予课时补贴和奖励，充分调动各方面力量互动配合。在这样的执行理念操控下，达到决策的预期成果，用人单位反映良好，最近几年生源开始逐渐火爆，所办专业成为该学校的优势专业。三个场域的力量在市场的指引下进行了良性互动，政策执行自然有成效。

（三）协调

院系在决策执行过程中总会遇到各种各样的矛盾和纠纷，市场主导管理模式在运行过程中需要用市场的方法进行协调，才能促进模式的顺利运转，达到预期目标。

1. 协调目标

不同的利益相关者对院系有不同的利益诉求，这些诉求在很多时候并不是一致的，有时甚至针锋相对、截然相反。如果说行政主导管理模式协调的目标是维护组织的整体利益，那么市场主导管理模式协调的目标就是维护董事会和股东的利益。在前面的分析中得知，民办高校形成了以市场调节为核心的权力场域，那院系协调目标时就应该根据市场的原则，按照资本（金融资本和学术资本）占有的数量进行不同程度的关注，资本丰富的利益相关者的价值诉求就会优先得到满足和关注。相反，资本薄弱者的诉求有时得不到关注。

2. 协调内容

市场主导管理模式协调的内容与行政主导管理模式调节的内容大致相同，主要包括各利益主体的权力及其关系的维护。主要有如下几方面。

其一，市场与政府对院系发展的不同要求之间的协调。例如，民办高校资金来源于市场，学校目标和价值取向应该忠诚于市场，市场要求学校资源配置的优化，追逐利益的最大化，为董事会负责，这看似是理所当然的事情。但是，政府要求学校确保教育的公益性，经济上只能追求合理的回报，办学的方向、专业的设置、职称的评定等方面需要服从政府的政策要求。他们不同的价值取向和目标要求投射到院系层面，成为院系在执行过程中必须协调和解决的问题。其二，学校发展与院系发展不同诉求之间的协调。例如，B学校从整体全局出发，把H学院的X专业整合到D学院，以整合优化相关专业办学资源，维护学校整体利益；H学院从自身学院发展的利益出发，希望自己学院继续拥有这一专业。另外，一方面，学校层面希望牢牢掌握对学院的控制权，使之更好地为学校的发展服务；另一方面，学院则希望有一定的自主权（人事权、财务权等），实现合理有序协调发展。其三，学院管理层与师生之间的不同利益诉求的协调。例如，学院对学生的严格要求与学生个性自主发展之间的协调，学院对学生的控制与学生拥有的反控制权力之间的协调，家长的价值诉求与院系整体利益之间的协调等等。

总之，政治权力、行政权力和学术权力对院系发挥着此起彼伏的影响力。应如何协调应对他们之间的不平衡，仍是该模式在协调过程中需要面对的难题。

3. 协调方法

在行政主导管理模式的分析中我们提到两种协调的方法，一种是以行政命令、规章制度为主的硬性协调方法，另一种是以协商、谈判、交流为主的软性协调方法。在市场主导的管理模式下，硬性协调方法起一定作用，比如各种规章制度的遵守、各种奖励惩罚办法的推行等，但是更多的时候起最终决定作用、化解危机和矛盾的还是软性协调方法。比如G学院在推行准军事化管理的过程中，很多学生表示反对和不满，甚至发出再不改变管理方式就组团退学的信号，想对院系进行反控制。G学院的院长、学生管理干事和辅导员在遇到这一棘手问题时没有继续强制性推行这一政策，而是和学生不断地进行沟通、协调，走进学生的生活，进行情感的交流，晓之以理，动之以情。这种政策慢慢地得到了大多数同学的理解和支持，他们逐渐认可这种严格的管理方式。

（四）控制

控制在市场主导管理模式的运行过程中处于非常重要的位置，事关决策的方向、执行的力度和效度，不同管理理念下的权力控制会给院系管理带来不同的实效。市场主导管理模式的院系控制场域与其他模式相同，也有三个：由管理人员通过工作事务构成管理场域、学生事务场域和教学科研事务场域。控制方式上主要有上级对下级的行政控制关系以及下级对上级的反控制关系。

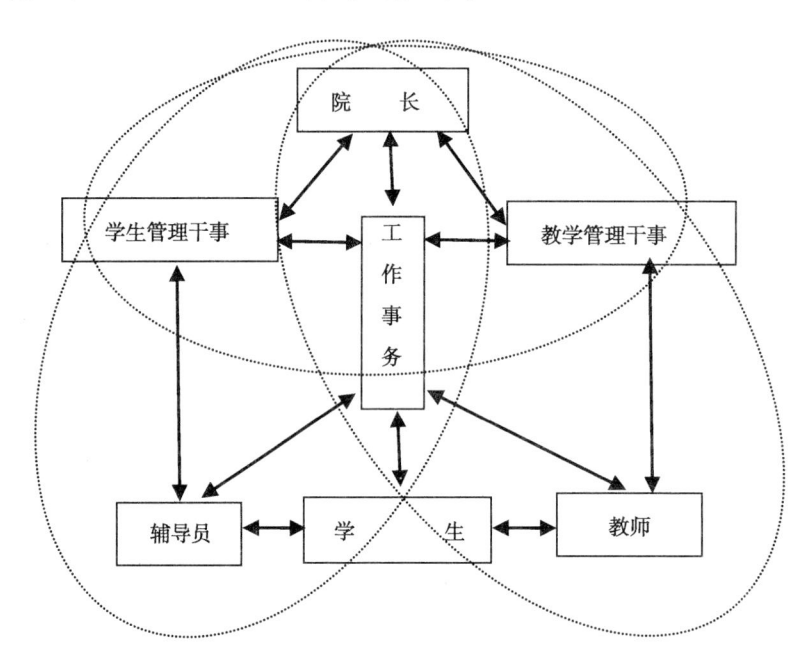

图3-11 市场主导模式下三大场域控制关系

如上图所示，在第一个院系控制区域内，院长与学生、教学管理干事之间因为工作事务联系在一起。表面上看，院长对他们的控制是行政权、政治权所占的比重大，实质上起决定作用的是隐藏在行政背后的市场。我们可以这样来分析，院长在学校董事会的压力下向下推行学校的决策，这本身就是市场以行政为载体进行辐射。另外，院长虽然没有人事权与财务权，但是有对下级进行考核、向上级建议奖励和惩罚的权力，下级为了自己的切身利益而配合，有时是屈从上级的所谓的行政压力，但本质上是市场的力量的推动。同样的道理，下级也有董事会赋予对上级进行考评和监督的权力，他们的意见对上级的切身利益同样重要。这种反控制权的背后仍然是市场的作用。

在第二个控制区域内，院长、学生管理干事、辅导员以及学生构成以学生管理事务为主的区域，上级对下级的控制是第一个区域基础上的往下延伸。要强调的是学生的反控制权力，这在行政主导的管理模式中是很弱的，可以说基本消解，但是在市场主导的管理模式中却凸显出来，成为其显著特征，这在前面的分析中有过案例的剖析和论证。学生不仅仅是受教育者，还是学院的资金来源渠道，是学院的核心利益相关者，所以他们的参与意识比公办学校的学生意愿强烈，对辅导员、学院领导的反控制权也因此表现出来，这归根到底还是市场机制在发挥作用。

在第三个控制区域，即院长、教学管理干事、教师以及学生构成的教学科研事务区域，在很大程度上也是第一个区域中教学事务控制权力的延伸和下移。我们在这里主要强调两点：一是院长、教学干事与教师之间的控制关系；二是学生对这个区域其他权力主体的反控制权。第一点，前面论述过民办高校教师来源主要有三类，对第一类退休返聘人员以及第二类"挖墙脚"得来的学术权威，院长对他们的行政控制权在很大程度上显得软弱无力，控制方式主要以经济手段为主。但是，对第三类的年轻教师而言，行政控制力量比较明显，而他们的学术反控制权基本消解。第二点，在这个区域内，最下级的主体应该是学生，院长、教学干事以及教师对学生的教学管理一定程度上是行政控制权的表现，但是说到底是他们与学校签订的聘任合同的权力和义务的表现，主要的内在动力是市场的竞争机制。在这一区域学生依然有强烈的反控制权，这种反控制权的依据与第二区域完全一致。总之，市场对学院的要求与学生的诉求并不是总是一致的，很多时候是对立的，这两种控制与反控制的力量在矛盾中需要不断协调。

四 市场主导管理模式遭遇的现实困境

(一) 市场主导院系管理模式价值信念面临的现实困境

交易效率的价值信念引导院系管理者在组织教学活动中要遵循市场规律，但在实际运转过程中存在诸多的困境。

第一，以交易效率为核心价值理念的市场管理模式，要求院系应追求办学效益的最大化，这种先天的"趋利"取向与高等教育的准公共产品属性相矛盾。因为民办高校的资金来源决定了它们会本能地趋向于以市场为导向，面向社会和市场开展办学，尽可能地让社会满意和经受得住市场的考验。但是，实际活动过程中，政府通过政策法律等手段规定民办高校必须保证教育的公益性，这两者之间的矛盾投射到院系管理过程中，成为院系管理的一大难题。

第二，院系管理中追求全局利益的最大化与不损害院系主体利益之间的矛盾。院系场域存在多个利益相关者，如管理者、教师、学生以及家长、社会团体、用人单位等，它们各有利益诉求。但由于市场机制内在的趋利、盲目和自发性等弊端，会引发无序竞争、不规范办学行为等，进而影响院系主体利益。例如，有些办学条件较差、实力较弱的院系为了能继续生存下去，出现虚假招生等诸多不规范的办学行为，损害学生利益。

第三，市场机制培养人才的功利化与大学应有的学术追求之间的矛盾。正是对高深知识的追求使得大学得以形成并与职业培训机构相分离。[①] 但是民办高校院系在办学活动中过多依附市场，专业设置、课程设置的发言权完全交给了市场，教师的学术权威被消解，与大学的学术探究的本质相去甚远。

第四，市场机制内在的集权管理与院系办学自主权缺失的矛盾。民办高校虽然是董事会领导下的校长负责制，但很多学校是学校投资者、办学者和管理者三者角色相互重合，行政权力与市场力量相互交织，缺乏办学章程和分权机制，管理中存在权力越位和错位现象，处

---

① 王志:《民办高校内部运行机制研究》，硕士学位论文，浙江师范大学，2007 年。

于管理下游的院系缺乏财务权、人事权以及学术自由权等办学自主权,影响学院发展的积极性和创造性。

(二) 市场主导管理模式下权力系统面临的现实困境

1. 市场机制的灵活性导致院系管理权力系统的不稳定性

市场机制调控下的聘任制的灵活性,导致院系内部权力场域中主体的不稳定性,进而导致院系管理权力系统的不稳定性。G学院几年的时间换了三任院长,教师来源的多元化导致教师队伍的不稳定性,这些导致院系管理过程中各种主体之间出现权力盲区,组织产生动荡,经济、政治、行政以及象征性权力不能发挥应有的调控力量,院系发展前景堪忧。

2. 过于依赖经济权力的运用,学术失去应有的尊严

通过前面的分析我们得知,市场主导的管理模式运转的最根本的权力方式是经济权力,决策、执行过程中的行政权力只是市场经济权力的载体,这种市场的竞争和功利容易使课堂和科研失去其学术属性,成为迎合市场、追逐经济利益的工具,课堂失去神圣,学术失去尊严。

3. 市场反馈的功利性与即时性影响院系可持续发展

市场主导的管理模式唯市场需求马首是瞻,过度在意市场的评价和反映。但是市场缺乏自律性,市场的需求和反映是即时性和功利性的,它反馈的信息容易制约院系可持续发展的方向。G学院三年前根据市场需求新上了热门专业商贸英语,但是三年后市场需求饱和,热门成为冷门,学生就业困难,导致院系声誉受损,招生困难,制约院系持续发展。

(三) 市场主导的管理模式运行机制面临的现实困境

1. 以市场为导向的决策过程容易背离教育的应有之义

市场主导院系管理模式决策以经济利益为纽带和工具,决策过程过于关注经济权力的运用,忽视其他权力尤其是学术权力和象征性权力的作用。在这种导向下的院系决策结果注重培养人的经济性和工具性,忽视教育人文性的本质属性。G学院在一段时间内根据企业的要求培养具有操作技能的学生,在课程设置上,人文素养类的课程为技

能类课程让路，学生掌握了技能，但又产生品德不良、自律能力差等问题，最终这个学院的学生还是不受企业欢迎。其实，这就是工具性教育的失败。

2. 以经济权力为主导力量的执行效果大打折扣

市场主导模式下，在学校和学院政策的执行中，经济权力处于主导地位，行政权力、政治权力以及象征性权力处于从属地位。但对于知识分子群体来说，学术权力、象征性权力甚至情感因素往往会使执行效果事半功倍。例如，对教师主体来说，管理层在推进政策的执行过程中应该更加关注他们的个人专业发展、角色内涵提升等方面，否则会出现出工不出力的状况，影响执行的效果。

3. 软性调节方法过度运用影响执行进展和力度

市场主导下的管理模式在面对矛盾和纠纷时，往往更倾向于采用以协商、谈判、交流为主的软性协调方法，这在一定程度上可以关注其他利益相关者的价值诉求，符合市场运行"以顾客为上帝"的内在要求。但是，过度运用会使管理者丧失行政权威、学术权威，影响他们的象征性权力的建构，影响决策执行的进展和力度。另外，基于市场原则的协调方式一般会倾向于资本分量相对重的利益相关者，忽视对弱势群体的扶持，容易失去公平正义，失去弱势群体的支持。例如，G学院在与企业合作项目的推行过程中，在是选择青年教师还是学术权威去参与的问题上，更倾向于选择学术权威，这种"马太效应"使得青年教师的发展越受到限制。

4. 反控制权的过度运用导致院系工作面临瘫痪

下级对上级有力的反控制权是市场主导下的院系管理模式运行过程中的一大特色，这在一定程度上可以使上层管理者关注下级利益相关者的诉求，符合教育的民主与公平理念。但是，市场对院系发展的整体要求与学生个体对院系的诉求很多时候是对立的，如果这种反控制权运用过度，就会使院系工作无法顺利进行，甚至面临瘫痪。如学生为了表达对院系出台的宿舍管理规定的不满，罢课抗议，影响院系工作的开展，如果处理不果断、沟通不及时，会使得院系工作面临瘫痪状态，甚至影响院系在学校乃至社会的声誉。

本章小结

本章的研究内容从理论切入现实，对我国大学院系现有主要管理模式中的权力互动机制及其现实困境进行深入调研和分析。

该部分以场域理论为基本分析工具，以权力配置与运行机理为基本线索，将目前学院治理模式概括为三种类型，即行政主导管理模式、市场主导管理模式和学术主导管理模式。其中行政主导模式为我国大部分大学学院的主流管理模式，反映了我国大学根深蒂固的行政化色彩；学术主导模式体现了大学学术本位的回归，往往以改革者的身份出现，但目前还不占主流；市场主导性模式体现了学院对市场与社会需求的回应，机制独特灵活。本章将具有主流性的行政主导模式作为分析的重点。

为了更真实地呈现学院管理模式的运行实况，本章运用了田野观察法、问卷调查法和深度访谈法，对这三种模式的权力互动机制进行深度观察和解读，并充分吸纳罗伯特·伯恩鲍姆在《大学运行模式——大学组织与领导的控制系统》一书中的分析方式，着眼于组织信念和组织系统运转等方面，从价值信念、系统结构和运行机制三个分析维度进行分析，关注不同利益主体在不同模式之下特有的权力互动方式，在教学、科研和社会服务工作领域中发现其中存在的现实困境。在调研的基础上，每种模式选取一个学院，共筛选了三个有代表性的学院作为研究个案进行解剖，生成一幅幅具有鲜活意义的院系权力互动实景图。

通过对三种管理模式的分析，发现三种模式的价值取向（即权力取向、学术取向和市场取向）、系统结构（即院系场域、学校场域、社会场域）、运行机制（即决策、执行、协调、控制）各有特色，各成体系，分别代表了当前院系发展的三个合理性方向。但每一种模式又都有自身固有的缺点和不足，遭遇着来自于现实的种种困境。如行政主导模式的权力控制，有利于提高效率和管理效能，但其行政化管理又形成对学术权力的干预，使院系的学术特性无法彰显；学术主导模式充分彰显了院系的学术权力，代表了院系治理改革的未来方向，但目前运行机制不健全，制约体系不完备，管理效率较低下；市场主导模式运行机制灵活，权力配置精简高效，紧密结合社会需求，但其市场原则和功利意识，易于背离高校办学的学术旨归，不利于可持续发展。由此可见，行政主动模式虽然是当前院系管理的常见主流模式，但却是要改革的对象；学术主导模式目前刚刚起步，不占主流，却代表未来学院发展的主流方向；市场主导模式在公立高校的学院管理中几乎不存在，但对公立高校面向社会办学提供有益借鉴。

显然，未来的学院治理改革要集三种模式之优势，克服三种模式之弊端，打破行政主导，克服功利意识，彰显学术权力，回归学术本位，进行各种权力的合理配置，构建科学的决策、执行、控制和协调机制。因此对这些模式的剖析和困境的反思，将对院系治理改革提供现实基础。

第四章

国外大学学院治理经验与国内试点学院改革

学院制最早诞生于中世纪的欧洲，随着大学的诞生而形成，随着大学的发展而完善。学院制的源头在西方，国外大学学院（系）治理的相关经验及教训对我国大学院系治理研究具有一定的借鉴意义。此外，教育部于2011年启动的17所试点学院的改革，经过三年探索也初见成效，积累了丰富的经验。虽然试点学院的体制机制改革的目的，是探索高等教育大众化背景下的创新型精英型人才培养模式，但这些经验也值得大学一般院系借鉴。

第一节 国外大学学院治理经验与借鉴

本书之所以选择对英、美、德、法、日五国的大学学院治理结构进行梳理，是因为英国大学反映了统治阶级的诉求并得到别具特色的改造和发展，美国大学则充分丰富并发展出了"社会服务"这一重要职能，德国大学被赋予为学术而学术、重视科学研究的新内涵，法国大学是现代意义上的高等教育机构的起源地，日本大学则是近代积极进行法人化改革的代表，在中国大学制度形成和发展中曾充当重要的中西交流的媒介。[①] 在现代大学制度形成和发展的道路上，这些国家的大学引领着不同时代的潮流，扮演着重要的角色，在国际上具有重

---

① 胡娟：《西方大学制度的几种主要模式及其启示——从权力结构的角度分析》，《中国人民大学教育学刊》2011年第3期。

要影响,因而成为不同时期高等教育发展的典范。这样的历史给予这几个国家在世界高等教育中特别的影响力和代表性,也因此使得这几个国家的大学制度总是成为学者们研究的重点。对这些国家大学内部治理结构的研究将对我国大学学院治理研究产生积极的辐射意义。

一 英国大学内部治理的经验与启示

(一) 英国大学治理结构的变迁及启示

1. 英国大学内部治理结构的变迁

根据英国大学发展的历史,可以将英国大学大致划分成为五种类型,即以牛津大学和剑桥大学为代表的中世纪古典大学、19世纪中叶以后的城市大学、20世纪以后以伦敦大学为代表的联合大学、20世纪60年代后以华威大学为代表的联合大学以及1992年以后根据英国《1992年继续教育和高等教育法》而升格的大学。[1] 牛津大学和剑桥大学具有悠久的自治传统。[2] 由于特殊的历史条件和环境,早期他们仅仅是师生的非正式集合的场所,并没有形成正规而系统的内外部治理结构。直到13世纪末,经过持久的斗争,牛津大学的教师获得了选举校长的权利。14世纪初,剑桥大学获得了教皇的特许状,现代意义上的大学法人才正式诞生,大学才真正成为自我管理的主体。1570年,英国颁布办学令《伊丽莎白法令》,明确规定大学评议会和教职员大会是大学的最高权力机构。[3] 两所大学的特殊的治理结构体现了其古老的独立学院制度。当时牛津大学和剑桥大学均是依据大学章程而建立起来的由系、学院和学术人员组成的松散联合的学术共同体。

19世纪中叶,伴随着经济的发展,一批新兴的城市大学纷纷建立起来,他们以市场为驱动,改变了英国大学的传统的封闭状态,大学治理结构中外部治理力量开始参与,形成了以董事会、校务委员会和

---

[1] 甘永涛:《英国大学治理结构的演变》,《高等教育研究》2007年第9期。

[2] 熊庆年、代林利:《大学治理结构的历史演进与文化差异》,《高教探索》2006年第1期。

[3] Rowl and Eustace, "British Higher Education and the State", *European Journal of Education*, Vol. 17, No. 3, 1982.

评议会组成的治理机构。校外人士在治理机构中的作用日益加强,但同时也追求市场和大学的均衡。

20世纪初,以伦敦大学成立为标志,英国产生了一批联合大学,从本质上讲,它们形式分散,是由众多学院和研究所组成的联合体。治理机构由大学理事会、评议会和校务委员会组成。

20世纪60年代,新公共管理运动在英国兴起,管理主义思想影响到高等教育领域,大学内部治理结构也受到影响,日益形成了多元化的治理主体,共同治理模式出现。1992年3月,英国议会通过了《1992年继续教育和高等教育法》,标志着英国高等教育从精英教育走向大众化教育体系。大学成为了一个利益相关者组织,大学内部治理结构由原来的董事会、评议会和校务委员会构成的"三会制"变成了由董事会和学术委员会构成的"两会制"。

英国治理结构模式的变迁反映了特定历史阶段的社会需求,反映了政治集团自身的需求以及大学自身的发展逻辑。通过对英国大学内部治理结构变迁历史的考察不难发现,不同历史时期,人们对大学的认识不同,大学所面临的社会环境不同,其内部治理结构也在不断发生变化。

第一,"牛桥"模式强调学者自治。牛津大学和剑桥大学的学院属于大学,但却不归大学管理,学院有自己的领导机构和章程,许多学院本身就是仿照自己的章程而建立起来的。第二,"城市大学"模式则更强调学者主导,在此种治理模式中,董事会在形式上成为大学的最高权力机构,校外人士的作用也不断加强,但在实际运行过程中,仍然遵循着"学者主导"的原则,评议会仍是学术管理的权威。第三,"联合大学"模式强调双重领导下的"联邦制",第一重为校务委员会和理事会,第二重则是由校长和教授组成的评议会。对于非学术性事务,校外人士的影响越来越大,学术性事务则依然坚持自治。此外,"新大学"治理模式则充分体现了共同治理的思想。"92后大学"模式强调"两会制",则表明大学日益成为一个利益相关者共同参与管理的组织,行政事务管理和学术事务管理成为大学的主要管理内容。

2. 英国大学内部治理结构的特点与启示

第一,形成了校、学部和院系组成的三级内部治理架构。第一级是校级领导机构，包括校董事会、校务委员会和学术委员会。其中校董事会为最高权力机构。第二级是学部，学部的决策机构是部务委员会，通常包括全体教授、系主任（非教授），有时也包括全体副教授和高级讲师。最低一级的层次是系，一个系就是一门学科，一门学科的权力通常被授予一名讲座教授，而这名教授一般担任系主任。在一个系里，系主任教授享有真正的最高权力。当然，也有些系由非教授人员担任系主任。由于教授比例低，英国的教授无论在学术生活还是社会生活上都享有尊崇的地位。

第二，构建起权力主体多元化的内部权力结构。英国大学内部管理民主化、法治化程度比较高，大学章程在大学治理中有着非常重要的地位，包括牛津大学、剑桥大学、伦敦大学等在内的老牌大学依然沿袭传统的治理模式，大学教授享有比较高的地位和治校权力，但19世纪末出现的大学主要由民间机构或富商创立，校外人士得以控制学校董事会、校务委员会和理事会，从而主导大学的行政管理。目前，校外人士与校内学术人员共同治理学校，已成为大多数英国现代大学的治理模式。

第三，英国大学学院治理结构的民主化趋势在增长。随着非教授教师群体的发展和治校民主化趋势的增强，英国大学学院治理结构中民主化的趋势也在增长。如英国的大学教师协会，其会员中非教授教师所占比例拥有绝对优势。

（二）英国大学学院制发展模式及启示

1. 英国大学学院制模式概述

英国是世界上高等教育发展比较早的国家之一，也是学院制形成比较早的国家。英国的学院制经历了初创期、形成期、确立期及创新期四大阶段。

13—15世纪是英国学院制的初创时期。当时有许多学生来牛津城求学，租住在市民的房屋或客栈里，这类房屋被称为"寄宿舍"或学堂。"寄宿舍"是一个松散的组织，大学任命舍长对宿舍的学生进行集中管理，以避免与当地市民发生冲突。由于学生家境贫富不均，很多才华横溢的贫困学生都是在捐赠人的资助下完成学业的。他们为贫困生提供基本的食宿条件,这种愿望成为创建学院的主要动机。总之,早期的学院就是指生活在同一居所,共同遵守自己制定的规则,分享共同的捐赠且不受大学干预的一个个学者群体。

16世纪是英国学院制的形成时期。这一时期,英国女王伊丽莎白一世先后两次巡视牛津大学,为学院制的形成奠定了基础。1565年,她颁布了《伊丽莎白法令》,为牛津大学的师生规定了必读书目、辩论方式及获得学位的条件等。同年,牛津大学也制定相关制度,规定大学所有成员由院长管辖,学生则归教师管理。1571年,伊丽莎白颁布《伊丽莎白章程》,正式赋予了牛津大学法人地位,这标志着英国大学从一个松散的组织开始向由多个学院组成的学院制联盟过渡。

17—19世纪是学院制大学的确立和改革时期。1636年,英国劳德大主教担任校长期间颁布《劳德规约》,这实际上是为牛津大学制定的一部校规。它的颁布,将以往约定俗成的校规最终以法令的形式确立下来,明确学院院长掌握大学的主导权,这实际上标志着牛津大学作为一所学院制大学的形成。

进入20世纪后,牛津大学学院制进入创新发展期。为了适应时代发展和社会的进步的需要,牛津大学学院制进行了不断地改革和创新,但无论怎样改革,都将学院看作是一个独立的自治组织,充分体现了学院在英国大学中的地位。

梳理英国大学学院制的发展历程,我们会发现,学院制是英国大学的传统和特色,英国约90%的大学都设有学院,即使有的没有学院,也会有类似的组织机构存在。按照学院的性质和功能,英国大学的学院可以划分为四大类型:"牛桥"模式、爱丁堡模式、伦敦模式和东安吉利亚模式。[①]

(1)牛桥模式

"牛桥模式"是以世界上最著名的牛津大学和剑桥大学为代表。牛津大学目前分设40个独立学院。学校的内部治理结构主要包括学

---

① 邓岚、吴琼秀:《英国综合性大学的学院制模式分析》,《湖北大学学报》(哲学社会科学版)1996年第5期。

术委员会和大学理事会。英国大学的学院与我国作为二级组织行政体系的"学院"存在比较大的差异。他们是相对独立的实体,经济上独立,学院内设校务委员会。① 大学的绝大部分教学和管理工作均由各学院的校务委员会负责,大学只负责课业安排、主持学位考试和授予学位等工作。剑桥大学目前拥有31个学院,同牛津大学一样,大学统一为各学院开设课程,各学院具体对其教学和管理工作负责。

牛津大学和剑桥大学还有一个共性,即教学实体是以学科方向为依据划分的系,牛津大学下设17个系,剑桥大学目前则设有25个系。

(2) 伦敦大学模式

伦敦大学模式的确立是缘于对英国传统的牛津大学和剑桥大学的教学传统不满。1836年,伦敦大学通过合并伦敦大学学院、国王学院和伯克贝克学院而成,起初只是一个进行学位考试的机构,经过几十年改造之后,最终成为一个教学单位。② 目前下设18个自主管理的学院和9个专门的研究所。③ 虽然各学院的传统、学科设置和管理方法等都不尽相同,但各学院均实行自主管理,是一个相对独立的管理实体,学院均以院或院内的各系作为其教学的实体,大学只是为学生学位的颁发及学位考试提供保障。

(3) 爱丁堡大学模式

此种模式以爱丁堡大学为代表,它是以专业类型来进行院系划分的。学校院系包括三个学院21个学系,即人文科学和社会科学学院,包括艺术、文化和环境、神学、法律、文学等专业;医学和兽医学院,包括生物医学科学、临床科学和群落健康、分子和临床医学等专业;自然科学和工程学院,主要包括生物学科学、化学、地球科学、工程学和电子学等专业。爱丁堡大学的最大特点是"院少系多",在三大学院之下以专业为方向设置若干系所,学院负责日常管理,系、

---

① http://www.ox.ac.uk.
② 邓岚、吴琼秀:《英国综合性大学的学院制模式分析》,《湖北大学学报》(哲学社会科学版) 1996年第5期。
③ http://www.london.ac.uk/aboutus.html.

所承担具体教学和研究工作。

（4）东安吉利亚模式

此模式主要是以东安吉利亚大学为代表的没有系的建制的现代大学。东安吉利亚大学由16个学院组成。除传统的人类学、自然科学、社会科学类的课程外，还开设了一些职业类课程，以培养学生掌握某些工作技能。学院按学科方向进行划分，学院就是教学与管理实体。

2. 英国大学学院制模式特点及启示

结合英国大学治理结构的发展变化和英国大学四种学院模式的比较，我们可有如下一些认识：

第一，学院制和导师制一样，是英国古典大学"学术自治"的重要途径。

第二，爱丁堡模式严格按照学科类型划分学院，教学实体为学院内的系、所，这既可反映学院划分标准的严谨，又可兼顾学科的多样性。虽然爱丁堡模式中的学院不具体负责教学和科研工作，但学校要求学院每年上报年度报告和工作计划，所以实际上，学院会对院内各系所的教学和科研工作非常关注，并进行及时调节，非常有利于提高大学的教学和科研质量。这种模式可以为我国一些规模较大的高校提供可借鉴的经验。国内部分高校探索的学部制改革体现了这种思路。

第三，中国的大学基本都具备系（所）建制，从英国的四种模式中我们可以选择性地吸取其成功经验。我国目前系的划分基本都是以学科方向为依据的，这启示我们：一方面，可以学习爱丁堡模式，按学科类型设置学院，再以系为单位进行类型的组合；另一方面，部分大学也可将条件成熟的系升格成为院，学习东安吉利亚模式，按学科方面设立学院，对各系下辖的专业进行整合重组。但对于某些新兴专业则不适宜用此种模式。

二 美国大学内部治理的经验与启示

（一）美国大学治理结构的发展与变迁

与英国和欧洲其他国家相比，美国大学具有特殊的发展背景。美国大学的最初形式来源于英国的牛津大学和剑桥大学，具有浓厚的宗教色彩，但在后来的发展过程中表现出与欧洲大学不同的特征。我们可以从美国高等教育发展历程中梳理出美国大学演进过程及不同阶段的发展特点，主要包括殖民地时期、美国建国初期、南北战争之后以及第二次世界大战之后。

1. 殖民地时期美国大学的治理结构

早期美国的高等教育受英国的影响巨大，可以说就是对英国高等教育的移植。因此，美国殖民地时期的殖民地学院就是仿效和移植英国大学的办学模式，结合美国当时的社会实际而建立起来的。大学治理结构方面的显著特点表现为教会和地方政府合作，共同领导和管理。以哈佛学院为例，1650年，马萨诸塞议会为哈佛学院颁发了新特许状，并为哈佛学院创设新董事会，即哈佛校长与评议员（President and Fellow of Harvard）[1]。这样，加之哈佛学院在创办初期组建了"校监委员会"，哈佛学院实际上有两个管理委员会，形成了"双董事会制度"。

校监委员会由地方政府和牧师组成，董事会由学校的管理人员和教员组成，由于委员会内部的矛盾导致这样的治理结构并未能达到理想的效果。殖民地时期美国殖民地学院的控制权大多由校外人士掌握，但由于其无时间管理掌握学院各项繁杂的事务，所以，选出校长为代表来管理学校的日常事务，这些校长集多种角色于一身，成为殖民地学院唯一的行政官员，这也是美国大学行政首脑制度的由来。[2] 殖民地学院时期教师数量不多，因此，没有形成足够强大的教师共同体。所以，在当时，尽管教师自己在殖民地学院中获得更多地参与权力，但事实上却基本上不享有决策的权力。

2. 建国初期美国大学的治理结构

美国建国初期，其高等教育领域内公、私立大学的纷争达到一个高潮，特别是在达特茅斯学院案判决的影响下，殖民地时期创建的学

---

[1] 欧阳光华：《董事、校长与教授：美国大学治理结构研究》，高等教育出版社2011年版，第56页。

[2] 朱浩、陈娟：《从美国大学治理的历史演进看我国大学的"去行政化"改革》，《湖北大学学报》（哲学社会科学版）2012年第6期。

院不再接受当地州政府的干预和控制,走向私立性质,失去了地方政府的财政支持,其治理结构也相应发生了变化。这主要表现在,第一,董事会成员发生变化。殖民地时期创建的学院总体上都以宗教人士为主,但独立战争后,大学的财政出现困难,使得董事会成员由殖民地时期占主导的宗教人士让位于有实力的工商业者。第二,独立战争之后,校长的权力相对弱化,以弗吉利亚大学为代表的一些新大学甚至在数年间没有设立校长职位,全部学校事务均由教授委员会负责管理。相比,教师的参与决策权有所增加,美国大学的治理结构日渐增加了教师的参与,构成了董事会、校长和教师三维治理结构。因此"从美国独立到南北战争期间,高等学校的决策权一定程度上呈现由管理委员会、校长向教师转移的趋势"[1]。

3. 南北战争之后美国大学的治理结构

南北战争之后,一大批研究型大学开始崛起,并日益成为美国高等教育的主导模式,这种情形再次对美国大学的治理结构产生了重要影响。表现在:

第一,大学董事会中不断出现工商业者和校友。这是因为,南北战争之后,美国社会财富大多集中到了工商业者手中,校友会出现并能够为大学发展提供重要资源。因此,在大学面临财政压力时,大学开始向工商业者和校友寻求办学资源。第二,校长的权力日益增大。1910年后,美国大学逐渐建立起校长为代表的大学行政系统,受莫里斯·库克(Morris Cooke)思想的影响,校长的职能开始分化,副校长职位开始出现,实际上将校长从繁重的行政事务工作中解脱出来。第三,以工商业者和校友为主的董事会成员缺乏对高深专业知识的储备。因此,大学的学术治理权日渐让位于大学教授,成立了学术评议会,成为美国大学治理的一个重要传统并一直延续至今。综上,南北战争之后,美国大学治理结构实现了从二维结构向三维结构的转变,即以董事会、校长和教授为主。

4. 第二次世界大战之后美国大学的治理结构

第二次世界大战之后,美国颁布了一系列法案,美国联邦政府成

---

[1] 陈学飞:《美国高等教育发展史》,四川大学出版社1989年版,第51页。

为美国高等教育最大的资助者,在美国大学发展和决策中扮演着越来越重要的角色,再次引起大学治理结构的变革。第一,学校董事会越来越成为一个财政资源提供者。第二,大学校长权力制衡制度基本形成,校长一方面要对大学董事会负责,接受董事会的质询和任免;另一方面,教学和学术的事务必须遵从大学评议委员会的决策——很明显,第二次世界大战后美国大学校长的权力明显削弱。第三,大学教授权力得到显著提升,1966年,美国教授协会、教育理事会以及大学与学院董事会协会联合颁布《关于学院与大学治理的联合声明》,第一次明确阐述和正式授予大学教师参与学术治理的权力。

(二) 美国大学内部治理结构要素分析

从美国大学发展的历程中我们可以发现,美国高等教育管理体制的显著特点就是高度分权。特别是美国独立战争后,资产阶级"联邦"形式的政治制度和1789年实施的宪法为美国地方分权型的高等教育管理体制打下了坚实的政治和法律基础,形成了以各州统筹管理为主的高等教育管理体制。联邦政府对高等教育的管理主要是通过制定国家教育发展目标与战略这种间接方式实现,可见,美国大学自治程度非常高。

1. 大学层面

美国大学自治制度中的基本结构是"法人—董事会制度"。在美国,无论是哪一类高校,其组织系统的顶端都是董事会。董事会的权限在于批准建校的"特许状"或议会法案。公立高校的董事会成员通常由州长或议会任命,也有些州由公民投票选举。私立院校董事会的成员一般由学校创办者或其代理人组成,也有部分校董由校友选举产生。在私立院校,董事会有完全独立的最高的办学权力。[1] 董事会决定学校的发展方向,任命大学的校长和重要职员,制定大学的发展规划、财政预算及重要规章制度。董事会一般下设若干委员会,具体执行董事会安排的任务。校长是美国大学的最高行政负责人,向董事会

---

[1] 陈学飞:《美国高等学校的内部管理系统及其特征》,《高等教育研究》1991年第2期。

负责,管理学校的各项具体事务。除董事会外,美国大学还设有学术评议会,它是负责学术管理的专门机构,主要由教授、副教授组成(按学院或学科分配名额),也包括少数管理人员和学生代表。评议会主要对大学课程计划的制订,本科生和研究生的录取标准和学位标准的确定以及教师与科研人员的聘任与晋升的相关政策等方面具有决策权。[①]

2. 学院层面

美国大学的内部组织结构也基本上是大学、学院和系所(代表基层教学科研组织)三级结构。学院作为大学的二级组织单位,通常包括一个文理学院和数个专门学院。作为基础的文理学院,兼顾本科生教育和研究生教育,一般各配备一个院长分头负责。在美国大多数大学,教师可以既教本科生又教研究生,因而同属于这两个院长的管辖范围之内。在学院之下还通常设有几个学术共同体机构,如学院教授会、本科生院教授会、研究生院教授会,这些机构不定期开会,讨论和审议各委员会和学院院长的工作报告,并以集体投票的方法进行决策。[②] 这实际上是一种典型的二元结构,教授团体一般更多对教学和学术工作发表意见,对学院的人事工作没有什么发言权。各系自己决定教学人员的雇用、晋升和解雇等,但是高级行政官员和教授委员会则由学校行政机构任命。

美国大学组织中的最低一级单位是系。系是一个社团性组织,也是最基层的行政单位,即由某一学科领域的学者组成的教学科研单位。系在教师的选聘和晋升、教学计划的制定和执行、科研项目的申请与实施等方面具有重要的发言权。

在大学的组织等级中,尽管院长不属于学校的高层行政团队,但院长是学院的首度行政官员,是学院的首脑,院长也是学院重要的组成部分。在大学治理权力重心日益下移的今天,大学里的学院院长承担了越来越重要的责任。此外,每个学院还设有代表教师和学生群体利益的专

---

① 张德祥:《高等学校的学术权力与行政权力》,南京师范大学出版社2002年版,第106页。

② 余承海:《美国州立大学治理结构研究》,博士学位论文,南京大学,2011年。

业化组织,如由全体教师组成的教师会,由教师和学生代表组成的课程建设委员会、教学评估委员会以及学生会等。这些机构形成的意见有的是必须执行的正式决策,有的则是仅供学院参考的咨询性意见。

总的来说,美国大学的学院是学校的二级行政组织,它是由一系列平等的以系为形式的学院团体组成。从权力结构上讲,学院比学院下设的系的行政级别高,可以对系的事务进行全面干涉,阿波图·艾马尔曾经说过:尽管许多政策和实践要在大学层面解决,但事实上"大量决策是在大学的学院里作出的。学院层面的决策反映了每一个学院内部与次级学术主体和相关研究领域的特殊需求与关注。这些决策最终要得到教务长与或校长的同意,但常常是不加审核地认可"。①

美国大学的学院一级主要侧重于教学、科研和学生工作的管理。教学和研究工作主要是在系里,或者是在研究所和跨学科专业这类组织中进行。在这些基层学术组织中,学院控制仍然占主要地位,但是它也时刻面对着来自学校行政权力层面的挑战。约翰·范德格拉夫(John H. Van de Graaff)发现:"大学系统的这些基层结构基础深厚、牢固,顽强地抵制外部强加的变革。政治团体一般来说无法渗透到这些级别的机构中去……尽管学院和系一级均面临着上层行政结构的日益复杂化,但他们仍以各种形式的个人统治和社团统治为主。"②

3. 学系层面

罗纳德·艾亨伯格曾说:"在现代,一流的系界定了一流的大学,雄心勃勃的校长必须密切关注,以提升其大学的排名。"③ "学系"或"系"本质上是:在制度上表现为一个教学群体和一个科研群体缠结在一起的教学与科研的融合结构。④ 在美国,多数大学都拥有学系和

---

① 余承海:《美国州立大学治理结构研究》,博士学位论文,南京大学,2011年。
② [加]约翰·范德格拉夫等编著:《学术权力:七国高等教育管理体制》,王承绪等译,浙江教育出版社2001年版,第127—128页。
③ [美]伯顿·克拉克:《探究的场所——现代大学的科研和研究生教育》,王承绪译,浙江教育出版社2001年版,第290—292页。
④ Alberto Amaral, Glen A. Jones, and Berit Karseth (eds.), *Governing Higher Education: National Perspectives on Institutional Governance*, Nornell: Kluwer Academic Publishers, 2002, p. 265.

研究所，这些研究所和大学的学系之间存在多种关系。有些大学的研究所要向学院院长报告相关事宜，有的要向大学教务长报告相关事宜。有的研究所仅与某一个学系保持密切联系，而有的则与好几个学系保持密切联系，研究所的学术成员通常也会在某一个学系里任职。在美国，学系与研究所作为大学的最基层的学术单位，承担着实际的教学与研究工作，因此学系主任或研究所所长是学院内部治理结构的重要组成部分，承担着非常重要的行政责任，从处理日常学术决策、学院发展规划、经费预算到教师的雇用和工作量等问题，他们都全程参与。

作为大学的最低一级行政组织，学系具有多重性质。

第一，学系是一种社团组织。它是围绕着某一学科的共同利益而组织起来的学术共同体组织。学系的权力比较分散，首先要在正教授中分配，其次要在副教授和助理教授中分配。系主任不是一个个人化的职位，不是一个固定的职位，每三年会在高级人员之间轮换一次。在有些问题上，系主任必须同其他正教授或副教授商讨，在有些问题上还必须同全体教学人员进行商讨。

第二，学系是一种官僚组织。系主任作为学术管理体系中的最低一级，他需向一个或几个院长负责，并向一个或几个校级的官员（校长、学术副校长、教务长）负责。学系主任是一个处于上挤下压地位的中间人物。对上，他要向组织结构中的上级负责，对下，他要对具有同等地位或接近同等地位的同事负责，他需要按照院长、副院长、教务长等官员的旨意进行工作。但同时，系里的各种冲突和矛盾也会集中到系主任那里，因此，学系主任既负责教学工作，也负责行政工作，其职责权限存在一定的模糊性。

第三，学系是一种治理组织。一直以来，学系的治理是美国大学内部治理结构的基础。菲利普·阿特巴赫（Philip G. Altbach）这样说："保证了教师参与管理，避免某一个人在课程体系和学科体系中占统治地位。这种民主的决策机制，确保了系里的一般人员能够在系的事务决策中发挥作用，从而为学科的发展注入新思想……它使更多的人参与了系里的学术事务决策。系的民主管理体制对美国大学的其他管理机构,如学校董事会、教师评议会等,都产生了重要影响。与多数其他国家的大学管理体制相比,在允许不同职务的教师参与系务管理方面,美国大学系一级的管理体制显示出了不寻常的民主性。"[1]

美国大学中的系主要负责本科生和研究生的工作布置,不同类型大学对于系的认识不同,也决定了其面临的任务不同。一般的州立大学,系是学院也是大学的骨干,它是将学科专家和行政人员有效联合起来的一种形式,不仅搞科研,也兼顾教学。在研究型大学中,系则以教授科研、高级学生的训练和博士培养为主,研究型大学中的系对研究工作和研究生的培养会更感兴趣,更强调科研。在美国研究型大学中,系和研究所一起成为研究人员的工作场所,导师和徒弟围绕科研形成一种工作关系,教授的科研活动就是一种教学模式,学生的科研活动也是一种学习模式。

(三) 美国大学内部治理结构特点与启示

通过对美国大学学院制发展的脉络进行梳理,我们不难发现美国大学的内部治理结构具有如下特点:

第一,从模仿到逐渐形成独具特色的大学学院制。美国最早成立的哈佛大学是模仿剑桥大学而建立,耶鲁大学则是模仿爱丁堡大学而创建。然而,1862年《莫里尔法案》颁布后,美国大学学院制就发生了变化。在实用主义思想的影响下,美国大学的学院设置开始与科学研究和培养人才紧密结合,形成独具美国特色的学院制体系。目前美国大学的学院制实行以传统的综合性文理学院为主,专业学院为辅的组织结构。[2] 文理学院中的学院偏重学术发展,一般招本科生;专业学院则强调社会需求导向,一般招研究生。

第二,美国大学的学院制具有形式上的多样性。美国大学学院制还有一个特点就是一所学校可能同时存在大学、分校等组织机构,从而形成"大学—学院—学部—系""大学—分校—学院—学部—系"

---

[1] Philip G. Altbach, Patricia J. Gumport, and D. Bruce Johnstone (eds.), *In Defense of American Higher Education*, Baltimore: The Johns Hopkins University Press, 2001, p. 22.

[2] 严燕、耿华萍:《学院制在西方大学中的发展脉络及其共性研究》,《苏州大学学报》(哲学社会科学版) 2005年第5期。

"大学—学院—系"或者"大学—学院—学部"等多种组织形式。特别是学院制中的学部是一个涵盖多种学科的组织，如加州大学伯克利分校，共设三个法学院，五个医学院，14个其他学院。14个学院中最主要的是文理学院，它共由六个学部构成，以物理科学部为例，从名称上看是一级学科，但实际上却包括庞大的学科群，有利于学科的融合发展。

第三，美国大学学院制中的系与科研群体有机结合。系是美国大学学院中的一个教学架构，负责具体教学与管理工作，但学院内部的科研群体也包含在系内。[①] 科研群体的负责人同时也是教学团队的组成人员，教学群体和科研群体彼此融合，形成"科研—教学—学习"的联合体，既可传递有形知识，又可传递缄默知识。可见，学院中缺少任何一个群体应当说都是不完整的。

三 法国大学内部治理的经验与启示

（一）法国大学内部治理结构的发展

法国是世界大学的发源地之一，也是大学学院制的诞生地。法国高等教育形式灵活多样，包括全日制的综合性大学、"精英教育"型的高等专业学院、短期工程学院大学、高级技师学校等形式，其中以前两者为主体。综合大学主要承担基础科学研究，高等专业学院主要承担应用科学研究。综合大学学科分布广泛，学生规模大，约占全国学生总数的90%。

巴黎大学是法国历史上第一所学院制完备的综合性大学，最初它分设神学院、文学院、法学院、理学院和医学院，实行院校共管。巴黎大学成为法国传统大学学院模式的典型代表，一直延续了多年。在巴黎大学的学院制中，大学是若干学院的集合，大学的地位比较薄弱，学院真正具有自主权，组织教学、授予学位、遴选教师和任命教师，科学研究的组织都是由各学院来负责的。"大学只是学院的集合，

---

① 张世爱：《地方高校基层学术组织研究》，山东人民出版社2016年版，第123—124页。

实际权力在院长手里，系和其他组织形式并没有任何实际权力，不掌握任何经费，校长作为国家官员有象征性的代表权。"①

法国高等教育受拿破仑时期的中央集权教育形式影响颇深。法国大学在1968年以前属于国家公共行政性机构，1968年的《高等教育方向指导法》，明确规定"大学是有法人资格和财政自治权的公立科学文化性机构"，大学才被赋予独立法人的地位，大学可依据法律规定确定各自的章程、内部结构及其与其他单位的关系。在此法律的影响下，法国大学传统的"学院制"被"教学与研究单位"代替。1984年，法国《高等教育法》颁布，"教学与研究单位"又改为"教学及研究单位"。无论是何种称呼，都是对传统学院制的一种替代，是介于大学与系之间的一种新的管理模式。它集行政、管理和教学职权于一身，成为大学的新构成。2007年，法国颁布《综合大学自由与责任法》进一步强调了大学的独立法人地位和自治权。学院制重回法国各个大学，并得到新的发展，形成"校（部分大学包含分校）—学院（学系）—系"的运行模式。这样，法国高等教育就形成了中央集权和大学自治并存的特色。

（二）法国大学内部治理结构的特点与启示

总的来说，法国大学学院内部治理结构具有如下特点。

第一，形成了基层单位与学校管理相结合的两级内部治理架构。法国大学学院被"教学与研究单位"代替，一般由系、实验室和研究中心组成。"教学与研究单位"具体负责组织学生选课和安排本单位的教学计划，具体组织教学、考核和答辩，并负责对新生进行指导。②基层单位与学校管理相结合，形成了法国大学的两级内部治理架构。

第二，建立了以教授为主，学生与校外人员参与的大学内部权力结构。法国大学一般都设有校务委员会、科学审议会和教学与大学生活委员会三大机构。从其构成上讲，在校务委员会中，本校教学研究

---

① 邢克超：《大学发展的一个新阶段——法国高等教育管理十年改革简析》，《比较教育研究》2001年第7期。

② 张德祥：《高等学校的学术权力与行政权力》，南京师范大学出版社2002年版，第116页。

人员占40%—50%，职工代表占10%—15%，学生代表占20%—25%，校外人士约占20%—30%，校长是校务委员会的主席。在科学审议会（科学委员会）中，教学科研人员占60%—80%，研究生代表占7.5%—12.5%，校外机构或其他学校教学科研人员占10%—20%。在教学与大学生活委员会中，教学科研人员及学生代表占75%—86%，校内其他人员占10%—15%，校外有关人员占10%—15%。[①]从人员构成分析，由于教学科研人员在校务委员会的比例并没有占到绝对多数，所以在学校的总体战略规划和重大决策中，教学科研人员并不占优势；在科学审议会中，教学科研人员占最大比例；在教学与大学生活委员会中，教学科研人员与学生一起构成绝对优势。所以学校的权力主体主要还是教学科研人员和学生。

四 德国大学内部治理的经验和启示

（一）德国大学内部治理结构的发展与要素分析

1348年，德国境内出现了第一所大学，即布拉格大学。人文主义运动浪潮中，德国又先后诞生多所大学，其组织结构已经基本具备了现代大学的"雏形"，此时的德国大学模仿巴黎大学，设立神学院、法学院、医学院和哲学院，在内部治理方面受宗教影响很大。在15世纪中叶的欧洲文艺复兴和宗教改革的影响下，德国又相继兴起一批新教大学，但17世纪末哈雷大学的建立才真正标志着德国开始走向现代化。1807年，《蒂尔希特条约》的签订，使普鲁士失去哈雷大学，为补偿损失，威廉·洪堡奉命创办柏林大学。洪堡提出"研究与教学相统一"的原则，使柏林大学成为19世纪德国大学中十分活跃的科学研究和教育训练的中心。德国大学在其发展过程中渐渐形成自己独特的模式，表现出如下一些特征。第一，研究与教学相统一；第二，大学享有高度自治；第三，在系科结构中，采用"讲座制"，教授享有极大的权威。教授享有教学、研究和聘用私人讲师和助教的自

[①] 胡娟：《西方大学制度的几种主要模式及其启示——从权力结构的角度分析》，《中国人民大学教育学刊》2011年第3期。

主权，教授成为实验室、研究所的核心；第四，在教学过程中，实行导师制和研讨制。普遍采用"习明纳"的方式进行高深学问的研究，这对世界高等教育的发展产生了深远的影响。

德国大学的内部治理结构与德国大学的历史有着密切的关系。从上述梳理中，我们可以发现，与法国、英国及美国的大学不同，德国大学不是从松散的学生或教师行会发展而来，而是由政府有计划创建起来的。[1] 这决定了德国大学自诞生之日起就具有双重属性。一方面借鉴法国和意大利大学的经验，享有比较高的自主权和独立性，另一方面也受世俗政权的影响，受明确的政治目的的支配。[2] 德国大学的这种双重属性对大学内部治理结构产生了重大的影响，最终导致"双阶制"出现。[3] 也就是，一阶是指代表行使分散国家权力的州政府，它是大学的核心机构，承担大学工作任务和决策权力；另一阶为大学的非核心机构，即基层教学科研组织，包括各个委员会、研究所、科系以及教研室等，其中基层科研组织包括研究所、研究班等，它是德国大学中的"学术机构"，其规模和组织程度存在比较大的差异。

20世纪90年代，德国大学学术组织结构再次发生变革，即将原来的学部按学科发展的需要划分为规模较小的学系，同时，将原先隶属于学部的研究所独立出来，取得与学系同样的地位。这就形成了"大学—学系/研究所"的两级结构。[4]

科系是德国高校最核心的组成部分，是学校中央行政在各个不同领域的执行机构。大学评议会和主席团的决议，只有以各科系的行政组织为载体才能得到完整执行。德国大学的一个科系至少有20位以上的教授，内部也设置了科系理事会。科系理事会由7名教授、3名

---

[1] [加] 约翰·范德格拉夫等：《学术权力——七国高等教育管理体制比较》，王承绪等译，浙江教育出版社2001年版，第103页。

[2] 贺国庆：《德国和美国大学发达史》，人民教育出版社1998年版，第15页。

[3] 张帆、张蓓：《德国大学的内部管理结构及特点——以马堡菲利普斯大学为例》，《大学》（学术版）2010年第6期。

[4] 孔捷：《德国大学学术组织的演变与改革》，《南京理工大学学报》（社会科学版）2008年第5期。

学生、2名学术管理工作人员以及1名行政管理人员代表组成。[①]在职责上,科系理事会的职责可以和大学评议会的职责类比。在与科研教学密切相关的问题上,如课程的开设、教授职位候选人的补缺、教学与研究关系的协调等,科系理事会有着表决决定权,在与行政管理有关的问题上可以发表意见和提供建议。系主任是科系理事会的负责人。大学评议会参与科系理事会成员的选举工作。

系办公室是各个科系的领导组织部门,所有系理事会没有决定权的事务都是系办公室的职责。在行政管理上,系办公室确立与学校总体要求符合的工作目标,执行科系理事会的决议,在行政管理和人员聘用等问题上做出符合科系利益的决定。一个科系办公室包括1位主任,1位副主任,以及1位学生代表。系主任是从科系理事会在本系的教授中选出的,候选人提名必须经由校主席团的认可。选举产生的系主任可以提名系办公室的其他成员,再由系理事会选举产生,任期3年。系主任对本科系的科研和教学工作是否能顺利进行负有全部责任,系办公室负责传达和执行校主席团和大学评议会的决议。

根据黑森州高校法规定,各个科系下可以再设不同的研究所或教研室(institute),这是大学最基层的教学和科研组织。系办公室负责确定研究所或教研室的管理结构以及工作人员,但是在各个教学和科研组织中,教授拥有实际的领导权,也就是说,教授可以看作是系办公室在各个学术组织中的代表。对于科研教学领域内的各种问题,如组织中的人员分配、事业经费的安排等,特别是与教学科研紧密相连的问题,教授拥有绝对的决定权。[②]

(二)德国大学内部治理结构的特点与启示

德国大学内部二级组织治理结构的特点:

第一,形成了三级和两级并存的内部治理体系。目前德国大学的内部治理,有的采用三级结构,即"大学—学部—学系(研究所)",

[①] 张帆、张蓓:《德国大学的内部管理结构及特点——以马堡菲利普斯大学为例》,《大学》(学术版)2010年第6期。

[②] 同上。

有的则是两级结构，即"大学—学系/研究所"，这与德国大学发展的历史关系密切。

第二，坚持教授治校。在德国大学中，教授属于公务员身份，一般由政府直接任命，并直接从政府那里获得工资及研究经费，与大学、学部或学系没有什么财政上的依附关系，因而教授在教学、科研和教师聘任等方面具有重要的表决权。德国大学下设学院或学系，院系负责人一般要经过选举产生，其身份是学院或系的行政负责人，实行任期制。院务会和系务会一般由全体教授组成，负责学术事务的决策与管理；基层教学和科研组织是学术事务的具体执行机构，教授在其中也具有较强的支配地位。[①] 在德国大学中，大学的校长是法律意义上的权力核心，大学也有专门处理行政事务和学术事务的相关机构。但德国大学内部治理结构的双重属性，强化了州政府和教授的权力，这种模式直接导致大学和院系权力的萎缩。在德国大学内部的权力核心中，除了教授，基本上看不到学生、管理人员以及校外人员的身影。

第三，德国大学中的科系、研究所及教研室工作极具个性化特色。德国大学中的最低行政单位即为科系，大学制定的具体实施计划，最后都需通过他们具体执行。由于科系、研究所或教研室的具体工作的方案都是由教授负责的，因此，教授的行事风格就会对研究所和教研室产生很大的影响。同时，德国大学各个研究所和教研室的科研工作大都是自行决定，因此，教学和科研内容的确定和执行都必须符合系和研究所内部制定的目标，也决定了德国大学二级单位中的系、研究所的工作方式极具个性化特色。

五 日本大学内部治理的经验和启示

（一）日本大学内部治理结构的发展

日本现代高等教育发端于19世纪70年代的明治维新时期。1877

[①] 马陆亭、李晓红、刘伯权：《德国高等教育的制度特点》，《教育研究》2002年第10期。

年，日本模仿西方大学制度创建东京大学，这是日本第一所具有西方大学制度特征的综合性大学。东京大学初创时，大学内部并未设置校级和学部层面的审议机构。直至 1881 年，《东京大学事务章程的增补》颁布，东京大学才设置了咨询会，分为总会和部会，各自接受总长和学部长的咨询，并审议大学及学部的学科课程等专业方面的事情。这为后来日本国立大学评议会及学部教授会的形成奠定了基础。1886 年，森有礼担任文部大臣，将东京大学改为帝国大学，颁布了日本第一部综合性大学法律《帝国大学令》，将学部改为分科大学，国立大学内部治理结构基本形成。

日本高等教育是一种国立（公立）和私立系统并存的二元系统，日本的高校分为国立大学、公立大学和私立大学三种类型。与德国一样，早期的大学由政府主导设立，日本也因此建立起了中央集权的高等教育管理体制。

国立大学由文部省直接管理，公立大学由地方管理，私立大学虽具有独立法人资格，但在许多方面也要接受文部省的管理。文部省对高等教育的控制是直接的、全面的，既负责任命国立大学校长，制定大学教学组织、专业设置、教员资格、学生定员和教学设施等方面的标准，还负责编制国立大学年度经费预算，确定私立大学国库补助分配比例等。地方管理大学的机构是政府知事领导下的总务处或文书学士处。[①]

国立大学属于文部省的内部设置机构，教职员工都属于国家公务员，他们构成了一支庞大的国家公务员队伍。[②] 这种高度中央集权的管理体制使得日本的国立大学平均主义和官僚主义盛行，效率低下，缺乏活力，无法应对社会的变化和需求。进入 21 世纪，日本政府开始了国立大学法人化改革，这是日本高等教育自明治维新以来的"制度上的大变革"。这场变革使国立大学由文部省的直属机构转变为具有独立法人资格的办学实体，学校的教职员工也不再是公务员身份。政府开始大幅度地放宽有关预算、组织等方面的限制，将相关权力实

---

① 陈田初：《日本的高等教育管理》，《中国高等教育》1991 年第 10 期。
② 魏蕾、杜国宁：《21 世纪日本高等教育体制改革透视》，《现代日本经济》2005 年第 2 期。

质性地下放给大学,大学在资金使用、机构设置、人员评聘等重要内部事务上拥有了决定权。政府对国立大学的管理由直接控制转化为通过立法、拨款进行间接指导,并通过成立和支持第三方评议机构如"国立大学评价委员会"等来影响大学的发展。①

国立大学法人化改革前,以教授为主体的大学评议会是大学的最高权力机构,有决定学校一切重大事项的权力。② 改革后,日本政府在国立大学引进企业经营管理模式,建立董事会作为学校最高决策机构,实行自上而下的管理。董事会由校长及董事组成。校长作为国立大学的法人代表,由大学选举产生,并经文部省批准。董事由校长任命,监事由文部省科学大臣任命,董事中必须包含校外人士。校内设立了"经营协议会",由校长、校长指定的董事和相关职员构成,负责审议大学有关经营方面的重要事项,包括学校发展目标、年度计划、学校章程、学校预算与决算等。学校还设立"教育研究评议会",对教学和研究方面的重要事项进行审议。③

(二) 日本大学内部治理结构的特点与启示

总的来说,日本大学内部治理结构具有如下特点。

第一,构建了三级内部治理结构。日本大学在校级层面以下,下设学部和系(讲座),从而构建起三级内部治理结构。第一级是校级层面,主要有董事会、大学校长和经营协议会,在国立大学法人化之前,大学的董事会通常还有文部省的行政人员参加。第二级是学部,它是由若干系或讲座构成的联合体。学部通常配备学部主任和学部理事会对学部事务进行管理,集体决策。日本大学的学部是一个独立自主的教育和行政单位,有权制定自己的教育大纲。第三级则是日本大学最小的行政单位即系或讲座,一般大学都采用系的形式。

---

① 魏蕾、杜国宁:《21世纪日本高等教育体制改革透视》,《现代日本经济》2005年第2期。

② 张德祥:《高等学校的学术权力与行政权力》,南京师范大学出版社2002年版,第122页。

③ 魏蕾、杜国宁:《21世纪日本高等教育体制改革透视》,《现代日本经济》2005年第2期。

第二，形成了以教授为主体、校外人员参与的国立大学内部权力结构。教授广泛地参与评议会、董事会、经营协议会和教育研究评议会等决策机构，对学校的学术和行政事务的决策享有较高的发言权，处于权力体系的核心地位。国立大学法人化改革后，部分大学外部人员加入董事会，董事会成员构成发生变化，对原有大学内部单一的权力关系产生了重大影响。

六 总结与借鉴

大学作为一个治理组织，权力发生作用的方向无外乎两方面：一是与外部各相关因素之间的互动与结合，二是内部各种权力关系的协调与制衡。大学内部的权力关系，主要涉及大学组成的各类主体及其相互之间的关系、大学组织的层次结构及其治理方式，由于大学功能及其目标的复杂性，导致了大学各主体和层次结构之间交叉发生关系，权力关系呈网状。通过对五国大学二级组织内部治理结构的梳理，我们可有如下几点借鉴。

（一）西方大学决策权的主体走向多元化

随着历史时期的发展变化，无论是在大学层面还是在学院层面之下，具体的治理结构和权力关系都在不断发生变化。大学扮演着越来越重要的角色，也得到越来越多的社会力量的关注，政府、董事、教师、行政主管、学生、家长、校友和捐赠者、用人单位、社会团体、社区等，都成为不同层次的利益相关者，他们以不同的方式介入大学的管理，大学决策与管理的主体越来越趋向多元化。大学内部治理越来越成为大学利益相关者共同治理的过程。在各决策主体中强化了大学基层行政单位的决策权，提高基层学术单位治理结构的有效性。

（二）西方大学学院大多具有独立实体性

与中国二级行政单位的学院相比，西方大学的学院在其管理模式中一直是一个具有实体性的管理层。[①] 无论是英国的牛津大学、剑桥

[①] 严燕、耿华萍：《学院制在西方大学中的发展脉络及其共性研究》，《苏州大学学报》（哲学社会科学版）2005年第5期。

大学还是美国的哈佛大学，它们的学院都具有很强的独立性，特别是财政上与大学保持独立。一个学校要能够在市场中自主高效运行，必须依赖其整体稳定的自组织能力，学院作为大学系统重要组成的子系统必须要在大学宏观调控下具有自主运行能力，才可能真正激发其活力。[①] 也就是说，学院保持相对独立性是激发其活力的重要保障条件。与之相比，目前我国大学二级学院领导管理体制统一，模式僵化，学院的独立性和实体性相对较弱，有的学院甚至只是大学的执行机构。

（三）西方大学学院所包含的学科容量比较大

以英国爱丁堡大学为例，学校包括3个大的学院和22个学派。3个学院分别是人文科学和社会科学学院、医学和兽医学院和自然科学和工程学院。每个学院包含若干个学科或学派，其中，人文科学和社会科学学院就包括14个系，学院的学科容量是非常大的。学科容量大，非常有利于学科融合和新学科及交叉学科的发展，拓展学院未来发展空间。相比较而言，我国目前学院一般也是以学科方向来设立。有些学院包含的学科较少，不利于学科群的形成和学科整合；有些学院包含的学科也不少，但学科间的关联性不是很大，关联性大的学科却有可能分散地存在于不同的学院，这对于教学和科研的合作和拓展是不利的。因此，我们需适度拓宽学院的学科容量，提高学院学科的包容性。

（四）西方大学学院注重发展自己的学科特色优势

学院是大学的生命力之所在，也是大学特色的重要体现。西方大学的学院在继承传统的基础上，一直力争创新，积极发展自己的学科特色。这种特色是真正的优势，而不是人云亦云、一哄而上的热点追逐。如哈佛大学的政府学院、耶鲁大学的戏剧学院、康奈尔大学的旅游管理学院等。上述学院的特色学科一直是全世界该领域的权威，具有绝对的学科优势。而我国大学学院往往缺乏特色优势学科的支撑，重复建设、人云亦云的现象比较严重。

（五）教授会在大学治理结构中具有非常重要的地位

西方大学一直有教授治校的传统，尽管英、美等国后来为权衡大

---

① 史秋衡：《大学学院制的设置标准》，《有色金属高教研究》1995年第1期。

学各利益相关者，教授权力有所削减，校长权力有所增加。但教授一直是校级治理结构中的重要组成，在大学治理实践中发挥着非常重要的作用。如美国校、院、系三级结构中均设有教授会，教授负责学术事务，法国的教授在基层教学研究组织中具有重要的影响力。

（六）行政与学术事务分开

校长代表学校行使行政职权，二级组织的学院院长是本单位的行政首脑，有些学院院长也受过系统的学术训练，但在任职期间承担行政职责，非任职时则可在学系承担教学和研究工作。

在西方大学内部权力发展的梳理中，我们可以明显感受五国大学的权力结构具有不同的特点，如表4-1所示：

表4-1　　　　　五种大学制度的权力结构主要特点

	英国	美国	法国	德国	日本
高等教育管理体制	政府间接管理	高度分权、多样化	高度中央集权，走向放权	州政府控制，联邦政府参与的文化联邦主义	中央集权与社会参与并存，走向放权
大学法律地位	获得特许的独立法人实体	私法人、公法人或州政府的延伸机构	公立事业法人	公法团体、国家机构或设施	公立事业法人、私法人
内部领导机构	校长、评议会或董事会	董事会、校长、评议会	校长、校务委员会、科学审议会、教学与大学生委员会	校长、评议会、账务主管	校长、董事会、经营协议会、教育研究评议会
内部治理架构	校院系三级	校院系三级	校院两级	校院两级或校院系三级	校院两级或校院系三级
内部权力结构特点	权力主体多元化	行政力量逐步增强的校内外各种人群共同治理	教授为主体，学生与校外人员参与	教授治校	教授为主体，校外人员参与

资料来源：胡娟：《西方大学制度的几种主要模式及其启示——从权力结构的角度分析》，《中国人民大学教育学刊》2011年第3期。

因此我国大学需要重新配置学校各级组织的权力结构，使行政与学术权力合理定位，共同发展。第一，取消大学的行政级别。如果有行政级别的存在，大学与政府的行政隶属关系就存在，大学的独立性就受到影响，学院的实体性更无从谈起。第二，调整学校内部各层级的权力结构。大学层面的权力结构应涉及整个学校的发展规范和宏观的学术管理。学院层级权力结构应负责学科或学科群建设工作。学系则主要涉及具体的专业建设，行政事务由学院承担，具体的教学、科研工作是在学院指导下由系完成。[①]

第二节　国内试点学院改革的基本经验和问题

在对当前我国学院治理的模式进行类型划分和理论分析的基础上，对国家教育部17所试点学院（具体名单见附录）的改革实践进行了实地调查与访谈，并试图从中归纳、提炼他们的成功经验，客观理性地陈述存在的困境或问题，以期能够为下一步的深化改革提供指导与借鉴。

一　试点学院改革的基本经验分析

通过对部分试点学院的调查与访谈，发现他们在改革中存在一些共性，主要体现在以下几个方面。

（一）学院类型与运行方式各不相同，但改革的目标相对明确统一

在教育部选择的17所试点学院中，大多属于科研型院系，少数属于科研教学并重型。虽然这些院系的发展历史不同，专业类型不同，权力结构的复杂程度及权力运行方式不同，但总体而言，在改革的最终目标上趋于一致。因为作为科研型院系，它们大多拥有国内外一流的师资队伍，具有国家重点实验室，致力于培养各领域的拔尖创新人才，产出该领域具有影响力的研究成果。因此，在这样的学院场域里，虽然各种权力在面对不同的学院事务时也存在复杂的博弈，但最终权力的指向或权力运行的主要目标还是相对一致的。

例如B1大学的W学院拥有近百年的发展历程的"老牌学院"，当前师资力量雄厚，吸引和会聚了一大批国内外顶尖学者。学院组织

[①] 蒋小敏：《学院制改革：校院系学术权力的重新配置》，《新疆财经学院学报》2007年第3期。

结构健全，设有含院长1人、副院长5人、院长助理2人在内的院行政领导班子，含书记1人、副书记2人、党委委员8人在内的院党委领导班子，包括教学委员会、学术委员会、学位评定委员会、理科基地领导小组等11个院学术及管理机构，包括教代会常委会、行政办公室、工会等9个院行政机构，包括11个教学科研实体单位。学院总体发展目标是努力将学院建设成为在国内该领域起到骨干引领和带头示范作用、在国际上具有重要影响的人才培养和科学研究中心。从W学院的机构设置可以看出，这一学院的权力配置与运行是非常复杂的，但学院发展的最终目标相对明确，即着力引进和培养杰出的学科带头人和优秀的青年后备人才；继续探索和完善素质教育培养体系；进一步活跃学术研讨氛围；更大范围提升国际影响力；改善学院教学科研环境等。

而S1大学的Q学院，是一所有17年办学历史的特色鲜明的"年轻学院"，它坚持"强化全面基础引领多种培养模式"的办学方向，在两年基础教育阶段，构建数理基础、科学工具、人文学科和实践四大教学平台，对学生在知识结构上实施全面发展；在两年全面通识教育的基础上，实行完全自主选择专业、本硕连读联合培养和一对一因材施教等多种人才培养模式，大胆开展教学改革，培养创新人才。在Q学院中，主要领导岗位有直属党总支书记、常务副院长1人，副书记1人，副院长1人。除了基本的教辅人员之外，学院的教师队伍主要来自于全校各个学院推荐到此承担授课的教师构成，由此可见，在学院运行过程中，受学校层面的决策影响较小，学院内部权力关系相对简单，人与人之间的关系比较紧密，权力运行的主要目的是为了人才培养服务。由于学生将在两年通识教育之后被分流，任课教师也来自其他学院，因此，这一学院类似人才培养的中转站，并不实际拥有自己的学生和教师。这样一来，学院在人才培养之外的职能相对较少，也在一定程度上降低了学院权力结构的复杂性，使得学院的发展目标更为明确和统一。

还有S2大学的N学院是2010年成立的"新生学院"，是一所以精英化教育为特色的、高起点、国际化的新型学院。它的组织机构主要包括学院各委员会、学院职能小组、学院办公室、学院教研室、公共实验平台等5个组成部分，学院领导队伍中有党委书记1人，院长1人，名誉院长（外籍）1人，副院长6人。学院的培养目标非常明确，是国内第一家以专门培养某个专业人才为主要目标的学院，已经形成了从本科生、硕士研究生到博士研究生全系列的专业人才培养体系。这样的一所新型学院，从学校层面来讲，在治理改革中享有一定的特权。而学院内部的权力结构更趋于科学、灵活，权力关系比较明晰，权力运行比较规范。

总之，在对试点学院的调研中我们发现，这些学院不论发展历史长短，内部权力结构繁简，都致力于拔尖创新人才的培养，而这一目标离不开一流的师资和顶尖的科研水平。然而，这些基本条件的根本保障来自学术权力的有效实施，即在这些学院中，教授委员会、学术委员会等学术组织在学术发展领域的决策权都能得到保障，从而使学院对自身的发展拥有一定的自主权。因此，在学院内部，学术权力和象征权力较其他类型权力略占优势，或者说其他类型权力能够较好地协调、支撑学术权力的决策，学院内部各种权力相互博弈并形成比较一致的合力。

（二）学院原有权力结构与改革驱动力相互博弈，产生不同的治理模式和改革效果

在所有学院治理改革进程中，有一点我们是可以确定的，那就是学院治理改革的最初动力主要来自外力。最鲜明的是，为贯彻《教育部关于推进试点学院改革的指导意见》，各学校均以行政权力的形式号召或引导甚至迫使一些学院做出尝试与改变。但这种力量进入学院场域之后，对学院原有的权力结构产生了冲击。由于学院原有的管理模式不同，在响应和融入这种力量时的反应不同，从而对持续深化学院治理改革产生了重大影响。

例如B2大学的J学部，2009年以建设世界一流学科为战略目标，将原有学科相关单位加以整合，当前主要组织机构由各专门委员会、行政和分党委组成。从管理层次来看，J学部实现了扁平化管理，减少了原来从上到下的行政管理层级，而拓宽了管理幅度。但由于各相

关单位受原有的行政管理模式根深蒂固的影响，在整合的过程中并没有很好地融为一体，仅仅在形式上实现了物理组合，在一定程度上，反而削弱了原来各个单位在学校这一场域里获得资源的机会和权力，整合后的各种权力产生了相互抵抗和内耗的现象。因此，即使学院怀有改革的梦想，但在改革的进程中主要依靠来自学院的政治权力和行政权力的推进也收效甚微，难以获得学术权力的声援与协同，经济权力调动积极性的效果一般。此时，政治权力和行政权力附带的象征权力几乎消失殆尽，与学术权力一道的象征权力反而会形成自觉的改革阻力，因此，在这一学院内部，推进学院治理改革的力量主要是政治力量和行政力量，但结果并不尽如人意。

T大学的M学院，拥有近百年的发展历史，致力于培养面向未来国家建设需要、适应未来科技进步、德智体全面发展、具有国际视野和领导意识的拔尖创新人才，拥有包括书记1人、副书记3人的党委工作班子，包括院长1人、副院长4人的行政工作班子。虽然学院在发展历史中也深受原来行政管理模式的影响，但在不断的发展中，学院内部行政权力与学术权力已基本理顺，并相互配合，相得益彰。因此，在新的改革力量进入时，学院内部原有的权力结构能够较好地融合新的力量，并在此基础上深化改革，对学院继续探索科学的治理模式是一种强有力的促进，各种权力的此消彼长将在适当的博弈过程中自觉形成，而不至于产生内耗的现象。这时候，学术权力在深化改革的过程中将得到彰显，并取得行政权力、政治权力的有效配合。此时，由各种权力产生的象征权力更在无形中产生一种强大的推动力，共同推进改革的进程。

S2大学的N学院和H大学的Z学院都是大学根据各自的办学特色与发展优势，以培养拔尖创新人才为目标的新型学院。这些学院在成立之初即承载着学校先锋改革的使命，因此在学院内部权力结构布局设计时，就已经树立多元治理的理念，综合各方面的力量，形成了较为稳定、合理的权力结构。当新的改革驱动力到来时，基本不存在冲击，而是一种自然的、有力的推进，使原有的权力配置与权力运行更合理、更流畅。

（三）学院治理改革从以学生为核心的权力关系入手，逐步推进，综合联动

如前文所述，在传统的学院（尤其以行政主导管理模式为主的学院）内部院系场域权力互动结构中，相比党委书记与院长（系主任）之间的权力互动，教师与学生间的权力互动被大大消解，造成教师对学生的影响力非常有限，甚至不及党委书记、院长（系主任）与师生之间的权力互动关系紧密。也就是说，在以行政为主导的管理模式下，教师与学生间的权力关系相比是整个权力场域中最为薄弱的一个环节，而这正成为当前学院治理改革最主要的突破口之一。

例如 B1 大学的 W 学院，承担着本科生、硕士研究生和博士研究生三个层次的学生培养工作。由于硕士生和博士生的培养相比本科生本身即具有一定的灵活性，因此，在学院治理改革过程中，学院首先从本科生培养环节入手，进一步强化了学院在本科生培养方面的自主权：学生可依据个人的学习兴趣、爱好和特长自主选择学习模块；实现课程的层次化、模块化，将主要课程根据授课对象基础不同进行分类，并在学院内部实现了循环开课；学生在教师指导下实行完全学分制，大大扩宽了学生的学习选择机会。此外，近几年来，大力倡导优秀本科生参与科研工作，近两届学生中有60%以上的学生参与到不同层次的科研任务。学院为学生提供该领域适合的一些竞赛项目，鼓励学生自由组成小型的科研团队，进行科研创新，并展示优秀科研成果。这些人才培养模式的变革一方面促进了拔尖创新人才的培养。另一方面，学院也鼓励本科生以项目研究为导向进行自主学习，以期从普通师生群体中产出一部分高层次研究成果。这实际上体现了学院内部整个权力运行的方向。

总之，学院人才培养模式的改革进一步扩张了师生之间的权力关系，教学科研的凸显代表了学术权力的提升，改革所取得的成绩也诱使学院内部的政治权力、行政权力进一步为学术权力让出施展才艺的空间。此时，象征权力以一种巨大的推动力将学术权力的光环进一步放大，由此也带来了其他权力互动环节的变革。从2013年开始，W学院在人事制度方面进行了新的尝试，院系可以根据科研教学的需

要，聘请不固定的教授，要求其在协商的聘期内完成一定的科研任务，聘期考核通过之后可转入固定团队，否则也可解聘。这一方面为学院注入新的活力，另一方面，也迫使学院封闭式的教育打开门户，实现动态管理和可持续发展，而这恰恰表征了学院治理改革迈出了艰难的第一步。

B3大学的文科招生改革为学院制改革提供了借鉴。它从2010年开始成立"知行文科试验班"，宗旨是为国家培养一批具有大视野、高素质、跨学科的栋梁之材。2013年，这一实验班做出了新的改革尝试，具有如下几个方面的特色。第一，在志愿填报方面，打破过去严格的文科专业区分，并实行文理兼收，统一以"社会科学实验班"的名义招生。第二，入校后第一年统一以"社会科学实验班"的名义组织教学，由人文与社会科学高等研究院负责组织和管理，开设一年的通识课程和交叉学科基础课程，为学生的专业学习奠定宽厚的学科基础。第三，在专业选择方面，学生能够有效避免传统上对各个专业"知之不深，盲目填报"的不足。通过一年的通识课程和交叉学科基础课程的讲授，学生可以根据自己的基础和兴趣，在第一学年第二学期根据自己的兴趣任选文科各专业提供的课程套餐，在期末自主选择专业。第四，在专业决定方面，实行各学院与学生的双向选择机制。专业决定过程中将打破以往"学院挑学生"的单向招生模式，转而实施"既充分尊重考生对专业的自主选择，又恰当考虑学院对学生的基本要求"的双向选择机制。各文科学院在学生自主选择的基础上，根据学生的专业兴趣和前期的课程选择、学习成绩和综合表现，组织学生进行二次选择。双向选择后的学生将分别进入各文科专业学习。第五，在生活上，为配合"社会科学实验班"理念的全面贯彻，学生住宿将打破既往专业学院的局限，实现混宿，让学生能够在深刻了解专业方向的同时，在潜移默化中培养"大文科"的知识结构和思维方式。① 通过以上的分析可以看出，B3大学的招生改革首先打破了学院之间权力封闭、缺乏互动的境况，更主要的是各学院为了争取生源，

---

① http://www.ynpxrz.com/n572388c1357.aspx.

争相派出优秀师资到实验班授课，时常会邀请权威教授、专家为学生做报告，这势必要求学术权力及其象征权力首先要在竞争中胜出。因为在双向选择的条件下，各学院的政治权力、行政权力、经济权力等在诱导学生对学院的选择上可能无计可施，更主要依赖学术权力在学生心目中赢得优势，这就导致了学院内部的权力结构与权力运行发生自觉的改变。综上所述，可以看出，学院可以从人才培养模式改革、招生改革等权力关系比较薄弱的环节入手，逐步引导学院核心权力结构的变革。

（四）学院规模较小、权力结构的复杂程度相对较低的学院治理改革实效比较突出

如上所述，学院原有的权力结构与改革驱动力的融合程度不一样，也就出现了不同的改革实效。从试点学院的改革调研来看，呈现出一个显著特点，即学院规模较小、权力结构的复杂程度相对较低的学院改革实效比较突出，这也为现代大学开启院系治理改革的破冰之旅提供了指导与借鉴。S2大学的N学院是一所以精英化教育为特色的公办学院，学院现有学生619名，其中博士生50名、硕士生244名、本科生325名。现有教职工88名，同时，学院根据需要面向校内招聘了18位双聘教师，面向区域内科研机构和企业招聘了11位兼职教师，形成了一支以学院教师为主，双聘教师、兼职教师为辅的结构合理、层次分明、水平卓越的师资队伍。学院领导层面只有党委书记1人负责与学校党委系统联系，并把握学院的政治方向，其他事务均是在院长及副院长组成的8人团队的带领下，统筹规划发展。党委书记并不干涉学术事务的决策，而且协调院内外的各种力量辅助学院内学术决策的实现。学院内各项学术事务分别由教授委员会、教学委员会、学术委员会、学位评定分委员会等机构裁决，整个学院的权力结构相对简单，权力互动关系清晰明了，当学院治理改革的驱动力到达学院之后，对学院原有的权力结构冲击不大，甚至有些环节不谋而合，这使得改革的步伐在此学院稳步前行。

H大学的Z学院是一所具有鲜明中外合作办学特色的学院，学院领导班子有院长1人，直属党支部副书记兼副院长1人，副院长3人。从

学院的组织机构来看，仅设有学院办公室主任、教务员、研究生秘书和团委书记各1人，却拥有在校生近600名。在办学过程中，该学院全方位引进国外优质教育资源，引进知名教授、课程体系、教材资源等，采用中外合作双方共同管理、共同培养的运行模式，高度重视学生实践应用能力的培养。学院还加强与科研院所、行业企业联合培养人才，积极搭建国际化实验实践平台增强人才培养的适应性、针对性。学院的教师主要有三个部分组成，一是学院自身拥有的教职员工，二是合作国家或合作大学提供的教职人员，三是学院根据需要从国内聘请的相关教学人员。因此，对该学院而言，学校对学院发展的控制和领导职能较小，学院内部的权力运行相对简单，并且合作双方都从实质上对学院的发展拥有话语权。由此可以看出，这是一个组织机构相对松散的学院，各种权力关系在这样的组织架构下更显得疏松，没有传统的行政管理模式的禁锢，外加国外先进经验的引入，这样的学院在改革的过程中更易于大刀阔斧，开辟新径。因此，学院规模小、权力结构简单、权力关系相对松散可能是推进改革顺利进行的有利条件。

（五）学院治理改革中权力配置与权力运行突出学术，不拘一格，各具特色

在调研中发现，各试点学院在学院治理改革中均有可喜的成绩，但他们改革的路径以及打破原来的权力结构、重新构建的权力配置与运行轨迹并不是完全相同的。例如B3大学的N学院的院长认为，高等教育的改革或者试点学院的改革，实际上是围绕着土壤和环境来进行创新，简单来说主要有如下几点：一是良好的环境和土壤，即创造宽松又自由的学术气氛；二是优良的种子，即人才选拔从"分数选拔"到"兴趣+潜力"的转变；三是培养模式，从"桌餐"到"自助餐和下厨房"再到"制作菜谱"，体现弹性和个性；四是园丁的评价，建立从"人群"到"猴群"的分类评价体系，这往往是问题的核心。[1]他将推进改革要做的主要工作概括为四项内容和六个转变：

---

[1] 曹克楠：《实施试点学院改革，探索高等工程教育的中国模式》，《北航校报》2011年9月21日第825期第1版。

四项内容中，第一是创新，就是治理机制改革，扩大学院自主权，实行教授治学；第二是改革教师的聘任和评价制度，实行聘任制，探索年薪制，充分调动教师教学育人的积极性；第三就是改革人才选拔方式，完善自主招生制度；第四就是改革人才培养模式，尊重学生的主体地位，激发学生的主动性、积极性，促进学生个性发展。[1] 由此可以看出，学院要进一步扩大学院内学术权力的影响力，突出教学科研地位，真正发挥教授对学术事务的管理与决策作用，并通过一定的考核评价制度，才能推进上述设想的实现。而且，将学院工作的重心放到人才培养上来，这本身也是彰显学术权力，淡化政治权力、行政权力的制约，或者说在权力结构中将突出学术权力的中心地位，引导其他权力辅助学术权力实现最终目标。

S1 大学的 Q 学院则是由分管教学的副校长直接领导，学院在强化两年基础教学的基础上，实行"2+2"自主选择专业培养模式、"2+2"国外深造培养模式和"2+4"六年制本硕连读联合培养模式。因此，这一学院在改革过程中，学院权力场域与学校权力场域的互动基本没有障碍，而且学校权力场域对学院改革持支持态度，甚至开绿灯。学院内部的权力关系相对比较单一，因此，学院改革的重心自然落在人才培养环节上，而且权力之间的相互冲突并不明显，除学术权力之外，其他类型的权力本身在学院权力配置中就不占主要位置。学院内部主要依靠学术权力及其象征权力相互影响，在改革中并不明显存在权力之间的冲突，问题的中心在于探寻改革发展的新思路。而 B2 大学的 J 学部，则是建立在整合学科相关单位的基础上，探寻人才培养的新路径。由于原有的各相关单位在整合之前，都拥有各自相对完整的权力结构，因此，在整合之后，一是各相关单位之间的权力关系理顺需要一个过程，形成一个新的权力结构；二是新的权力结构在融合学院治理改革驱动力的过程中，也需要一个层层渗透的过程。因此，J 学部虽然推进了一系列改革措

---

[1] 曹克楠：《实施试点学院改革，探索高等工程教育的中国模式》，《北航校报》2011年9月21日第825期第1版。

施,但目前还没有从根本上扭转传统的学院管理模式下的权力运行方式。

(六)学院治理改革的路径不同,学院与学校、学院与社会之间的权力互动模式各有差异

如前所述,学院原有的管理模式大大影响了学院原有的权力结构与改革驱动力的融合方式和相融程度。学院治理改革即打破学院原有的权力结构,构建多方参与、共同治理的多元治理结构,因此,在改革的过程中,势必会形成新的权力结构和权力运行的新轨迹,此时,学院场域与学校场域、校外场域的互动关系也必然会随之发生变化。在调研中我们发现,学院治理改革的路径不同,学院场域与外部两个场域系统的互动关系也存在明显的差异。

S2大学的N学院是S2大学、当地某工业区政府和国外大学携手共建的一所高起点、国际化的新型学院,它是根据国家产业转型升级和当地工业园区大力发展某产业的需求,依托学校的相关科研院所、相关学科单位等雄厚的科研和师资基础而组建的国内第一家培养该专业人才的学院。目前,已经构建了教学、科研、产业"三位一体"的组织管理体系,为学院集聚科技、知识、人才、产业等多方面的资源搭建了有利的平台,形成了从本科生、硕士研究生至博士研究生全系列的人才培养体系。在前面我们提到,该学院在成立之初的改革设想与来自外界的改革驱动力相互融合的程度比较高,外界的动力更成为学院内部深化治理改革的推进力。如此一来,建立在学院原有的权力构建的基础上,学校在人事、财政等重要的集中决策方面已经为学院开了"绿灯",学院具有相对较大的自主权和较强的独立性,学院场域与学校场域的互动关系相对比较松散。而学院人才培养和人才输出的市场主要是满足当地工业园区产业发展对人才的需求和向国际市场输送高精尖专业人才,学院的人才培养、科学研究、学科发展与当地合作伙伴、国际合作学校及相关科研院所有着紧密的联系。他们一方面可以为产业发展和相关科研院所输送人才,另一方面也可以通过实训基地、科研项目等方式获得大量的技术和经济支持。由此可以看出,在S3大学N学院的场域互动中,学院场域与校外场域的互动关

系要远比与学校场域的互动关系紧密得多。在这种互动关系中，学校基本不从实质上干涉学院的具体事务，而校外人士，包括用人单位、合作科研单位、国际合作单位甚至教师和学生的发展诉求等力量可能在学院权力运行中发挥的作用更突出一些。

S1大学的Q学院，由于学生的走向主要是在两年基础学习之后分流进入各个学院，或者少量进入研究院或其他学校的科研单位，鼓励到其他学校或国外高校寻求继续学习的机会，但成功的人数并不是很多。虽然学校在人才培养方面给予学院一定的特殊待遇，但学院场域的权力运行还基本在学校的统领之下，学院场域还主要是与学校场域发生互动，与校外场域的互动关系并不是很紧密。即使是从入口到出口拥有自己固定的学生的其他学院，因为受到学院原有的行政管理模式的影响，学院也依然与学校存在着紧密的关系，相比与校外互动的关系要弱一些，诸如B2大学的J学部即是如此。

二　试点学院改革中遭遇的现实困境

（一）试点学院治理改革中权力下放还不够彻底

通过调查我们发现，尽管各试点学院在治理改革方面获得了学校层面不同程度的让步与"特权"，但对于学院整个权力结构的重构或优化来说，尤其是传统的以行政主导管理模式为主的"老牌"学院，这才仅是整个权力场域的冰山一角。从学院的外部治理结构来看，学校场域中的政治权力和行政权力对学院权力场域的影响还比较大，在实际操作中，学校存在放责不放权的现象，致使学院发展任务和工作范围比之前繁重和扩大，但学院自主权并没有得到相应的提升，学院在很多工作中还处于服从学校领导和工作安排的角色。尤其是财政、人事等方面大多学校一直沿用集中决策的形式，以此作为杠杆来有效配置资源，保证学校的整体发展目标。从学院的内部治理结构来看，实现从官本位到学术本位的转变需要一个适应和协调的过程，这一方面需要行政领导本身的管理理念、品质修养、学术成就等综合素质的提升，另一方面还需要教授群体的责任意识、奉献精神、团队协作甚至决策能力的全面进步。只有这样，行政权力与学术权力才能相得益彰，整个权力的运作才会目标明确，协同合作。

（二）试点学院治理改革中难以避免新的权力冲突与矛盾

试点学院治理改革本身就是权力系统的重新优化过程，在这一过程中，主要面临两大难题：一是对原有的权力结构的解构与重组，二是对理想的权力结构的构建与磨合。根据场域理论的主要观点，权力即代表着掌握一定的资本，而资本决定着参与者在场域内的地位，由此就可以影响参与者在场域内获得的利益。因此，学院治理改革不可避免地遭遇利益在相关利益者之间的重新分配问题。如果不能很好地协调这一问题，就难以实现学院的治理愿景。例如 B2 大学的 J 学部在整合学科各相关单位之后，在人才培养过程中以"大家、名师"为引领，以"优质课程"为依托，加强对学生学术素养、创新精神和实践能力的全面培养，而且推行了住宿生书院制改革等举措，致力于通过学科整合实现资源共享、做大做强。但在实践中，原来学科的各相关单位分别以独立的姿态参与学校场域的竞争，并获得发展的资源；而整合之后，新产生的学部代替原来的各单位参与学校的竞争，但竞争的结果并不一定大于原来各单位竞争结果的总和，这就造成了实际上各单位获得的资源可能在减少。因此，各单位对新生组织不满，为了在新生组织场域内部尽可能多地获得资源，各单位之间的竞争力、摩擦力无形中增大。这样一来，新生组织内部的权力结构没有摆脱行政主导管理模式的阴影，而且在权力运行过程中更多地是依靠政治权力和行政权力所具有的控制力和强制力，难以得到广大师生的认同，这将给下一步的深化改革带来巨大的阻力。

（三）试点学院治理改革从总体上还没有形成长效改革机制

当前，各个试点学院在治理改革的道路上都已经做出了新的尝试，并取得了或多或少的成绩。但从总体来看，改革的动机、改革的思路、改革的路径、改革的评价等各个环节还处于摸着石头过河、参差不齐的状态，改革的推进还受制于学校或社会一些不稳定因素的影响，从改革现状来看，还没有形成长效改革机制。例如 H 大学的 Z 学院是按照国际一流学院发展理念与模式、以服务两国战略协作伙伴关系为宗旨、以培养面向合作方的战略性拔尖创新人才为目标、中外联合建立的公办全日制学院。从学院人才培养目标的定位来看，该学院主要是服务于两国战略合作伙伴关系发展的需要，是学校在特色办学方面的一项创举，也是学校依托国家的政治需要和自身地理位置优势而开放办学的新举措，为当下的学院治理改革提供了一个鲜活的案例。但是，学院治理改革的不断深化还受制于各方面的影响，一是两国关系的稳固发展，二是学校层面的办学规划，三是两国联合培养人才的合作关系的维持。而其中任何一个条件的恶变，都有可能影响甚至决定这个学院的生死存亡，更不必说学院治理改革的持续推进。S1大学的Q学院是由学校分管教学的副校长亲自挂帅统领，从学院机构设置来看，目前只有学院办公室、教务办公室和学生工作办公室，从场域互动的关系来看，学院场域与学校场域的互动相对比较紧密。但在权力运行过程中，校长个人的行政权力及象征权力对学院权力运行发挥重要作用，学院其他权力的运行也愿意服从校长的行政权力，一是着眼于学院的进一步发展，二是可以借助校长的权力从学校场域中获取更多的资源，这些对学院的改革推进和持续发展都有着重要的影响。但目前的这些运行机制并没有以一定的方法、制度或政策固定下来，一旦学院主帅易主，或者学校领导的发展规划发生大的调整，学院的长足发展都有可能受到影响。正是缘于这些不稳定的因素，缘于学校场域对学院发展的取向不一致，目前学校层面至今没有出台有关学院深化治理改革的正式文件和决策，这也在一定程度上体现了学院治理改革要想取得实质性的进展。在突破自身的权力结构的基础上，还可能要撼动学校的权力结构，这更是改革面临的困难之一。以上种种，都表明了当前学院治理改革还缺乏长效治理机制，还没有开辟出能够坚定不移地走下去的路子。

除了以上试点院校之外，我国许多高校也纷纷自觉投入到试点学院改革浪潮中，进行了管理体制内各具特色的探索。由于这些学院数量众多，分布广泛，无法进行典型性的实地调研。通过QQ访谈、电话访谈、书面访谈以及文献分析等方法，了解试点院校之外院系治理改革的情况。改革的共性做法如下：

第一，深化校院两级管理体制改革，实现管理重心和权力下移，明确规定学院的责任与权利;第二,建立并完善学院党政联席会议制度,确立行政共同决策院系管理体制,探索学术权力主导下的集体决策机制;第三,强化"教授治学",彰显学术权力,发挥学院教授委员会、学术委员会等专业委员会的作用,探索建立新型学术组织;第四,坚持以二级教代会制度为核心的民主管理体制,完善二级教代会民主监督制度,重视学生的民主参与;第五,改革财务管理体制和人事管理制度,使院系成为具有相对独立财权和人事权的实体。

在现有组织体制与机制框架下,许多高校的院系治理不同程度地存在各种问题,如各院系还没有完全成为学科建设的载体,没有将学科建设作为自身的主要与首要任务;院系还难以成为国际合作的主体,难以独立开展国际合作与国际交流;院系还无法适应新专业、尤其是交叉专业发展的需要;院系组织还没有成为学校教育资源的组合与运用的实体,稀缺的教育资源难以得到充分合理地运用,人、财、物的匹配管理相对滞后;现行的院系组织结构与职能定位也难以适应当前高等教育综合改革的新形势和新要求,等等。这些问题产生的根本原因如下:

第一,学校与院系两级管理关系责权利不清晰,权力下放力度不够;第二,"教授治学"制度有待进一步落实;第三,民主参与权与监督权缺乏制度保障;第四,学校及院系中各种权力的博弈缺乏引领;第五,院系党政联席会议制度存在行政化倾向。

本章小结

本章对英国、美国、法国、德国、日本五国大学的内部治理结构特点和学院制发展的经验进行了梳理和总结,以期为我国大学院系治理改革提供比较和借鉴。同时,对2011年教育部启动的试点学院改革的状况、经验和困境进行了调研和分析,以期为当前院系治理改革提供经验与示范。

在现代大学制度形成和发展的道路上,英国、美国、法国、德国、日本等这些西方国家的大学扮演着重要的角色，引领着不同时代的潮流，对这些国家大学内部治理结构和学院发展模式的研究将对我国大学学院治理研究产生积极的借鉴意义。大学与学院作为一个治理组织，权力发生作用的方向不外乎两方面：一是与外部各相关因素之间的互动与张力，二是内部各种权力关系的协调与制衡。通过对五国大学二级组织内部治理结构的梳理，我们可有如下几点借鉴：第一，大学与学院决策权的主体走向多元化；第二，大学学院具有独立实体性；第三，大学学院所包含的学科容量比较大；第四，大学学院注重发展自己的学科优势特色；第五，教授会在大学治理结构中具有非常重要的地位；第六，行政与学术事务是分开的。由此看出，西方大学内部治理大多既实现了分权制衡，又体现了学术本位。

2011年教育部启动了试点学院改革，以学院体制改革为切入点全面探索大众化背景下精英人才培养的新模式，从而进一步为探索激发学院创新活力、创新人才培养机制起示范带头作用。当前这些试点学院改革取得的成绩、经验和问题也为本研究提供了直接的研究素材。在17所试点学院中，选取了部分代表性学院进行了实地调查与访谈，归纳提炼他们的成功经验，客观理性地分析存在的困境或问题，以期能够为院系治理改革提供指导与借鉴。当前试点学院获得各具特色、水平各异的改革成果，但总体来说还存在很多传统性和体制性的障碍，如权力下放不彻底，新的权力冲突凸显、长效改革机制不健全等问题。

受试点学院改革的影响，许多大学主动探索院系改革，思考二级办学模式下二级学院的权力配置和治理路径问题。本书通过访谈和文本分析等方法，对其做了部分粗浅的调研，这些改革与当前高校办学自主权的增强、内部治理结构改革及权力重心下移的总体背景一致，体现了学院的管理中心地位和实体性、主体性和自主性发展理念，力求实现校—院权力结构的合理配置和科学运行，旨在实现学院的学术本位特性的复归。

第五章

我国大学院系治理改革推进建议
——学术主导、分类驱动、综合改进

从现有院系管理模式的弊端来看，推动院系治理改革是非常有必要的。从现有院系改革的基本经验来看，不同类型的院系面临问题和改革路径也是不同的，受制于院系资本类型和构成模式差异，院系改革需要分类进行，实行分类驱动。当然，任何分类驱动都需要秉持治理的基本理念，多方利益相关者共同参与是改革的原则，因此，大学院系治理改革还必须遵循协同治理的理念。目前院系管理模式是社会各种因素相互错综影响的结果，改革已经进入深水区，综合改革是其必须选择的推进路径。鉴于上述研究结论，我国大学院系改革的基本思路就是形成"学术主导—分类治理—综合改进"的改革模式，如图5-1所示。

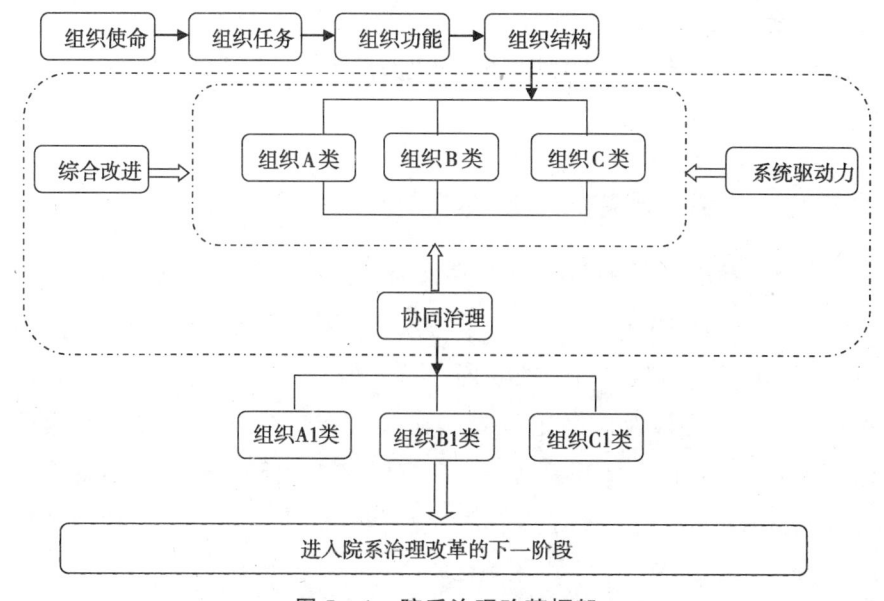

图5-1 院系治理改革框架

对于上述改革模式，需要注意以下几点：

第一，之所以定位于"分类治理"，是因为在调研中发现，虽然各类大学的院系治理改革都有着特殊的背景和机遇，但是，在这些偶然事件背后却隐藏着一些潜在的规律。经过综合分析发现，这些院系在改革的时候都存在着一个普遍现象，即来自各方的力量经过交错互动后，形成一股打破既定权力结构的驱动力。由于各类院系的权力格局不同，打破权力格局的力量来源和强度都是不同的，为此，需要确定"分类驱动"的改革定位，这是推进改革需要思考的首要问题之一。

第二，之所以将改革定位于"改进"，是基于改革激烈程度而言的，传统的"革命"和"变革"在一定程度上都蕴含着摈弃过往和革故鼎新的味道。但是，随着中国社会日益步入一个更为人性化、科学化的发展阶段，与以往的学校变革相比，学校已从变革的对象成为变革的主体，从政策的被动执行者成为创造型执行者。[1] 院系治理改革从其内在精神上讲，并非要否定过去，而是在传承的基础上努力实现与现代组织治理方式的对接，是一种改进的思维方式。

第一节 大学院系治理的学术主导机制

一 大学院系分类标准的学术性导向

当前对高校分类的研究比较多，而对院系分类的研究则非常少。至2014年6月10日，以"院系分类"和"学院分类"分别作为"篇名"和"主题"栏目的搜索词，只能搜到7篇相关文献，并且这些研究成果只是涉及院系定位发展，并没有对院系分类进行切实研究。看来，院系的分类还是一个新问题。但对本研究而言，随着大学权力重心下移，院系必然成为高校发展依托的实体，分类治理和特色

---

[1] 张爽：《重新认识学校 推动学校改进》，《中国教育学刊》2006年第8期。

发展已经成为不可回避的选择,因此,院系分类是必须要解决的关键问题之一。那么根据什么来进行分类呢?本书依据以下三个方面探寻院系分类标准。

(一)基层学术组织的学术本质

随着高校办学自主权的下放和内部治理结构的改革,二级办学的实现即在眼前。未来大学内部的基层学术组织将面临重组或改进,其权力组合和运转机制将呈现新的形态。原有的作为大学附属机构或执行单位的院系,将呈现出多姿多彩的发展模式,如绍兴文理学院推行的学科型组织,部分大学试行的跨学科的学部制改革,还有部分大学试行的人才培养特区"书院",等等。当然,改革既要基于现实,又要面向未来,更要回归本质。院系治理改革不可能用统一标和准统一模式去裁剪丰富的现实,也不可能以学术自治和改革之名而自行其是。院系治理需在纷繁芜杂的现实中,基于学术本质、为了学术本质和通过学术本质来衡量和推进各种改革。因此,学院的分类治理的依据必然离不开学院的基本学术职能:人才培养与科学研究。当然,作为基层学术组织的院系还承担着社会服务和文化传承的职能,但这两个职能来自于前两者的延伸,所以学科与专业是构成院系存在合理性的根本职能要素。

(二)高校本身的分类标准

高等教育大众化阶段,国内学者对涌现出的多种多样的高等教育机构进行了分类研究,分类维度因研究角度不同而多有不同,基本分类维度有资产所有权、收费调控权、管辖权、学位授予(一级、二级)、重点学科(三级)、科研成果和区域分布等。这些分类维度基本都是从管理权限的角度涉入其中的,对院系分类具有一定的借鉴价值。在此,笔者认为,虽然上述分类对推动形成分类评价具有一定程度的作用,但这些分类注重了单一因素而忽视了多因素组合;注重了静态分析而忽略了要素互动,它们忽视了分类中的关键因素——学术职能,以及围绕基本职能而进行的权力配置和互动机制。因此导致这些分类不能有效解释它们的形成机理,也无法预测它们在未来一段时间的发展变化,更不能抓住该系统的核心因素,不能实施行之有效又不偏离教育本质的改革措施。鉴于这些不足，我们认为需要借鉴高校分类中的职能划分标准，即以学科和专业、教学和科研、教师和学生等学术性要素为标准。

（三）作为院系核心要素的教师与学生

学院与大学一样，都是典型的利益相关者组织。从组织层次结构来看，教师和学生是其中的核心部分，即最内层场域的核心要素，其他要素都围绕着这一中心往外延展；院系内部管理者和各类团体构成了第二层场域结构；学校层面的管理部门和各种委员会在外层形成了第三层场域结构；政府、家庭、社会团体等在最外层形成了第四层场域结构。第三层和第四层场域虽然没有直接影响到第一层，但是都会通过各种渠道渗透进院系内部。因此，所有的权力配置和管理措施都以教师和学生作为着力点，并以改变两者之间的互动关系、实现两者发展作为根本目的和评价标准，这就意味着，大学的所有改革不能离开师生的参与，师生才是大学改革的"利益攸关方"。院系治理改革是否成功的关键点也在于能否使两者的互动关系满足社会时代发展之需，是否符合教育的本质；脱离了这一关键性要点，所有的改革都会流于形式，甚至伤害教育本身。针对教师和学生两大核心主体而言，离开了教学和科研两个核心职能，离开了学科和专业两大学术载体，其存在与发展也就无从谈起。可以说，教师与学生成就了教学与科研，教学与科研成就了教师与学生。

二 大学院系权力配置的内生性机理

在不同时期，各个高校院系承载的历史使命是不同的，完成的具体任务也因此不同，能否完成任务关键是看能否构建一个能履行该职责的内部权力结构系统。如此一来，就回应了上面的论述内容，即形成能承载不同使命的院系治理结构，分类治理模式由此形成。在上述院系治理改革模式图中，这种分类体系用A、B、C作为标记。鉴于上述论述，我们在此将院系分类的基本标准定位于"使命—功能—结构"的判定模式，以院系功能来构建治理结构，而非以固定的权力结构来框定院系功能。传统的学院分类模式往往以权力配置方式为依据，体现的是"结构—功能"的思路，显然，相对固定的权力结构模式往往不利于院系的改革与创新。院系承载的使命有多种，来自于社会不同层次、不同组织机构或者不同群体，然而，无论何种使命，其核心都无法脱离人才培养和科学研究，而该使命的核心归根到底是学生的综合发展。以学科发展定位和学生培养方式为基本参照标准，院系可以被分为以下三种类型：

第一，学科型院系——主要是指根据某一学科门类或一级学科设立的学院，学科门类比较单一，一般以基础文理学科为主；学科基础比较雄厚，学科整合力较强；该类院系的工作以科学研究为主，兼顾人才培养和教学工作；一般以培养研究生为主，兼顾本科生培养。目前该类型院系还承担了精英型、学术型人才培养的重任。

第二，综合型院系——主要指根据学科门类、学科群或学科交叉设置的学院，一般包含两个或两个以上的学科门类或学科的交叉，还有部分是学科层次的交叉。学科门类和学科层次的包容性较强。该类院系的工作体现为学科建设和专业发展并重，教学和科研并重，研究生和本科生的培养并重。此类院系才是我国大学院系的主流。

第三，专业型院系——主要是指以一级学科和二级学科，尤其是以二级学科为主设置的学院，学科层次较低，学科包容性不强，学院口径较窄；一般以应用性学科为主，突出专业特色和职业需求。此类院系一般以人才培养为主，兼顾科学研究；一般以培养本（专）科生为主，兼顾研究生培养；一般以培养应用型人才为主，学术性人才为辅。目前此类院系还承担了当前应用技术性大学转型的重任。

该分类具有以下意义：

其一，该分类标准以教师和学生发展为中心，以学科和专业为载体，然后融入学校、政府和社会等各层力量，体现了大学院系"以人为本"和"学术为本"的根本理念。它不但有利于为院系治理改革构建一个更为真实的运转环境，为院系改革展示出所面对的各种权力构架的依据，而且能使所有的院系治理改革紧紧围绕着高校院系存在的核心任务而展开，避免了因大量改革外力的渗入而遮蔽了院系为师生而存在的本质，使得院系的发展不因权力结构的动态变革而脱离其本质,即万变不离其宗。

其二,该分类标准以人才培养、科学研究、社会服务作为院系存在的基本支撑点,这不但回应了院系存在的根本职能,而且也体现了院系在国家社会发展中所承载的历史使命,同时也是对学生培养标准和教师工作生活方式的回应,体现了院系治理的学术主导方向,也就为院系内部治理结构构建了改革的基本标准。例如,学科型院系以高精尖科研项目作为主要依托,杰出精英型人才培养获得了得以生长的土壤,优秀科研人才在此得以会集,社会服务层次得以定位和提升,内部治理结构依据这种状态而被构建和完善起来。

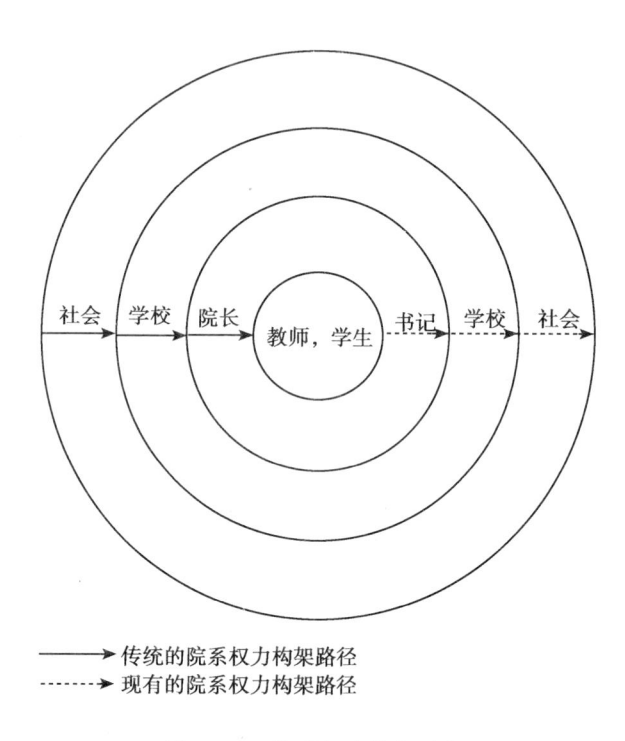

图 5-2 院系权力构架路径

其三,本书突破传统的权力配置的外塑性思维,寻求学院权力产生的内生性机理,突出了大学院系的学术性特征。学院的产生源于学科的发展,而学科的载体在于教师,学院的核心要素和落脚点是学生,因为没有学生就没有学校,更没有学院。因此基于学科发展和学生需求构建学院治理结构和运行模式,恰恰体现了大学的"学术性"

和"人本性"的本质特征,所以学院分类围绕着大学基本职能和基本属性两条主线来进行,将分类的基本标准定位于"使命—功能—结构"的判定模式,使院系权力的配置由"自外向内"转变为"自内而外"。也就是说,不是为了某种功能而外在地赋予某种结构,而是由于某种功能的需要自然衍生出某种相匹配的结构,在这个基础上进行权力场域的整体构建。如图5-2所示。

其四,该分类有利于明确不同类型院系从某一类向另外一类转化的基本要求,上述三类院系类型不是绝对的,而是存在着层次和链接关系,某一类院系也可以向其他类型转换。例如,2014年5月教育部提出600所高校转向应用技术型办学思路,实现应用性人才培养的转型,其中的院系也必然会面临着办学方向的抉择。虽然并非这些高校中的每一所院系都要转型,但大部分院系都会面临着由此而带来的挑战,上述分类标准可以为此提供方向性引导。

三 大学院系治理改革的学术性驱动力

如前所述,院系治理改革意味着根据院系的核心追求,打破既定的权力格局,构建与学院发展目标一致的治理结构,这就需要一种由权力之间相互博弈而形成的驱动力。这种驱动力既是院系治理改革的必需,又是五种权力(见第二章)相互博弈的结果。当前大学院系的管理结构是各种权力资本错综互动的结果,欲寻求打破既定权力格局的驱动力,就需要仔细分析院系内外场域的权力构成方式,然后,根据院系面临的实际环境,寻求打破之力。有什么样的驱动力,就会生成什么样的权力结构体系。

在此需要注意的是,院系治理改革的驱动力绝非一种,而是多种;改革驱动力的方向也并非总是一致,很多情况下,驱动力之间可能是相互矛盾的,例如不同权力主体受职位、思维方式、利益等因素的影响,对改革的切入点、推进方式持有不同意见,改革因此而陷入相互内耗的误区。在实际改革中,这种相互内耗的情况并非少见,受中国高校管理体制的影响,矛盾纷争往往此起彼伏。院系治理改革同时会受多种驱动力影响,难以真正形成有统摄力量的驱动力,来整合各种力量,并最终形成驱动组合力。虽然各种类型学院进行改革的驱动力不同,但是,驱动力产生的机理还是基本一致的,因此,大学院系治理改革分类驱动力的寻求与推进需要借助于院系内部驱动力的形成机理来分析,即以教师和学生为主体的学术性驱动力量来统摄其他权力。通过综合性的观察和文献梳理,在此总结出了院系治理改革驱动组合力生成的基本结构图。

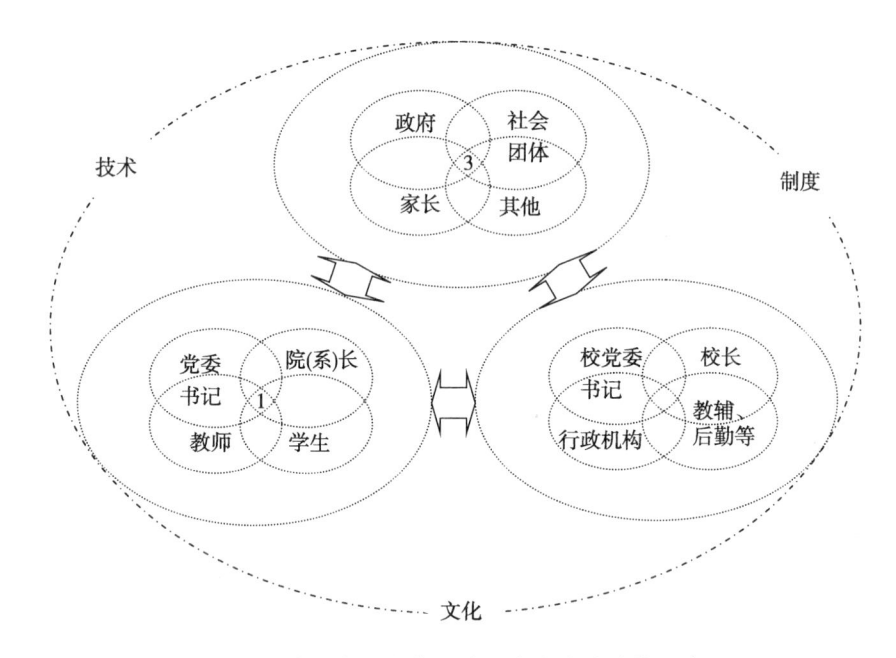

图5-3 院系治理改革驱动组合力生成结构示意图

从图5-3来看,院系内部治理改革不仅仅是学院内部的事情,而是要涉及另外两个权力场域:一个是学校层面的权力场域,另一个是社会层面的权力场域。它们在不同类型的组织机构中会形成不同结构的权力格局,并且追求组织改革的愿望、态度、行为都会有所不同。同时需要注意的是,在院系治理过程中,大学和社会层面的权力都会以各种方式渗透其中,对改革产生推动或阻碍作用,最终对驱动组合力的形成产生不同程度的影响,也正是这些原因导致不同类型院系治理改革的驱动组合力也多有差异。

在上图的外围部分标示了"技术""制度"和"文化"三个要素,它们都是院系改革驱动组合力发挥主要作用的学术性载体,从不同的层面给教师和学生的发展带来深刻与久远的变革。通过文献分析和实际调研，发现三者分别在院系治理改革中扮演着以下不同角色。

技术属于低层面上的，教育技术变革会让教师与学生之间的关系发生变化，也会对与之相关的其他影响因素产生影响。例如，慕课教学技术的出现，使教师与学生的互动方式产生重大变化，面对面式的教学方式在很大程度上可能需要让位于基于网络的自主学习和网上交互学习，学生选择的自由度进一步提高，高校以及高校的院系在一定程度上可能被这种虚拟组织所挑战，实体性管理方式也会被网络虚拟管理所取代，这就逼迫组织成员必须更换互动方式，甚至波及组织内部权力运行方式。

制度是调控各种技术、人、财、物等组织要素的关键力量之一，新制度经济学家诺斯认为，技术变革固然可以为社会发展注入活力，但是，如果人们不能进行制度创新，那么技术变革的成果并不会被有效地巩固下去，社会的可持续发展是不可能的。院系治理必须处理好所有权与管理权之间的关系，政府、学校与学院之间的权力与权利关系，还要处理好政府意识形态与院系治理方式之间的关系。因此，研究组织变革中的制度变迁对了解院系治理改革具有重要作用，对相关制度进行调整也是事关权力结构变革的关键所在。

文化属于对院系治理改革产生影响的深层次和统括性因素，它对驱动组合力的生成机理具有解释和推动作用，一方面可以解释当前现状以及未来改革取向，另一方面也可以从文化属性来寻求破解权力困局的思路。对于文化是什么的研究结论，历史上纷争不断，但从本研究的角度来看，还是比较认同著名思想家贝尔在《资本主义文化矛盾》里对文化的基本观点。"文化本身是为人类生命过程提供解释系统，帮助他们对付生存困境的一种努力。"[1] 也就是说，技术、制度等因素只有融入组织成员的生命过程中，并呈现出生命的价值和意义，才能真正体现出它们的价值。无论是过去实行的院系管理模式，还是

---

[1] [美] 丹尼尔·贝尔：《资本主义文化矛盾》，严蓓雯译，人民出版社2010年版，第12—13页。

当前提倡的院系治理模式，从文化层面来讲，组织内外权力的互动方式都是因解释和解决生命困境而生成的。随着时空流转，这些原本具有解释和解决生命困境的权力互动方式就会以保守的形式存在下来，或者为了适应新的环境，这些文化会自身发生变革，转变为新的权力互动格局。因此，操控文化也就具有了影响力。院系治理改革的深层驱动力则是来自文化的力量。在此需要注意的是，既然文化是一种对生命困境的解释和解决，那么，实际改革中的措施就应当回应这一文化主题，而不是继续抱着原来的形式而顽固不化。

总之，各种与院系治理有关的权力主体，在文化、制度和技术这三个学术性载体的共同作用下，在不同类型院系治理中形成不同的改革驱动力组合模式，改革驱动力组合模式不同，就会形成不同的权力结构形式。因此，基于不同驱动力的院系治理改革既要实现分类治理，还要实现内外部的协同治理。

第二节　大学院系治理的分类驱动机制

从本书的第二章第三节和第三章第二节的论述，基本可以看出大学院系治理模式的理想状态，这也基本反映了本研究有关院系治理改革的未来走向——"学术主导与共同治理"。院系内外部五种权力以不同的方式参与治理，并小心翼翼维护着彼此间权力结构的均衡与稳定，任何一种权力的缺失会造成结构的失衡和相关问题的产生，因此，院系治理需充分体现"多元参与"与"共同治理"的基本理念。当然，多主体参与并非平均参与，在不同功能类型的院系治理中，各种权力主体参与的力度、程度和方式是不同的，从而形成不同的权力组合方式，也即形成共同治理理念下不同的运行机制。因此，该部分内容在很大程度上是对前述内容的回应，并结合不同类型院系的特点进行了深化。对五种权力在不同类型院系的组合模式和运行机制进行分析，突出学术权力的地位、作用和运行。在论述方式上，从对权力本身的阐述切入到权力主体或权力载体的描述，以便更加客观地呈现院系治理结构和过程的动态变化。

如前所述，院系治理结构即权力配置方式，包括内部治理结构和外部治理结构。内部治理结构指院系场域内部的的权力主体及其互动关系，外部治理结构指学校和社会两大场域与院系场域权力主体间的互动关系。外部治理结构是院系治理的支持体系，将在下文专门论述。本部分主要论述院系内部权力配置、组合与运行问题。

院系内部权力主要有五种：院党委的政治权力（以党委书记为代表）、院行政的行政权力（以院长为代表）、师生群体的学术权力（以专门委员会为代表）、学校与市场的经济权力（以学校职能部门为代表）、教授个体的象征权力（以教授个体为代表）。在这五种权力中，当前院系的核心权力是以政治权力和行政权力组合而成的行政权力，改革所要彰显的核心权力是由学术权力和象征权力组合而成的学术权力。经济权力则是保障性权力。所以院系权力的配置与组合依然呈现出学术权力与行政权力的博弈和均衡的过程。改革的目标则是：行政权力与学术权力的适度分离，以淡化行政权力，彰显学术权力，倡导教授治学的组织形式，并在此基础上合理整合各类权力资源，实现权力均衡和协同治理。

根据前面分析内容，我们设计了院系治理的基本结构模型（图5-4），不同类型的院系会根据职能定位和发展目标呈现出不同的权力组合模式和运行机制，五种权力的组合各有侧重。在此将按照院系类型分别进行构想。

一 学科型院系治理结构：教授委员会集体决策下的院长负责制

（一）学科型院系权力配置与组合方式

学科型院系分布在不同类型的大学之中，以研究型大学为主，是学科发育相对成熟之后，基于学科群的组建和融合而形成的具有人才培养和科学研究职能的基层学术组织，是以学科为基础聚合而成的学术共同体，亦可称为学科型院系。它以科学研究为主，兼顾精英型高端人才的培养。拥有具有国内外影响力的学科平台、学术团队和相关配套条件设施，承担国家级或省部级科研与重大技术攻关项目。国家

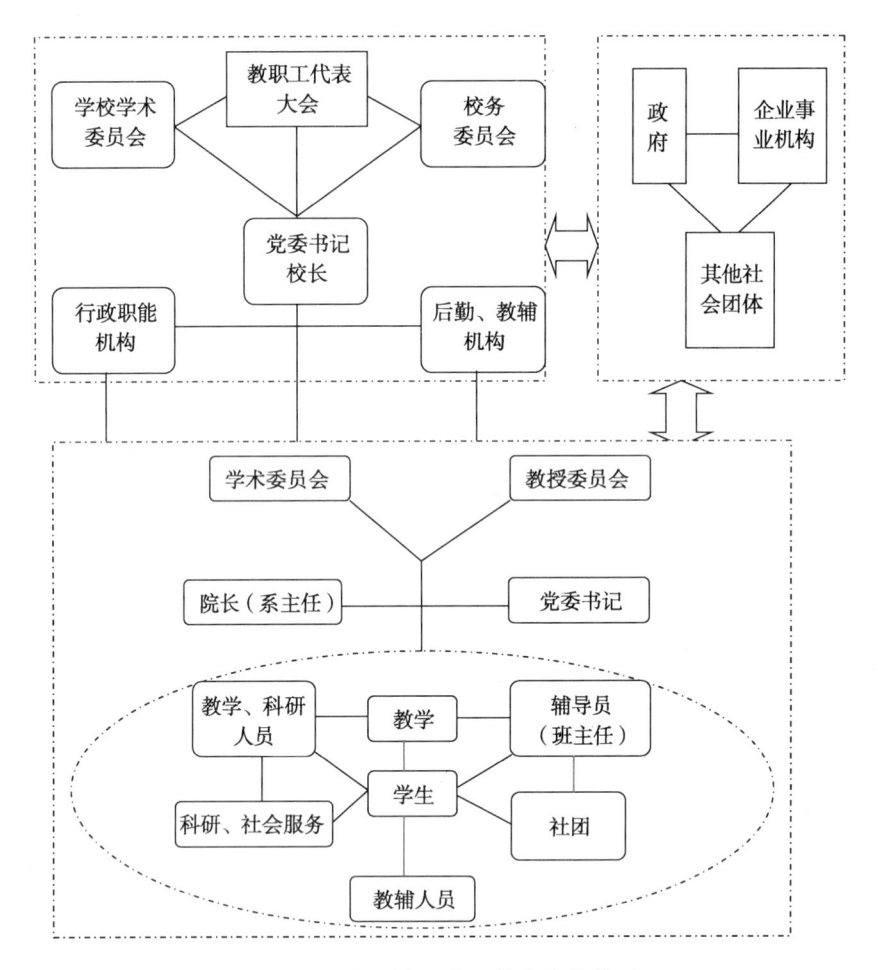

图 5-4 院系协同治理基本结构模型

给予大量建设资金，亦寄予重大突破的厚望。学科型院系的治理理念与基本逻辑是学术本位和学科至上，院系内相关机构围绕着学科、学术团队、项目、课题组等学术组织形式来组建，对外交流也以学科为依托。体现出学术组织"松散的联合"状态，形式灵活，无等级观念和科层构架。当前基于精英型人才培养机制创新的试点学院，大多也在学科型院系进行。

在学科型院系，亦存在五种权力聚合而成的两大并行的权力系统，一是以行政管理组织机构为主的行政权力系统，二是以教授、专家、学者组成的"教授委员会"等学科组织为主体的学术权力系统。

上述院系发展特性决定了后者理所当然应居于主导地位。在权力配置中，应提高教授、专家、学者在院系治理中的地位，提高"教授委员会"等专业委员会在学科建设、课程设置、人员聘任、职称晋升等学术事务中的决策权和非学术事务中的审议权，使学术权力系统由咨询走向决策，同时使行政权力系统由管理走向服务，政治权力系统由领导走向监督，社会权力系统由制约走向评价。其中，以院长为核心的行政权力以其效率特性和协调功能，负责执行学术权力做出的决定。也就是说，该类型院系治理结构要围绕其学术职能，在权力配置与组合上，强化学术权力为主导，其他权力为辅，相互配合，共同治理的结构模式，在组织形式上体现为"教授委员会集体决策下的院长负责制"。

五种权力在这种结构模式中呈现出独特的互动关系：根据伯顿·克拉克的权力矩阵模型，学科型院系中学术权力的成分大于行政权力的成分，但这并不意味着行政权力的退位或缺位，充分发挥学术权力的作用，并不意味着以学术权力取代行政权力。因为学术权力和行政权力是相互依偎生存的，所以行政权力只有获得了学术权力的支持才更具有实际影响力，学术权力只有依托行政权力才能使自身获得长效发展。政治权力对学术权力和行政权力具有潜在的约束作用。由于学者手中大多拥有比较高额的研究经费，经济资本使相应学者拥有了相对较强的独立性，因此，象征性权力与学术权力经常交织在一起，而且发挥着巨大的作用，要求学科带头人必须主动生成来自学术荣誉的力量，否则学术权力将在一定程度上失灵。下面以几种权力主体的地位和关系来进行描述性设定，由于该类型权力互动关系与第三章中论及的学术主导模式的思路基本一致，因此在此只做简要论述。

1. 党委书记和院长（系主任）

"教授委员会集体决策下的院长负责制"模式下，作为政治权力主体的党委书记和作为行政权力主体的院长，需要进行新的角色定位，重塑新型的院系行政关系。

院系党委书记——从字面上看，教授委员会集体决策，院长执行，那么如何体现院系党委书记地位和作用呢？党委书记作为学校党委派出的基层党组织的代表，发挥着政治核心作用，负责院系的思想政治和党建工作。由于学科型院系的大量工作属于学术事务，具有浓厚的专门化特点，党委书记不适合以政治权力或领导身份直接参与或干预学术事务。但学术事务和学生管理事务显然需要正确的政治方向，即便是学术研究也不可能价值无涉，需要有正确的价值立场。在这种模式中，可以从三个渠道确定党委书记的地位和作用，一是参与——作为教授委员会的当然成员，参与集体决策，并行使表决权；二是监督——代表学校党委监督学术权力的决策过程和决策结果，监督院长的执行过程和执行结果，并将有关情况向学校党委反映；三是支持——作为院系行政和学生管理系统的负责人，支持院长在职责范围内独立负责地开展工作，与院长形成相互支持和相互制约的关系。

院长——一般来说，院长具有两重角色，既是行政负责人，又是学术带头人，因此集学术权力与行政权力于一身，这种双重角色使院长在决策和执行中都发挥重要作用且承担重要责任。院长权力的行使有两种模式：一是决策与执行分离型，即院长不担任教授委员会主任，只作为当然成员参与集体决策，由其他资深教授担任委员会主任并做出最终决策，院长只负责对决策结果的执行和协调；二是决策与执行结合型，即院长同时兼任教授委员会主任，组织教授委员会成员进行集体决策，同时，作为行政负责人，负责对决策结果的执行和反馈。第一种模式充分体现了学术权力与行政权力的分离，第二种模式体现了学术权力与行政权力的融合；第一种模式避免了书记与院长的矛盾（二者在集体决策中的地位一样），第二种模式避免了院长与教授委员会的矛盾；第一种更具开创性，但实际操作有难度，第二种易于操作，但会导致院长权力过大，监督机制必须加强。

总之，作为政治权力代表的党委书记和作为行政权力代表（兼顾学术权力）的院长之间关系的状态为院系的整体权力结构奠定主要基调，既不能行政不分，又不能以党代政，既要职责分明，又要相互支持和监督，共同保障学术权力的充分发挥。

2. 教师与学生

学科型院系主要着力于科学研究与学术精英人才培养，所以学生数量不多，管理任务相对较少。基于学术共同体的师生关系相对比较单纯，以科研项目、课题等学术研究单元或平台建立联系，而且由于科学研究的高深性和专业性，一般与社会保持相对的疏离。因此作为院系核心利益相关者的师生，受外部权力的影响较小，而主要受院系内部权力的影响，外部权力的影响主要体现在政策层面。其中政治与行政权力影响相对薄弱，学术权力和象征性权力影响较大，象征性权力在所有类型院系中影响是最大的。对学生来说，教师的学术水平，院系的学术氛围和条件以及学术价值观等是最重要的影响力。因此，院系师生管理应当减少行政干预，充分发挥教师群体的学术权力和教师个体的象征性权力的影响力，行政系统的权力要做好服务、保障和监督工作。此外，还要关注学生的利益诉求，重视学生的参与权、知情权和建议权。有两种渠道实现，一是让学生代表参与不同类型的专业委员会，发表与学生利益相关的建议；二是建立专门的学生社团组织或学术小组等学术组织，以提供咨询或质询的形式参与院系学生事务的决策、协调或监督过程。

3. 党委书记、院长与师生

学科型院系虽然是教授委员会集体决策，但学院党委书记和院长仍然是院系内最有权威的人物，因为他们对外代表院系的意志。这种权威，一方面来自象征性权力带来的威信（党委书记和院长大多都是教授，都有学术研究成就），另一方面来自行政权力赋予的职权。一般来说，院长的象征性权力更大，在学术事务中具有更大发言权，但在行政性事务中，院长必须和书记达成协调和相互支持。

党委书记通过思想政治和团学系统直接作用于学生，通过对院系有关事务决策的参与、监督而间接作用于教师和学生，对师生而言，政治权力的影响较小。由于院长的学术威望和学术成就更易于引起教师的认同感，在教学和科研方面具有较高的影响力，因而与教师和学生的关系更加直接和密切，这也要求院长必须努力保持象征性权力即学术权威的不断提升。

作为行政负责人和学术带头人的院长，必定会面临学术权力与行政权力的冲突，两种角色和两种权力于一身的院长，显然不能独断专行。除了与教授委员会做好沟通之外，必须接受院系党委的监督和协调，院系党委书记有权通过必要程序，负责将重要事项或重大冲突上报学校党委，在院系层面体现学校党委的重大决策和重要方向，从而使院系的发展置身于学校"党委领导下的校长负责制"这一整体体制之下。但最为紧要的是，书记、院长必须把握好各种权力的边界，即充分尊重以教授委员会等为代表的师生的选择与决策，有效维护学术权威和影响力，注重与师生的交流和沟通。越界与缺位都是失职行为。当然，院长和书记代表院系，还要积极处理好院系与其他同级学术组织、学校职能部门和社会各界的关系，为院系争取更多更好的发展资源。以上各种权力场域的互动融合还需要一种无形的力量，即书记、院长的个人修养和道德品质，做到相互的宽容、支持和理解。

(二) 学科型院系权力运行机制

在运行机制方面，学科型院系应保持与前述学术主导型院系管理优势的一致性，但又努力克服其不足，并主动吸取行政主导模式的效率优势。前文有详细论述，在此作简要构想。

1. 决策机制

在谈决策机制之前，有一个前提性的问题，即书记与院长的赋权问题。当前大多数大学实行党委任命的方式。鉴于院长的双重角色和学科旗帜的作用，建议实行选举与任命相结合的方式，即学院师生公开选举候选人（差额），党委进行考察和任命，这样既保证了民意也体现了学校的行政赋权。

在内部决策方面，实行教授委员会集体决策。为保证决策的科学性，需要注意以下几点：

第一，教授委员会的组成人员必须具有广泛的代表性，能够代表院系师生的共同利益，能够在不同研究领域有学术造诣，代表学术的方向性和前沿性，能够了解学校的大政方针和学院的学术定位，体现学术与政策的结合，包括权威教授、学术带头人、骨干教师等。教授委员会主任最好由德高望重、造诣深厚的教授担任，也可由院长担任。院长和书记要作为当然成员。教授委员会成员可以吸收校外相关领域的知名专家或学者的参与。

第二，教授委员会之下成立各种不同职能的委员会，如学术委员会、教学委员会、学位评定分委员会、人力资源分委员会、学生工作委员会等，各职能委员会的主任同时是教授委员会成员。教授委员会进行院系重大学术问题和院系发展问题的决策，各职能委员会负责在教学改革、学科发展、教师管理、专业设置、课程建设、学位评定、学生培养等方面做出具体的讨论和决策，提报教授委员会。教授委员会在院长、书记的组织协调下对这些决策进行统一审议和形成最终决策。各职能委员会地位相同，关系平行，各负其责。当然，各委员会之间难免有成员交叉现象，但因为职能各有侧重，不会因交叉而混乱。如果各职能委员会的决策或权益面临冲突，由院长和书记组织教授委员会进行均衡和协调。各职能委员会有义务向教授委员会提出建议和意见，教授委员会可以把院系重要发展事项分解下达到各职能委员会讨论，这就保证了学术决策的民主性和科学性，避免了院长、书记直接决策的行政性和盲目性。

第三，教授委员会集体决策要讲求程序的公正和严谨。教授委员会要定期召开人数达到2/3以上的例会，根据少数服从多数的原则，特殊情况也可临时召集会议。会议议题可由院长代表的行政系统提出，交给委员会讨论决策，也可由教授委员会主任直接提出。会议议题要经过前期沟通、充分讨论和集体表决。重大学术议题可让校外专家列席讨论或咨询。如果决策过程出现争执不下和利益冲突的现象，应当由院长和书记出面组织协调。

2. 执行机制

学科型院系的管理体制在执行层面不存在行政权力与学术权力的冲突问题，因为院长集行政权力与学术权力于一身，既是决策者又是执行者，便于教学科研等学术事务的执行。教授委员会及各职能委员会成员既是决策者也是执行者，因此，学术权力与行政权力在执行层面是一致的。那么，体现在执行层面的最大问题就是运行效率问题。由于学术组织"松散联合"的特性，在与其他组织的协调沟通、决策的上传下达、事务性工作的处理与反馈等方面，与行政主导模式相比存在效率低下、沟通不畅、互不服气、自行其是等现象。所以在执行层面要做到职责明确、各司其职、相互配合，实现学术性和行政性的相互支撑。具体做法可如下：

第一，在观念上要突破"学术的事务归学术，行政的事务归行政"的二元思维，而是树立"学术离不开行政，行政不离开学术"的辩证思维。离开行政系统的组织、协调与服务，学术活动难以开展，而管理活动离开了学术本位，就失去了存在的意义。

第二，在职责上要明确分工、加强合作。学术权力系统负责决策，行政系统负责组织、协调和服务，行政系统负责方向和监督。但这种分工又不是绝对的，不同体系的人员有交叉，这本身实现了各类权力场域的互动和制衡。比如，学科的专门性导致学术问题的交流一般在同学科门类领域，因此，学术权力系统需要加强这方面的职能，获取在同类学科群中的话语权。行政系统发挥其管理效率和沟通协调优势，强化与校内外同类平行组织的交流合作，为院系发展获取充分的经济与政策的话语权，要加强对学术决策的方向引领和协调监督。

第三，各权力系统在互动过程中要时刻把握权力的边界，防止权力重叠和权力真空现象。如当行政权力与学术权力纠结在一起的时候，要根据问题的性质确定权力主体，不能谁都管，最后谁都不管，导致责任泛化；在权力与事务交叉重叠的时候，要根据规章制度和相关程序，避免人浮于事、效率低下的现象；同时，院长的组织和协调很重要。

第四，加强学术权力组织的实体性。在高校行政化的传统下，尤其是在院长不担任教授委员会主任的情况下，学术权力往往被虚化、被替代和被干预。所以在执行过程中，学术权力的讨论、审议和决策权力落到实处并非易事。为此，要加强规章制度建设，加强精细化管理，以制度保障权力的实施，以规范提高执行的效率。在这方面应吸取行政主导模式的效率优势。

3. 协调机制

学科型院系面临的内部协调主要集中在学术权力与行政权力之间，如果院长同时兼任教授委员会主任，协调会更加容易，如果兼任，就需要来自学院和学校层面的协调机制。外部协调主要集中在校院两级的权力分配与资源配置等方面,主要由院长和书记负责。如果学校能够将人事权、财务权和资源配置权下放到学院,那么学院的内部协调任务会加重;如果不下放,那么外部协调任务就会加重。构建顺畅高效的协调机制需要注意如下问题:

第一,在协调目标上,一是必须坚守组织整体利益的最大化,二是必须坚持学术本位意识,保证学术权力的充分发挥。

第二,在协调的原则上,根据学术型组织的特点,要做到"效率优先、兼顾公平",公平主要体现在决策层面,效率主要体现在执行层面。基于学术型组织权力运行的低效性的不足,在协调层面需要更加强调效率优先的理念。

第三,在协调方法上,注重软性方法和硬性方法的结合,在内部利益协调方面,注意使用参与协商、谈判、交流等软性方法,对外协调方面注重实用制度、法规、程序等硬性方法。同时还要根据具体情况做到"软硬兼施",形成长效机制。

第四,在协调路径上,一是院长和书记之间的冲突,如属于学术性问题,由院长向校长反映并进行裁决,如属于非学术性的行政问题,经院长和书记协商后,由书记向院党委反映情况,并进行校级层面的协调。二是学校与院系之间的利益冲突,需要院长和书记达成一致,代表学院进行反映和协调。三是学院内部各职能组织之间的利益冲突,院长作为行政负责人进行协调。四是院系与社会之间的利益冲突,院系作为学院的"类法人"代表,出面进行协调,书记做好各方面支持、配合和监督,做好外围工作。

第五,在协调过程中,面对院系内外部的利益联盟,尤其是小圈子利益,以及来自小圈子群体的抵制,一是要根据程序原则和制度规范;二是要具体问题具体分析,多沟通多交流;三是行政权力要发挥应有的监督、考评和制衡作用。避免"议而不决、决而不行、行而不果"的现象。

4. 控制机制

控制机制旨在保障决策、执行和协调环节的方向性和实效性,首先表现为监督,其次表现为制衡。在学院内部,各权力场域既要相互交流，还要相互监督。这里的监督不是自上而下，而是相互之间。监督的形式是网状的，而不是线性的。监督的力度和方式也因事务性质不同而有所不同。有如下几种监督形式和办法：

第一，全员监督：院系教师代表大会既是民主参与的形式，也是民主监督的形式。院系每年可根据学校教职工代表大会的形式，审议院系发展工作和发展思路，审议院系发展的重大事项。大会或者选举学生代表参与，或者成立学生代表大会，注重学生的参与。

第二，权力之间的监督：组织层面主要有行政权力与政治权力的相互监督，行政权力与学术权力的相互监督，三者内部的相互监督和三者之间的相互监督；个体层面主要有院长与书记的相互监督，院长与教授委员会主任的相互监督，书记院长和教授委员会之间的相互监督。

第三，既要制度制约权力，还要以权力制约权力。为了防止"一收就死，一放就乱"的局面，建议学科型院系的监督机制，还是以教授委员会为主，以学术权力监督学术权力。同时，为了避免教授权力过大，做出有利于个体或小利益集团的决策，院长与书记作为行政权力的监督要体现在各个环节。建议院长书记实行宏观监督，以监督教授委员会的形式监督各职能委员会的决策和执行，教授委员会进行学术事务的具体监督。各职能委员会以教师代表大会的形式实现对院长、书记和教授委员会主任的监督。监督中发现的问题，及时反映和解决，可按照协调机制中的运行规范进行。所有监督都要形成规章制度和必要程序，目的在于调动师生积极性，提高工作效率，避免出现混乱和紧张局势。

二 综合型院系治理结构：党政联席会议决策下的院长负责制

（一）综合型院系权力配置与组合方式

综合型院系是我国大学院系的主流，以多学科的学科群为主要依托，主要分布在综合性大学或多科性大学中，特别是省属综合性大学或多科性大学中。高等教育大众化进程中，这类院系蓬勃发展，师生人数众多，专业齐全，兼顾人才培养与学科发展及社会服务。大学综合功能在此类院系得到最充分的体现，具体来说，它们担负着区域人才培养的重任，人才培养方面主要负责本科生、研究生的培养，在科学研究方面兼顾基础学科和应用学科的发展，既要提升学科发展的层次，又要提高社会服务的能力。此类院系中有的教学比重大些，有的科研比重大些，但共同特征是一致的，即职能综合、教研并重、目标一致，既追求强大，又追求特色。此外，此类院系教师学生数量多，成分复杂，行政管理的任务较学科型院系更重，因而改革的难度也比较大。如果说学科型院系属于小而精的学术型院系，此类院系则属于大而全的综合型院系。所以在内部治理结构和权力运行方式有不同于学科型院系的特点。

从权力类型来看，行政权力和政治权力的影响力基本处于持平状态，并且，双方的交集并不是很大，行政和行政权力有着相对独立的运行系统，和谐程度因人而异。该两种权力整合后对院系发展具有较强的影响力，在许多院系中发挥着主导作用。学术权力与行政权力的结合度相对较大，学术权力本身的影响力相对分散，其影响力与行政和象征性权力挂钩的程度成正比。经济权力与行政权力基本是挂钩的，由于不同人控制的经费项目会存在着较大的差别，所以，经济权力的相对独立程度也因地位和能力不同而差别比较大。象征性权力往往与学术权力和行政权力密切挂钩，缺乏该权力的支持，后两者往往难以有效运转。总之，各种权力之间的关系更为复杂，相互制衡和相互支撑的要求更高，凸显任何一种权力都会造成权力的失衡。但总体来说，减少行政化色彩，强化学术性本质，充分发挥学术权力的地位和作用依然是此类院系的根本追求。因此"党政联席会议决策下的院长负责制"更适合该类院系的治理方式。

"党政联席会议决策下的院长负责制"体现了行政权力、政治权力和学术权力的结合，也与学校"党委领导下的校长负责制"保持高度一致。这种方式首先保证了三方主导权力的一致性和稳定性，且行政力量的作用显然大于学科型院系，这对职能复杂、任务繁重、规模庞大的院系来说，更便于管理，提高效率。在此基础上进行的改革或改进才能成为可能。因此，此类院系治理结构的改革应是在传统模式基础上的改进，脱离了三方权力的稳定布局，要想实现彻底改革是非常困难的，这与小而精的学科型院系的灵活性体制显然不同。

从外部治理结构来看，该类院系因职能的多样化而与学校行政部门和平行组织的关系更加复杂，在教学、科研等工作方面会经常会受到学校行政部门的干预（具体参阅第三章"行政主导模式"的内容），这就增强了院系内部权力互动的复杂性。科研与教学并重型院系为了更好地获得生存资源，需要获得更多社会支持项目，得到更多优质学生资源。因此，市场性因素在其中的影响力度在提高，社会企事业单位和学生的选择偏好与支持成为影响院系内部权力生成的重要因素，获得该项资本的组织成员也因此会有更大的权力与权利空间。各权力主体之间的关系与前述行政主导模式存在一致性，在其基础上融合学术主导模式和市场主导模式的优势。

1. 党委书记和院长（系主任）

党委书记和院长代表院系政治权力和行政权力，成为院系发展的主要驱动力量。对学术权力而言，两者的目标是一致的，那就是引领、监督、协调学术权力的充分发挥，减少对学术权力的干预，为学术权力的实体化运行保驾护航。但两者之见的关系因其重要地位而显得更加微妙。有一点必须注意，"党政联席会议决策下的院长负责制"，不是"学校党委领导下的校长负责制"在院系的复制。院系管理需要行政权力，但在基层院系一般不存在纵向的科层制和等级制，需要强化的是横向的合作互动机制。因此，两者之间的关系需要更加注重合作方式，而不是"谁听谁"和"谁说了算"的问题。行政权力要密切配合，分工合作，院长代表行政负责人和学科专家，全面负责院系具体事务，书记代表党组织参与决策，并负责监督和支持。同时书记还要全面负责思想、党建和团学系统的工作。在彼此权力场域的互动中，可以采用互相兼职的方式，如党委书记同时兼任副院长，参与行政事务，院长同时兼任副书记，参与行政事务。但这种理想模式协调不好也可能会走向相互牵制或人浮于事的不良局面，所以需要谨慎采用。但党政联席会议作为决策、协调机构必须坚持常态化、制度化、程序化，保证集体决策的科学性和民主性，避免书记或院长个人权力的干预。

对综合型院系发展而言，教学与团学的密切配合是最根本的前提，因此两者的密切配合、相互支持比任何组合力所起到的作用都大。如果两者意见相左，就通过党政联席会的程序，进行内部协调或由学校裁定，但不可相互干预，更不可发展成个人恩怨和派系斗争。在运行层面，坚持程序原则，预防行政不分、以党代政和互相推诿等行政化和官僚化的弊端。学校层面对这对关系必须加强监督和考察。

2. 教师与学生

教学科研并重型学院因其规模和职能因素，师生之间的互动往往不如学科型院系更加密切，行政体系的职责划分往往导致团学系统和教学系统的相对疏离。由于教师群体所组成的学术委员会组织比较薄弱，教师个人的象征性权力不够强大，因此对学生（主要指本科生）的影响力有限。首先，该类院系的治理改革应当在师生关系方面搭建更多的专业性交流平台，如通过学业成绩、绩效考核等形式赋予师生相互评价的权力，以导师制或班主任制的形式提高教师的影响力，以课题研究、学科竞赛和创新创业项目等形式拓展学生对教师教学和研究的参与度。其次，可以实行教学和团学系统人员互相兼任的方式，使双方了解对方工作内容，便于师生相互的交流和教师的指导，力求变"学生管理"为"学习管理"。同时要加强教师的专业发展，提升其象征性权力的影响力。总之，师生权力是院系的核心权力，师生权利也是的院系的核心利益。对外部权力而言，二者在根本上是统一的，代表的都是学术权力，不应存在权力冲突。因此，两者需要相互影响，共同提高，共同抵制不正当的行政权力的干预，专心研究学问，回归师生关系的学术本质。

3. 党委书记、院长与师生

在这三种权力关系中，院长的角色与地位最为复杂。他代表行政权力，既要处理好与政治权力的关系，还要处理好与学术权力的关系；他作为学术带头人，要代表学术权力与行政权力和政治权力博弈；他作为行政负责人，要代表行政权力与学术权力和政治权力博弈。在三种权力冲突的情况下，院长经常处于自相矛盾或难以取舍的纠结之中。所以作为院系职能核心的院长要实现学院的协调发展，其授权和协同能力非常重要。一是要发动教师和学生的力量，将院系教学科研等重要事务授权给教授委员会或各类职能委员会，进行讨论、审议并提交党政联席会进行决策，可参照学科型院系的做法；二是要积极与行政系统沟通，获得政治权力的支持，即获得学校党委在基层组织的保驾护航。同时院长还要积极与学院外部组织进行沟通，获取资源性、政策性支持，从而获得经济权力。当然，院长个人及其教授委员会成员也要提升个人学术能力和综合素养，加强象征性权力的影响力。如此一来，以院长为核心，将各种权力融为一体的同时，还保证了学术权力的发挥空间。

党委书记通过参与决策和党务工作间接作用于教师，与院长的直接作用相比，影响力相对薄弱。院长则通过教学科研政策和教师群体的作用间接影响学生，与党委书记相比，影响力相对较低。为了加强各种力量的结合，建议在教师群体的学术组织中，吸纳学生的参与。在学生群体的活动中，吸纳教师的参与。或者成立专门的学生代表组织，赋予其对学院学术事务的参与和建议权。也可以将学生的社团活动纳入到学院的学术活动。如此一来，各种权力无论怎样组合交织，都能围绕院系的学术本质来展开。

（二）综合型院系权力运行机制

该类院系运行机制立足行政主导模式的基本框架，但又努力克服其不足，并融合学术主导模式和市场主导模式的优点，可谓是三种模式的优势组合。

1. 决策机制

综合型院系的决策机构为党政联席会，这种决策机构虽然实现了集体决策和民主参与，但行政化色彩比较浓厚，容易形成对学术权力的忽视或干预。如院长和副院长既是行政人员又是学术人员，面临双重角色的压力与冲突，在党政联席会议上易于倾向行政角色，这样就缺乏纯学术立场人员的参与，学术权力可能受到压制。为了克服这种行政化倾向，突出学术权力的作用，有两种渠道来实现三种权力的融合：一是党政联席会的成员中吸收各系（或教研室）主任的参与，他们代表学术人员，行使学术权力，和其他人员一样具有审议和表决权。二是在党政联席会之下成立教授委员会，对教学、科研、教师发展等专业性和学术型问题进行初步讨论、审议和建议，提交党政联席会进行决策，教授委员会主任是党政联席会的成员，在教授委员会之下也可成立各职能委员会。为了拓展学生参与权，可以成立由学生参与的学生工作委员会，将学生的建议提交到党政联席会。

党政联席会作为决策机构，要定期召开例会，特殊情况可以由书记和院长临时组织召集会议。会议实行表决制，少数服从多数原则。议而不决的现象可以申请一次复议，如果无法做出决定，可由院长或书记就议题内容性质提报学校相关部门或组织，由学校层面进行裁决。当然，党委书记和院长作为行政负责人，对会议具有组织、主持、协调和最终决议的处理等义务，能够内部协调解决的一般不要上报学校。随着院系自主权的增强，这种决策机构要对院系发展的更多问题迅速做出决议，所以应不断提高党政联席会的审议和决策水平，讲程序、讲原则、讲效率。

2. 执行机制

综合型院系的执行机制是：院长（系主任）和党委书记发挥影响决策的作用，各种委员会发挥讨论和协调作用，学校层的权力发挥引领、指导和协调作用，政府、校外企事业单位和家庭则通过直接或间接影响的方式，对院系改革发挥着"触发"性作用，即外界偶然性因素的出现和进入会引起院系的强烈反应。

党政联席会做出的决策，在执行层面有两个场域，一是学生工作系统，由副书记、团委书记、辅导员等来完成；二是教学科研系统，由副院长、系主任、教学秘书等人员来完成。两个系统的权力配置比较完善，渠道比较顺畅，部分具有科层制特点，执行不存在程序问题，只是效率高低的问题。执行层面的主要问题是涉及两个系统的交叉领域的问题，如学生问题，既需要学生系统解决，也需要教学系统介入，两大系统各负其责的同时，如何合作和沟通，如何真正体现以学生为中心，则是对院系权力协调系统的考验。

3. 协调机制

党政联席会既是决策机构也是协调机构，院长和党委书记分别为协调具体事务的组织者,院长负责教学、科研、人事、资源配置等学术和行政事务的协调,党委书记负责学生工作、党务工作、考核工作和监督工作的协调。院长和党委书记可根据所协调事务的性质和程度,召集相关人员(占总数2/3以上)参加党政联席会议,形成协调意见。对于学院发展的重大事务的协调,由院长、书记共同召集召开党政联席全体人员会议。对于学院无法协调的问题,通过院长或党委书记上报学校裁决。对外交流与协调的问题,根据工作性质,由院长或书记组织相关人员进行沟通。需要注意的是,无论何种协调,一方主导一方配合,不可都管都不管,出现权力真空现象。

以上主要方式更适合行政与学生事务的协调,对于学科发展和学术研究问题的协调,需要建立符合学术运行特点的机制,可以参考学科型院系的协调机制,发挥学术权力对学术事务的协调作用。为克服"内部人"现象,院长代表行政权力同时做好组织与监督。其中教学科研的结合以及学科融合机制将是学术权力协调的重点。

4. 控制机制

该类院系的治理结构中三大权力就像三足鼎立,形成一个相互支撑的稳定的权力体系,三大权力自然形成相互监督和制衡。教师代表大会和学生代表大会依然是不可或缺的群众性监督组织。具体的监控既要实行各权力场域内的纵向监控,即自上而下和自下而上的相互监督,也要实现场域权力之间的横向监控,即自内而外和自外而内的相互监督,这包括来自学校层面的外部监控对内部运行的权力性或政策性制约。这个纵横交错的网状的控制系统,也需要有一个核心的支撑和协调组织,这个组织还是党政联席会。

但有两点需要注意,一是反控制力的问题,如以院长为首的学术组织更加注重学术权力、象征性权力和经济权力的控制,对政治权力和行政权力形成反控制力;以书记为首的行政系统注重政治权力和行政权力的控制,而对对学术权力、象征权力和经济权力形成反控制力。二是附属控制力,即三大系统的交叉控制,这种力量一般比较薄弱。反控制力就是反作用力,可以因势利导,通过沟通,使反控制力成为融合控制力,形成改革的综合驱动力。附属控制力激发各个系统提升自身控制力和影响力的水平，拓展权力空间，实现各权力系统的相互理解和融合。

三 专业型院系治理结构：学院董事会制度下的院长书记分工负责制

（一）专业型院系权力配置与组合方式

专业型院系，顾名思义是以教学为主、科研为辅，以为区域经济社会发展培养各类人才为己任，以培养本科生和专科生为主，生源主要来自地方回到地方，数量较多，主要分布在新建本科高校或地方院校中。随着近些年高校不断升格和学院教学科研并重式的趋同发展，这类院系已经不占主流。但随着教育部关于在1999年之后专升本的高校中建设600所应用技术型大学的决策出台，以应用型人才培养为目标的专业型院系的发展模式将受到关注。应用型大学的首要职责是为地方社会培养应用型、技能型、复合型人才，与传统大学分类中的教学为主型大学有相同之处。还有相当部分专业型院系分布在高职院校和民办高校中，属于偏技能的专业型院系，不属于本研究的范畴。

专业型院系属于应用型人才的培养机构，办学目标是培养具有一定理论基础和实用技能的应用性人才，比较关注企事业单位的实际用人需求，注重与地方经济社会的密切合作和社会服务。地方需求和地方支持对该类学校和学院的发展影响较大。所以该类院系既要遵循高等教育发展的基本规律和人才成长的基本规律，还必须主动了解和融入地方社会发展，遵循市场供求关系的基本规律。因此，与前两种类型相比，它面向社会开放办学的要求更高，外部利益相关者的介入更多。所以该类院系需要开放办学，与社会相关机构、企事业单位和相关社会团体建立密切联系，获得社会支持，同时也加强为社会服务的能力。因此该类院系的治理方式显然有别于前两种模式。笔者建议该类院系可以尝试"学院董事会"管理模式，这里的"董事会"与欧美国家高校独立的董事会不同，与大学层面由"大学和政府部门、企事业单位与社会团体和社会各界人士"发起成立的董事会（如苏州大学董事会）略有相同，它应该还是"企事业单位+地方社会力量+学院党政联席会"的组合。学院董事会是学院加强与地方社会相互沟通交流的平台，也是建立相互合作关系的桥梁和纽带，是对学院办学方向、发展规划、人才培养等重大问题提供咨询、建议、指导和监督的智囊组织，是常设性非行政组织。董事会主席由校外政府或企事业单位的知名人士或专家担任，常务副主席由学院领导兼任。党政联席会在董事会的咨询、建议、指导的基础上做出决策，也就是说董事会下的党政联席会依然是决策机构。

行政和政治权力在该类型院系中表现出竞争性，并且行政权力更加独立，对政治权力形成了比较强的制约作用；行政权力虽然有一定的决定权，但往往受政治力量的制约；如果两者不能良好协调，对院系的工作将会形成巨大负面影响。学术权力处于比较弱势的位置，为上述两种权力所控制。由于院系成员财政自控能力比较弱，因此，难以在经济权力上有影响力，仅有的影响力基本都是与前三种权力紧密挂钩生成的。象征性权力往往表现在年龄、资格比较老的教授和管理者身上，该类权力单独发挥影响力的程度比较低，要想发挥力量必须与党政、行政和学术权力紧密结合起来。

从工作层面来看，该类型学院以教学工作、学生管理工作、社会服务工作为主，学术权力主要体现在专业建设与教学方面，学科发展实力不强，因而学术权力相对薄弱。学院的行政管理和学生管理工作任务较重，应该说是行政性大于学术性。学术权力的独立性不强，需要融入行政权力系统才能发挥作用。因此，对于学院发展来说，行政权力必然成为主导力量，需要院长和党委书记代表两大权力系统分工负责，密切配合。所以该类院系可以实行"董事会制度下的院长书记分工负责制"，可以说该模式是融合了行政主导模式和市场主导模式的优势。

1. 党委书记和院长

该模式中，党委书记和院长的关系与教学科研并重型院系的关系基本一致。两者都作为董事会成员，也是党政联席会的成员和组织者。但有一点需要明确，董事会常务副主席由书记还是院长担任的问题，基于董事会承担的审议、咨询和建议的职能，以及董事会讨论议题更倾向于发展规划、人才培养和社会服务等专业性问题。笔者认为董事会副主席由院长担任更加合适,这既能够体现大学院系的学术型特征和学术权力的彰显,也能充分发挥院长作为行政负责人的对外协调和组织职能。书记在这些重大事项方面依然负责方向和监督职能。

2. 教师与学生

该类院系主要以人才培养为主要职责,强化学生应用性能力的培养,实践教学尤为重要,因此教师在教学活动与学生的接触和交流较多。与学科型院系以科研项目和共同研究的交流方式不同,该类院系师生主要借助课堂教学、综合实践教学项目、学习组织等进行交流。对于学生而言,教师的象征性权力的影响不如前两个类型,相反教师的综合素养和教学能力成为主要影响因素。其中教师的对外合作交流能力、操作应用能力、把握行业信息能力等综合能力,超过学术能力,对学生影响更大。

3. 党委书记、院长与师生

该类院系中,行政管理的色彩比较浓厚,党委书记和院长分别在学生系统和教师系统中发挥着直接的管理作用,因而联系比较密切。学术权力必须与行政权力结合在一起,才能发挥作用,所以院长主要侧重于行政权力。党委书记与院长合作,成为学院发展的核心力量,两者的配合非常重要。如果两者各自为政,互不配合,导致的直接后果就是教学系统与团学系统不能配合,直接影响教学质量。如何做到既分工又合作,是对书记与院长的基本要求,合则双赢,不合则两败俱伤。但在此类院系中,两者的关系以及各自所代表的权力系统间的关系,依然是一个复杂而又敏感的问题,直接影响学院的整体发展。

(二)专业型院系权力运行机制

1. 决策机制

该类院系的决策实行董事会议事基础上的党政联席会决策制。董事会还要主动吸纳学生代表、学生家长代表等代表的参与,以保障核心利益相关者的参与权。董事会因为人员较多,不可能经常性地开会讨论学院具体事务。董事会一般每学期召开1—2次会议,就学院重大事项,如学院发展规划、人才培养方案、专业设置、课程体系、社会资源融合、合作办学、就业等需要社会参与和支持的问题，进行讨论、审议和建议，结果交由党政联席会议，由党政联席会议作出最终决策。这样就保证了决策的民主型、参与性和科学性，社会力量和市场因素的参与和支持保证了人才培养和社会服务的方向性和适应性。就学院发展的具体事务，党政联席会也可自行组织会议进行决策。在决策过程中，可以就具体问题咨询董事会相关成员。

2. 执行机制

分工合作的执行机制与教学科研并重型的运行模式基本一致，问题是分工容易合作难。在两大场域的交互合作方面，因两大权力主体均较强势，所以合作是个难题。该模式教学任务重、管理任务重，因此还存在明显的行政化和科层制的特点，所以效率不成问题，但问题是在效率的基础上如何兼顾其他权力的公平参与等。

3. 协调机制

分工负责制给协调带了很大困难，分工负责事实上是分工合作，因为没有合作就没有发展，就更谈不上负责了。如前所述，此类院系中，党委书记和院长的权力更大，矛盾更突出，所以协调机制的首要难题就是院长与书记及其代表的两大权力场域的关系。显然分工负责制为协调带来很大困难，二级办学和权力下放之后，学院矛盾又不可能动辄交给学校，董事会负责议事而无决策和协调权力，但又必须有一个协调机制来解决这个问题。笔者认为可以有四个渠道：一是董事会通过审核年度报告和审议重大事项等，结合社会力量，对行政矛盾关系进行制度环境的协调；二是学校层面通过政策、制度和年度考核、民意测评等进行宏观协调；三是院长和书记自身进行微观的自我协调；四是成立由老教授和离退休教授组成的学院督导委员会，对专业性质的矛盾问题进行第三方协调。

协调机制的第二个难题就是行政权力与学术权力的关系，行政权力不能对学术权力形成压抑，学术权力不应成为行政权力的附庸。即在强势的行政权力之下，要提升学术权力的影响力。这需要依靠党政联席会的内部协调，如在党政联席会议成员增加系主任等教学人员等。

4. 控制机制

如前种类型所述,权力控制系统是一个相互监督和制约的网状结构。如何对行政这两种强有力的权力形成有效制约呢?除了传统的教师与学生代表大会和来自学校层面的制度约束之外,首先要强化学术权力对行政权力的监督与制约。一是成立由德高望重、有学术威望的老教授和离退休教授组成的督导委员会,进行常规监督;二是党政联席会成员的日常监督;三是权力系统之间的相互监督(前文有述)。同时,发挥好政府部门、企业、家庭的外部监督作用,使外层调控性和需求性力量对院系改革产生监督和激励作用。

总之,不同类型院系因其职能不同,形成不同的权力配置方式和运行机制,体现了五种基本权力在不同境域中的组合方式,这些组合形成院系协同治理的权力结构和改革驱动力量。但这种结构并非是静态的设计结果,各种力量的组合也并非一成不变,这只是一种初步的、理想的模式设计。这种驱动组合力需要随着院系治理情境的变化而不断更新,并使之获得良性发展,这也是后续研究需要进一步深化的问题。

第三节 大学院系治理的综合改进机制

院系治理改革需要一系列与之配套的改革措施和外部支撑条件,必须通过综合改进的方式,方可以为其提供坚实而又行之有效的改革基础。

一 培育院系治理基本精神

院系治理改革首先需要在精神层面获得与之相匹配的基本要素,否则,就会因为缺乏精神内核而使改革失去了实质性意义。当组织机构没有该基本精神的时候,改革要想取得成功,那么就必须培育这些基本精神。需要注意的是,在院系治理改革中,并不是遵循"先形成完好的匹配性基本精神之后再进行改革"的路径,而是秉持"边改革、边培育、边修善"的原则，在改革实践活动中，通过理性说服和事实教育等方式培育相关基本精神。

(一) 协同创新精神

从国内外大学院系改革的基本经验和未来发展趋向来看，未来的院系治理结构绝对不仅仅限于某一个或几个学科的简单组合；行政管理力量存在的价值并非在于简单的资源配置和控制；教学、科研人员的工作方式也非简单地把专业、学科等因素黏合在一起；学生的学习方式也将变得更为灵活，网络互动、综合学习将会成为主流学习方式；学校管理也要充分实现对内和对外的有机、有效对接，一方面对院系发展形成支撑作用，另一方面对社会发展中的种种需要做出理性而有效的回应。未来中国高校院系无论是作为二级办学单位，还是成为学部下设的三级教学、科研实体，院系治理改革必然会给学校整体治理结构带来巨大冲击；无论各种权力如何重新配置，各种力量综合灵活汇集都将成为权力重新配置的基本方向；无论院系治理结构如何变动，都需要以教学、科研和社会服务作为中心点，只有如此才能体现高校以及院系的存在价值。这些改革动向都向当前的改革者提出了一种挑战，即是各种力量如何协同创新。院系治理核心粘合力量可能有多种，如根据国家、某一群体的政治、经济等利益来构建院系结构，或者根据学科、专业发展需要来构建院系结构，抑或根据社会职业需求来构建院系结构。但是无论出于何种粘合力量，院系治理结构都将不会再回到由某一特种力量控制的时代。因此，各种力量如何协调于一体，便成为左右院系能否顺利运转的关键行为之一。

受中国高校和院系管理体制的影响，在院系内外各种力量的互动中，职责不清、推诿扯皮、自我中心、力控他人等现象仍是频频出现，因此，培育协同创新精神不仅仅是改革的需求，也蕴含着改革的困难程度。在当前我国高校院系改革中，很难以讲解道理的直接方式来培育该精神，而是需要在实际的管理活动中达成该目标。为此，有必要给院系内外系统引入"狼"性因素，即将新技术、新项目引入其中，辅之以新制度，发挥管理作用，同时引入新文化，发挥引导作用，促使管理者、教师、学生以及内外成员不断总结经验和吸取教训,逐渐生成协而不同的创新精神。

(二) 自由与民主协商精神

当前中国院系管理在很大程度上遵循着"便于管理、易于管理"的思维方式,因此,在整体发展动力不强的情况之下,为了更好地推动多方力量凝聚预定目标,管理者总是比较喜欢行政主导式的管理模式,控制性的管理措施比较多。这些管理方式在一定程度上可以使院系在表面上能进行平稳的运转,不会出现太多与管理集团意向相左的现象;但这不过只是表面现象,在其背后隐藏着更让人担忧的潜在危机,即无法真正用对待学术组织的方式来对待学术组织的发展。其结果就是,要么该种管理方式将学术组织控制得过于死板,要么组织成员因为无法适应学术组织的存在和发展方式而被历史淘汰。无论是哪一种情况,都不利于院系以及内部成员的成长。

院系组织在很大程度上具有自组织的属性,未来院系改革发展趋势也要求院系本身必须具有足够的自主性,这就要求必须保证院系以及内部成员的基本权利,即意味着给其足够的自由度。自由是使某某免于奴役、控制的态度、权利和能力,学术自由、教学自由和学习自由在很大程度上有利于促进学术研究,促进教师专业发展,提升学生自治能力。自由需要启蒙,启蒙的前提条件是理性。这也就意味着院系治理改革必须要有足够的理性,以此来保证各方基本权利,实现利益分配公平。但在保护相应利益主体权利的同时,自由也有自身需要注意的界限。[①] 例如,在学术自由要处理学术给社会带来的各种潜在影响,需要伦理委员会涉入其中;无约束的教学自由也可能会损害他人利益;学习自由与学习纪律之间也需要保持必要的界限。诸如此类的问题就会引发院系管理在群体决策方面的选择机制。而民主是有效保证自由得以实现的保障,注重分权的民主决策方式也会培育人们宽容、理性和批判的品质,它不但有利于遏制绝对权力,而且也有助于人们健康人格和创新精神的形成。因此,民主精神是院系治理急需要

---

① 张世爱:《地方高校基层学术组织研究》,山东人民出版社2016年版,第204—207页。

培育的基本精神。

自由和民主精神对院系改革具有重要作用,但两者之间的关系需要协调,否则不但会相互矛盾,而且还会使院系治理陷入混乱。在此,我们认为,自由是民主的界限,也就是说,在公共领域,民主决策不能伤害到组织成员的基本权利,至于具体权利则要依据不同时空的法律而定。

(三) 公共参与精神

院系治理意味着多元主体通过多元方式参与内部治理,从利益分配机制来看,属于利益相关者对自身利益进行维护的意识和能力。[①] 从本质来讲,维护利益是为了更好地维护公共秩序,面对院系内外众多事务,并非要求所有成员参与其中,而是形成一种有序的结构,使成员有机会参与到适宜的事务中去。鉴于上述观点,我们认为非常有必要培养院系内外成员的公共参与精神,它包括对公共领域的事务要发表言论,表达利益诉求,参与一定的决策之中;同时,它也意味着在参与中需要秉承宽容、理性和妥协的精神,以此可以更好地尊重他人利益。

在院系层面培养公共参与精神,需要分别在学校层面、院系层面以及专业、学科层面形成一个或若干个能够让不同组织成员参与协商的公共平台。例如,学校层面拥有校务委员会、学术委员会、教学指导委员会、学位评定位委员会、人力资源建设委员会或者董事会、监事会等,在院系层面完善教授委员会、学术委员会等,在学科或专业层面建立学术共同体小组和专业协商机构,如教研室、学科平台、学术团队、教学团队、课题组等。设置这些组织的目的就是为相应成员在相应层面对院系事务进行参与、协商、讨论与监督搭建平台,并最终形成更具理性的发展目标和科学决策。院系治理改革需要有一个与之能够遥相呼应的组织环境,因此,公共参与精神绝对不仅仅是从院系层面来谈起,也需要在学校层面和学科、专业层面对其加以关注。

---

① 薄存旭:《当代中国中小学校组织变革的价值范式研究》,教育科学出版社2016年版,第124—125页。

在此需要注意的是，公共参与的初衷不是为了提高决策效率，而是在关注各方利益的同时，重视构建和谐的整体组织秩序，并从长远上来关注组织运转效益。因此，必须抛弃那些以眼前短期效率名义而对公共参与精神加以诟病的态度和行为。

二 构建外部治理支撑体系

高校院系治理模式改革绝对不仅仅是院系自身的事情，对其加以改革，也并不是意味着仅仅对其自身管理方式进行改革，而是一个系统工程。它既要涉及高校教学、学术组织系统的整体设置和协调情况，还要涉及行政、行政组织系统的整体治理情况，高校内部整体治理方式改革后，对院系的管理方式也会相应发生变化。因此，要想实现院系治理改革，就必须为其创造良好的外部治理支撑体系。在外部治理结构中，除了学校层面的因素，还涉及社会、政府等因素。在此，笔者认为社会、政府改革属于更加外围领域的事情，本书不会做深度研究，而主要对学校层面的不同权力系统之间协同治理结构进行分析。

（一）高校教学、学术组织系统协同治理结构

传统欧美高校的教学、学术组织设计与中国当前设计差别比较大，一般是"学系（讲座）—学院（学部）—大学"的设置模式。德国大学传统上的将结构分为三个等级：第一级是讲座，教授是讲座的主持者；第二级是学部，大约与美国的大学院基本类似，一般有4—6个学部，其基本职权不是管理，而是发挥咨询作用，唯一具有实质性权力的机构是部务委员会；第三级是大学，决策权力组织是大学评议会，由部主任和教授代表组成，通常管理的是学术事务，其重要职权是选举校长。英国大学的情况尤其特殊，第一级和第二级基本与德国一致；第三级是大学，包括的主要机构有：校务委员会和理事会、评议会；第四级是联合大学，如伦敦大学、威尔士大学等。美国大学组织的第一级是系，第二级是学院。其中文理学院属于基础学科学院，一般涵盖了人文学科、社会科学和自然科学中的所有系，同时进行本科生和研究生教育。另外，美国大学还有专业学院，主要属于

研究生教育。第三级是大学，第四级是设立多所分校的州立大学。日本大学的一级单位也是讲座，由1名正教授和1—3名副教授组成，讲座属于集体，因此也经常被称之为"沙发"；第二级是学部，是若干讲座的联合体，具有较大的自主权，是独立的教育和行政单位；第三级是大学校长、大学评议会或者董事会及事务局，大学校长由学部选举而成，任期四年；第四级是拥有分校的联合大学，但各大学相互独立，通过大学评议会或董事会来争取和维护自身利益。我国大学历经几十年的学院制改革，大部分形成了"校—院—系"三级结构二级管理模式。

针对传统型院系组织相对固定的不足，当前世界各高校开始对教学、科研组织结构进行灵活设置或学科整合，出现了一些新型院系，这直接导致院系治理方式产生了大变革。第一，建立跨学科或多学科的统合型学院。它的功能是整合全校相近或相关的研究力量，实现跨学科交流，促进多学科合作攻关，它在极大程度上吸引了各种优秀人才进入，促进了人才流动。目前我国有些科研型大学中的学院已经开始尝试，例如上海大学钱伟长学院抛弃了学院供养全体教师的做法，为了培养学生的宽厚知识基础，将学校内外的优秀人才吸引进来，发挥多学科交叉培养人才的优势，实际上学院是在替代市场和行政力量，发挥着人才交流的作用。将该组织中教学、基础研究、应用研究有机统合起来，为学术发展、杰出人才培养创造了良好条件，在很大程度上提升了学术权力的影响力，并且为各种权力互动指明了价值方向。第二，设置学群、学类和学系功能的基础学院。为了解决讲座过多、零散的不足，日本的大学开始设置学群，学群犹如一所小型的综合大学，它包括人文、社会、自然三个领域，使学生全面地接受教育，发挥其小型而又综合的优越性。学类相当于学部。学系是统一学术领域的教师进行研究的集体组织，比传统的"学科"要小一些，比"教研室"要大一些，在开展活动时，教师流动相对自由。另外，还有统合性课题组，即以课题组负责人调控人财物，院系管理只是发挥沟通和协调作用。这些改革都向中国院系改革提供了宝贵经验和警示，未来院系将逐渐走向综合、交叉模式，其具体职能和结构都因此发生巨大变化。第三，国内部分大学基于学科整合和特色凸显开始探索学部制的构建，除个别具有行政职能，进行实体化运作之外，大部分学部实行虚体运作，主要承担学术事务的协调和整合等。部分大学实行"院+部"共建形式。

在此，笔者认为未来大学整体设计及功能定位需要做出以下调整，才能为建构良好的院系治理结构创造外部条件。即打破各种人为界限，实现结构灵活统整，融合学科，共享资源，凸显特色，创造综合交叉型基层学术组织。主要包括：人才培养与学术研究整合，基础研究与应用研究整合，专业设置与人才发展整合，教学、科研、社会服务等实体职能与管理服务整合，学校、院系、学科、专业与社会整合。通过这些改革，实现高校治理流程改革，实现流程再造，为构建全新型院系创设引导性和依托性的外部组织环境。目前有很多大学开始进行这方面的改革尝试，如绍兴文理学院院长叶飞帆教授针对当前专业实体化、学科碎片化的局面，建议打破实体性的专业，建立学科导向的实体性的基层学术组织，即学科实体化，并以学科为单位进行资源配置。① 如武汉大学针对学术组织设置照顾传统与现实过多，反映变化与发展趋势较少；学术组织实体建制中强调自身的完整独立性过多，体现开放包容性较少；实体学术组织设置过多，学术组织之间沟通困难；学校管理幅度扩大，有效管理难度加大，学术组织管理成本增加等亟待解决的问题，进行了学科整合和内部治理结构的调整，实行"学部制"，加强学部统筹职能。形成学校决策、学部统筹、学院组织、学系（所）实施的学术管理格局。②

（二）高校行政、党政组织系统协同治理结构

高校行政、党政组织系统结构反映了学校层面各种权力的运转方式，院系治理改革也需要高校行政和党政组织系统做出相应调整，否则，学院发展也将难以获得支持性平台，再理想的模式也难以实现。

---

① 叶飞帆：《"应用型"宜跳出专业实体化》，《光明日报》2016年8月16日第13版。

② 根据对武汉大学内部组织结构改革的访谈提纲进行整理。

美国高校无论是公立的还是私立的，多数实行董事会领导下的校长负责制。董事会主要负责制定学校发展战略，学校内部具体事务则被交给由其推选的校长和评议会，并将学术管理事务交给教授委员会。校长、教务长、学院院长、系主任构成了学校行政管理的主线，校长向董事会负责，主要职责是：制定有关学校政策、协调校内外各种关系、加强与州议会或联邦机构的联络、与董事会进行信息交流、负责学校事务的法律咨询等。[①] 同时，设置1名或者多名副校长，负责学术研究、人才教育和外事交流等工作。财务管理、人力资源、后勤保障和学生事务等部门则属于服务性部门。

英国高校校级层次的决策机构是校务委员会、理事会、评议会和校长等，主要职责是：把握办学方向，规划未来发展，确立各项制度，制定学术战略等。其中，理事会是最高管理机构，它由校内外人士担任，其中一半来自外部，主要职责是为大学筹集资金；评议会构成人员主要来自校内，主管学术事务；理事会和评议会的代表人员组成规划委员会，负责规划和决策大学的发展；大学联合会的人员也是来自校内外，平时基本无事，只是每年听取校方汇报一次，主要负责校长和部分行政人员的选举事务；副校长是高校最高行政领导，兼任评议会主席，一般是由校务委员会来任命。学部自主权力比较大，对下属各院或系、中心及研究所，进行人、财、物的统筹管理，制定和控制预算，制定本学部的教学和科研战略，监控学部内各机构的教学及科研质量，促进学部内学科整合和学科建设，支持员工学习和培训等。院或系、中心及研究所具体承担人才培养和科学研究的主要任务。[②]

另外，日本高校管理体制也具有自身特点。2003年，文部科学省颁布了《国立大学法人法》，结束了学部教授会的控制，完成了国立大学内部治理结构的转变。其改革目的之一是扩大校长在决策中的权力，校长一般可以根据经营协议会和教育研究评议会的审议结果进行

---

① 谢辉：《美国公立大学行政管理组织架构分析》，《中国高教研究》2010年第7期。
② 廉军、陈通：《英国大学内部管理制度的研究与借鉴》，《辽宁教育研究》2008年第8期。

最终决策。校长可在文部科学省规定的人数内直接任命理事会的理事，并直接任命经营协议会委员和教育研究评议会的部分委员。[①] 理事会是国立大学的最高权力机关，由校长和理事构成，理事则是来自于校内外人员，对学校发展中长期规划、预算决算、机构设置等事务拥有决定权。大学法人化之后，大学组织分为管理和教育两个事务组织，经营协议会主要负责大学管理事项，教育研究评议会主要负责教师和学生等教育事务。

上述高校校级层面的管理体制结构与其院系治理方式是紧密结合在一起的，这也给中国大学院系改革提供了经验和启示，即如何建构一套符合本国特色的校级管理模式，为院系治理改革创造行政组织基础。上述管理方式具有以下共同特点（如第四章所述）：体制结构有利于促进校内与校外意见交流和利益整合；顶层设计保证教学学术事务与行政事务职责分明；大学内部权责对称，相互制衡；倡导以利益协调为核心的多元化主体治理结构；学术权力与行政权力互相协调，权力主体呈多元化。在此以武汉大学内部权力体系改革为实例，探寻党政协同治理的新模式。

武汉大学根据上述思路，针对当前学校行政职能重叠、一事多管、职能分割、难成系统、行政化色彩严重、服务理念难以实现、直属单位与行政部门的关系难以理顺等现象，对校内行政组织构成体系作了改革。因改革涉及内部体系的调整，因此首先坚持了内部管理体制与国家规定的管理体制的一致性，即党委领导下的校长负责制。具体改革设想如下：一是坚持"党委主导"决策体制，建立"以党委为主导的校务委员会"的决策模式或"以学校党委常委会为主"的决策模式。二是改造现有的咨询、监督和保障体制，设置教授委员会，实现教授治学；设置大学监事会，实现对学校行政事务的监督；发挥教职工代表大会的作用，实现民主管理；实行模块化合署办公，推动大部制改革；设置行政事务集中办理大厅，提高服务意识和服务质量，

[①] 金红莲：《日本国立大学内部治理的制度变迁》，《比较教育研究》2010年第9期。

等等。① 这些改革总体上与《中共中央 国务院关于分类推进事业单位改革的指导意见》相吻合，符合"党委领导，校长负责，教授治学，民主参与"的高校改革理念，符合相应的政策法规要求。通过机构优化组合和模块管理，对化解行政机构臃肿的局面，增强行政机构的服务意识和能力，提高学校管理工作效率起到积极作用。这在学校政治权力和行政权力层面为院系治理提供了良好的外部制度环境。

三 完善大学法人治理结构

院系治理结构与大学治理结构紧密联系在一起。院系的实体性与独立性意味着，院系作为大学的二级授权单位可以被赋予"二级法人"地位，大学法人地位状况直接影响院系的权力地位。在国家宏观层面需要为大学法人地位和办学自主权的落实确定合理的法律基础，如此方可以正确处理高校与政府、社会、市场的关系，也才能更好地为院系治理提供条件。根据《中华人民共和国高等教育法》的相关规定，高校作为法人享有自主调整专业，制定招生计划、教学计划，实施教学活动，开展科学研究、社会服务，开展对外交流，确定人员配置和管理以及使用财产等自主权，这充分确定了公办高校独立的法人地位。《中华人民共和国民办教育促进法》第九条也对学校的法人地位进行了规定："举办民办学校的社会组织，应当具有法人资格。"同时，还对董事会的运行程序作了明确规定。

但无论是对于公立高校而言，还是对于私立高校来说，法人地位在具体落实方面仍然存在着大量难题。从公办高校的外层空间来看，政府与高校之间的法律关系还没有完全确立，政府与高校之间的契约关系没有落到实处，政府对高校的干预还比较多见。从高校法人自身建构来看，法人治理结构也没有得到落实，行政集权管理的情况仍然比较多见，其他利益群体难以维护自身应得权利。高校的官本位意识还是比较严重，官员权力过大，并且得不到有效监督和制约，其边际收入率高，严重侵害了现代大学精神。教师、学生、家长和社会力量

---

① 根据对武汉大学内部组织结构改革的访谈提纲进行整理。

缺少可以参与的途径，对高校法人监督非常不到位。①民办院校在法人治理建设方面也存在着一些问题。董事会虽然由多名成员组成，但是真正在其中发挥作用的是少数派，董事会成员的责权利较为混乱。董事会与校长的关系仍然没有理顺，前者决策与后者执行往往相互冲突。董事会和校长以及主要管理者的权力得不到有效监督，学校内部的责权利划分不够明晰，相应成员的利益和权利无法得到有效维护。在与政府的关系上，政府没有给予民办院校以公平政策，法人地位无法获得公平对待。十八大以来，随着高等教育领域综合改革和管办评的分离及政府宏观管理和高校办学自主权的落实，这些状况在逐渐改善，但还不尽如人意。

上述不足导致高校院系治理无法获得高校法人治理结构支撑，诸多当前矛盾与此不无相关。因此，为了落实院系二级办学的实际权力，那么就非常有必要对学校法人治理结构加以完善。从公办学校而言，其一，必须明确办学者与经营者之间的责权利关系，为政府合理介入设定界限，由此可以使高校获得必要的自主权，从而为权力下放院系奠定基础。其二，建立民主决策制度，使校内外各种利益主体拥有自身权力，同时能对学校管理者进行有效监督，明确规定各种机构和成员的责权利，处理好学校最高决策机构与校长、党委书记、行政机关首长和院长（系主任）以及党委书记之间的关系。其三，建立领导人产生和退出机制，如此可以理顺学校领导者与内部成员之间的关系，有利于削弱官本位意识，提高决策和服务能力，有利于理顺行政、行政权力与学生、教师的关系。其四，完善利益相关者参与和监督机制。对于私立高校而言，需要明确办学的公益性和市场化定位；明晰产权制度，确保各种投资办学者在学校管理中的职责和权力；健全董事会领导下的校长负责制，落实董事会产生的程序，落实校长治校的权力；同时健全内部监督和协商机制，防止管理团体乱用权力。②

---

① 黄崴：《公办高校法人治理结构及其建设》，《高等教育研究》2008年第8期。
② 杨炜长：《完善民办高校法人治理结构的现实思考》，《高等教育研究》2005年第8期。

四 预防矫正异化驱动力量

(一) 防止为改革而改革,新瓶装旧酒

院系治理改革意味着高校管理系统在时代面前的整体变革,对中国高校会产生巨大的冲击力。此改革并非意味着对组织管理进行简单的表层调整,其改革涉及基本精神、权力配置、系统运转等诸多方面。因此,要促使院系治理改革获得成功,就需要改革者深入当前院系管理系统深处,揭示其运转机理,发现其运转问题,寻求其改革动向,获得有效改革路径和策略。这需要在继承传统管理优势、明晰当前国家管理体制的前提下,充分体现院系治理的基本理念和精神。防止为改革而改革的不足,陷入"新瓶装旧酒"的误区。例如,院系治理改革从根本上来讲是对权力进行重新配置,使其适应灵活多变的外部环境,在协调利益矛盾的同时,提升工作效率,回归院系工作实质。要解决学生培养、就业以及教师工作、考核等领域内的棘手问题,并非对其进行简单调整就可以了,而是需要对关涉该问题的治理方式作很大程度的反思和改革,如果仅仅限于上述改革,那么改革也只能热衷于"玩一些花样、耍一些花招"罢了,背后的管理制度如果得不到改变,那么上述改革最终只可能流于形式,无疾而终。

(二) 防止改革主线不明,为民愿所困

学院治理改革的基本追求之一是尊重组织成员的权利,发挥他们的民主监督力量,并吸纳院系内外相关利益群体的意见,最终实现协同治理。但是协同治理不等于根据组织内外利益主体的意愿来治理,治理改革的目的是保证院系工作的正义和公正性,自由和民主协调发展是达成院系工作正义性的保证,在一定程度上也具有目的论的作用。因此,改革中需要谨防改革路线发生偏移,为民愿所困。例如,为了赢得组织内外成员的支持,有些院系提出办让学生和家长满意的专业,也有的提出办让用人单位满意的教育,还有的提出办让政府放心的教育,这所有的一切都可能会偏离治理的核心。让任何一方满意的教育,让任何一方感觉舒心的管理方式,都是为他们的某种需求所左右。以需求为中心的院系办学方式虽然可以在一定程度上为院系发

展赢得足够的市场和社会肯定,但从长远发展来看,都是以违背高等教育发展基本规律作为代价的,所得到的收益与所付出的代价往往差距悬殊,这对于力求走出稳步发展轨迹的中国高等教育而言,不能不说是一种得不偿失的改革方式。无论是学科型院系,还是教学为主型院系,都需要本着高等教育发展规律和公正原则,以学生为中心,面向未来,面向社会。

(三) 防止单边路线当道,被表象蛊惑

中国高等教育改革已经进入综合改革的深水区,无论单纯借助于哪一种力量,都无法从总体上带来实质性变化。院系协同治理模式需要全方位提升内外成员的素养,改革相应管理制度,改变思维方式,塑造新的行为,这必然要求考虑到通盘改革所要涉及的所有问题。因此,也只有综合深化改革的思路才能承载这一历史使命。但受制于管理体制的影响,许多高校和院系的管理者为了体现院系改革的特色,为了凸显管理者自身的素质,往往提出一系列口号,喊得也很响,围绕这一口号出台的改革措施也比较多,但往往并没有带来实质性改观。于是管理者经常会抱怨,这是由于组织成员没有从学校改革高度来承载相应责任,但无论这种抱怨有多大,院系组织自身的特性是无法改变的,院系改革的基本规律是不能违背的。因此,这种单边改革论调,有意无意间陷入了救赎论的泥潭,最终受到伤害的还是院系组织中的相关成员。

(四) 防止误套国际经验,致食洋不化

中国高校院系治理改革必须在一定程度上依据中国教育管理体制来做调整,它要面对特殊的政治、经济和文化等社会问题。因此,虽然国外已经在院系治理改革方面获得了一些理论研究成果和实践经验,也有一些值得我国高校深入借鉴,但当引进这些理论成果和实践经验时,需要与当前的教育管理体制融合起来,或者能够使之嵌入其中,并获得良性可持续发展。例如,当前党委领导下的校长负责制使院系必须面对院长(系主任)与党委书记之间的关系协调问题,简单套用国际经验,都会造成水土不服,或者招致食洋不化的不良后果。

本章小结

本章属于改革构想部分，构想我国院系治理改革的基本思路。根据理论背景、时代需求和不同类型院系面临的实际问题，提出不同类型院系的分类改革设想，即学术主导、分类驱动、综合改进。主要涉及院系分类、院系治理改革模式、院系治理改革的支撑条件等问题。

本章首要问题是院系的分类问题。当前的研究对大学的分类比较多见，但对学院的分类研究不多见，但学院发展模式和大学本身一样，不可能千篇一律，而应该是各有特色，各有侧重，需要的是分类而治。本书依然围绕"权力"这个核心要素，突破传统权力配置的"外塑性"思维，寻求学院权力产生的内生性机理。学院的产生源于学科的发展，而学科的载体在于教师，学院存在的合法性和落脚点是学生，因为没有学生就没有学校，更没有院系。因此，基于学科发展和学生需求构建院系治理结构和运行模式，恰恰体现了大学的"学术性"和"人本性"的本质特征，所以学院分类要围绕着学院的基本职能和基本属性两条主线来进行，将分类的基本标准定位于"使命—功能—结构"的判定模式。也就是说，不是为了某种功能而外在地赋予某种结构，而是由于某种功能需求而自然衍生出与之相匹配的结构。在这个基础上进行权力场域的整体构建。为此，我们将学院分为学科型、综合型、专业型三个功能定位性学院。

其次是院系治理的权力结构和驱动力问题。高校院系的治理结构是各种权力资本错综互动的结果，其内部治理改革不仅仅是学院内部的事情，而是要涉及另外两个权力场域：一是学校层面的权力场域，另一个是社会层面的权力场域。它们在不同类型的组织机构中会形成不同结构的权力格局，并且追求组织改革的愿望、态度、行为都会有所不同。院系治理改革的驱动力绝非一种，而是多种；改革驱动力的方向也并非总是一致，很多情况下，驱动力之间可能是相互矛盾的，甚至会陷入相互内耗的改革误区。"技术""制度"和"文化"三个要素，它们都是院系改革驱动力生成和发挥作用的主要学术性载体，三者分别在院系治理改革中起着统摄性的作用。

本章第三部分对三种类型学院的权力配置与组合模式以及内部协同治理的运行机制进行了理想的建构：学科型院系的治理结构为"教授委员会决策下的院长负责制"，综合型院系的内部治理结构为"党政联席会议决策下的院长负责制"，专业型院系的内部治理结构为"学院董事会制度下的院长书记分工负责制"，三种模式分别吸取了当前行政主导、学术主导和市场主导三种运行模式的优势组合而成。权力的配置与组合围绕着院系治理的五种基本权力，不同权力的组合方式形成不同的改革驱动力，也形成了不同的运行模式，本书从决策机制、执行机制、协调机制和控制机制四个维度，对三种类型院系分别作了详细阐述。

最后提出了院系治理改革的综合措施。通过权力的合理配置和运行机制的科学构建，院系治理改革还需要一系列与之配套的改革措施。院系治理改革意味着高校管理系统在时代面前的整体变革，体现"现代大学制度"向"现代学院制度"的整体变迁。其改革涉及基本精神、权力配置、系统运转等诸多方面，需要改革者深入当前院系管理系统深处，揭示其运转机理，发现其运转问题，寻求其改革动向，获得有效改革路径和策略。这需要在继承传统管理优势、明晰当前国家管理体制的基础上，充分体现院系治理的基本理念和精神。因此，这种改革不是颠覆性的重新再造，而是在原有的基础上进行综合改进。这种改革需要培育院系治理的基本精神（如协同创新、自由民主、公共参与等），需要构建外部治理结构支撑体系，完善大学法人治理结构，预防矫正异化力量。

结　　语

　　人们最初使用"大学治理"一词是想表达一种意向，反映与传统"大学管理"不同的研究思路，但当"治理"不仅作为流行语汇使用，而且被引入研究视野后，就必须考察其明确的内涵指向，否则就不能作为概念。"治理"的概念有两种语境下的解释，一种是公共管理领域的，一种是经济学领域的。经济学领域的治理强调内部组织结构、权力制衡和制度安排，管理学中的治理含义丰富而又混乱，强调组织间的关系，强调分权、参与与共享。治理理论被引用到高等教育领域，就形成了"大学治理"的概念。有学者认为，大学外部治理研究适于借鉴公共治理理论，大学内部治理研究适于借鉴公司治理理论。

　　作为比大学组织更具体的院系组织，其治理研究范式显然要在大学治理研究框架之内。但随着高校管理重心下移和学院实体性和主体性的增强，学院需要独立地面对来自社会、市场、大学、家长等利益相关者的各种挑战。因此，学院治理与大学治理同样有内部治理和外部治理之分。如果说内部治理强调多元权力主体制衡基础上的效率，那么外部治理则强调多元利益价值实现基础上的公正。院系内部治理研究有利于大学学术权力的彰显和大学基层组织科学运行模式的构建，提高二级学院自主办学的效益。外部院系治理研究有利于协调各种权力之间的关系和优化大学内部管理体制改革。这些研究对二级学院办学体制下的学院内外部权力配置和运行机制的科学构建，具有重要的现实意义。

　　本研究在治理理论视阈下，引入场域理论作为分析工具，将作为微观领域的院系纳入到三大权力系统结构中分析，在网状互动的权力场域中，学院内外部治理结构实现了有机统一和和谐互动。通过质的研究方法，深入观察和解读院系管理的困境与不足，充分借鉴国内外大学内部治理经验，围绕信念、结构和运行的思路构建不同类型院系治理的新模式。具体研究结论有：

1. 治理理论是一个综合的理论体系，不是某一种理论。对于学院治理而言，有三种理论更具有适用性：委托代理理论体现了院系治理的研究前提和权力本质，法人治理理论体现了院系治理的独立性质和合理地位，利益相关者理论体现了院系治理的权力多元和制衡需求。场域理论则为院系治理提供了独特的研究视角和分析工具。学院是一个以学术权力为引领，以政治权力为导向，以行政权力为保障，以经济权力为杠杆，以象征性权力为精髓的学术团体，因此学院治理涉及以上五种权力。各种权力相互作用，形成治理的结构和过程，即权力配置方式和运行机制。对于权力运行来说，制度章程是依据，程序正当是原则，权力监督是防线。对于权力配置来说，需要行政权力与学术权力适度分离，强化学术权力；行政权力密切配合，实现职责分工；权力重心充分下移，实现校院权责一致；权力结构合理设计，创新权力分配模式；权力主体力求多元，分化制衡权力运行。院系治理必须纳入三个相互博弈而又密切配合的权力场域，一个是学院自身作为一个独立的场域，二是学院所在的学校作为第二个场域，三是学校所在的外界环境作为第三场域。三个场域的权力互动形成了不同的组织治理模式。

2. 目前院系管理模式根据权力生存和组合状态概括为三种类型，即行政主导管理模式、市场主导管理模式和学术主导管理模式。三种模式的价值取向（即权力取向、学术取向和市场取向）、系统结构（即院系场域、学校场域、社会场域）、运行机制（即决策、执行、协调、控制）各有特色，各成体系，分别代表了当前学院发展的三个方向。但每一种模式又都有自身固有的缺点和不足，并遭遇来自现实的种种困境。如行政主导模式是我国大部分大学学院的主流管理模式，但却有根深蒂固的行政化色彩，不利于大学学术本质的彰显；学术主导模式体现了大学学术本位的回归，往往以改革者的身份出现，但又存在效率低下和协调困难的问题；市场主导性模式体现了独立学院、民办高校与学院对市场与社会的回应，机制独特灵活，但功利色彩浓厚。对这些问题和困境的反思，将对学院治理改革提供现实根源。

3. 建议我国大学院系治理实施分类改革设想，即学术主导、分类驱动、综合改进。院系发展模式和大学本身一样，不可能千篇一律，而应该是各有特色，各有侧重，需要的是分类而治。本书依然围绕"权力"这个核心要素，突破传统权力配置的"外塑性"思维，寻求学院权力产生的内生性机理，基于学科发展和学生需求构建学院治理结构和运行模式，因此学院分类要围绕着学院的基本职能和基本属性两条主线来进行，将分类的基本标准定位于"使命—功能—结构"的判定模式，将学院分为学科型、综合型、专业型三个功能定位型学院，不同类型的学院根据职能需求形成不同的权力配置方式和组合模式，相应地形成不同的运行模式。这恰好体现了大学的"学术性"和"人本性"的本质特征。高校院系的管理结构是各种权力资本错综互动的结果，其内部治理改革不仅仅是学院内部的事情，而是要涉及学校层面和社会层面的权力场域。它们在不同类型的组织机构中会形成不同结构的权力格局。而院系治理改革的驱动力绝非一种，而是多种，甚至相互矛盾。"技术""制度"和"文化"三个要素，是不同类型院系改革驱动力组成和发挥作用的主要实现载体，三者分别在院系治理改革中扮演着不同角色。同时对于作为利益相关者组织的大学和院系来说，在权力运行层面必须进行协同治理。

总之，大学院系治理研究看似微观，实则复杂，它既面对来自现实的琐碎和庞杂，还要面对理论的宽泛和复杂。笔者深深感到，越是微观的研究越是难以把握，看似海量的信息越是难以取舍，或者流于形式，或者流于肤浅，既能提升理论又能观照实践，是件很不容易的事情。所以本研究只是冰山一角，抛砖引玉，距离科学的院系治理模式的构建与发展还有很长的距离，还存在很多未能深入挖掘的问题。如学院分类模式，校院二级分权模式与主体地位的实现，学术共同体在学院的地位与职能，学院权力的监督机制等问题，都还需要深入探讨。

高校二级办学体制下的学院治理研究，体现了我国大学"现代学院制度"建设的必要性，院系治理模式研究的最终目的是建设现代大学学院制度。相对于大学层面宏观复杂而又老生常谈的大学制度建设，现代学院制度建设将是一个新的研究领域和落脚点。作者将在这方面继续探索，探索的脚步永远在路上。

参考文献

一 中文部分

著作类

[1][美]彼得·德鲁克:《管理:任务、责任和实践》(第一部),余向华等译,华夏出版社2007年版。

[2][美]赫伯特·A. 西蒙:《管理决策新科学》,李桂流、汤俊澄等译,中国社会科学出版社1982年版。

[3][澳]欧文·E. 休斯:《公共管理导论》,张成福、王学栋等译,中国人民大学出版社2001年版。

[4][法]孟德斯鸠:《论法的精神(上册)》,孙立坚、孙丕强、樊瑞庆译,陕西人民出版社2001年版。

[5][美]伯顿·R. 克拉克:《高等教育系统——学术组织的跨国研究》,王承绪等译,杭州大学出版社1994年版。

[6][美]伯顿·克拉克:《探究的场所——现代大学的科研和研究生教育》,王承绪译,浙江教育出版社2001年版。

[7][美]戴维·斯沃茨:《文化与权力——布尔迪厄的社会学》,陶东风译,上海译文出版社2006年版。

[8][美]罗伯特·赫钦斯:《美国高等教育》,汪义兵译,浙江教育出版社2001年版。

[9][美]亚伯拉罕·弗莱克斯纳:《现代大学论——美英德大学研究》,徐辉、陈晓菲译,浙江教育出版社2001年版。

[10]薄存旭:《高校社会服务伦理研究》,山东人民出版社2013年版。

[11][美]丹尼尔·贝尔:《资本主义文化矛盾》,严蓓雯译,

江苏人民出版社2007年版。

［12］曾仕强：《中国式管理》，中国社会科学出版社2005年版。

［13］陈学飞：《美国高等教育发展史》，四川大学出版社1989年版。

［14］方克立、李锦全：《现代新儒家学案（下册）》，中国社会科学出版社1995年版。

［15］［荷］弗兰斯·F. 范富格特主编：《国际高等教育政策比较研究》，王承绪等译，浙江教育出版社2001年版。

［16］［美］弗兰克·J. 古德诺：《政治与行政》，王元、杨百朋译，华夏出版社1987年版。

［17］高宣扬：《布迪厄的社会理论》，同济大学出版社2004年版。

［18］［美］F. M. 泰罗：《科学管理原理》，胡隆昶等译，中国社会科学出版社1984年版。

［19］郭石明：《社会变革中的大学管理》，浙江大学出版社2004年版。

［20］贺国庆：《德国和美国大学发达史》，人民教育出版社1998年版。

［21］［美］亨利·罗索夫斯基：《美国校园文化：学生·教授·管理》，谢宗仙、周灵芝、马宝兰译，山东人民出版社1996年版。

［22］洪源渤：《共同治理——论大学法人治理结构研究》，科学出版社2010年版。

［23］［美］库伊曼、范·弗利埃特：《治理与公共管理》，见库伊曼等编《管理公共组织》，萨吉出版公司1993年版。

［24］李福华：《大学治理的理论基础与组织构架》，教育科学出版社2008年版。

［25］李波：《山东高校社会服务能力研究》，山东人民出版社2016年版。

［26］［美］罗伯特·G. 欧文斯：《教育组织行为学：适应型领导与学校改革》，窦卫霖等译，中国人民大学出版社2007年版。

[27] 马陆亭:《高等学校的分层与管理》,广东教育出版社2004年版。

[28] 马维娜:《局外生存》,北京师范大学出版社2003年版。

[29] 毛寿龙:《西方政府的治道变革》,中国人民大学出版社1998年版。

[30] 欧阳光华:《董事、校长与教授:美国大学治理结构研究》,高等教育出版社2011年版。

[31] 潘懋元:《多学科观点的高等教育研究》,上海教育出版社2001年版。

[32] [法] 皮埃尔·布迪厄、[美] 华康德:《实践与反思——反思社会学导引》,李猛、李康译,中央编译出版社1998年版。

[33] [英] 西尼尔:《政治经济学大纲》,蔡受百译,商务印书馆1997年版。

[34] 许纪霖:《中国知识分子十论》,复旦大学出版社2003年版。

[35] 杨瑞龙:《企业共同治理的经济学分析》,经济科学出版社2001年版。

[36] 尹晓敏:《利益相关者参与逻辑下的大学治理研究》,浙江大学出版社2010年版。

[37] 俞可平主编:《治理与善治》,社会科学文献出版社2000年版。

[38] [美] 约翰·S.布鲁贝克:《高等教育哲学》,王承绪等译,浙江教育出版社1998年版。

[39] [加] 约翰·范德格拉夫等:《学术权力——七国高等教育管理体制比较》,王承绪等译,浙江教育出版社2001年版。

[40] [美] 詹姆斯·N.罗西瑙主编:《没有政府的治理》,张胜军等译,江西人民出版社2001年版。

[41] 张建新:《高等教育体制变迁研究》,教育科学出版社2006年版。

[42] 郑文:《英国大学权力协调与制衡》,北京大学出版社2011

年版。

［43］张德祥：《高等学校的学术权力与行政权力》，南京师范大学出版社2002年版。

［44］张维迎：《大学的逻辑》，北京大学出版社2004年版。

［45］赵红军：《交易效率、城市化与经济发展》，上海人民出版社2005年版。

［46］赵文华：《高等教育系统论》，广西师范大学出版社2001年版。

［47］［德］卡尔·施米特：《价值的僭政——一个法学家对价值哲学的思考》，转引自刘小枫选编《施米特与政治法学（增订本）》，刘锋等译，华东师范大学出版社2008年版。

［48］［美］罗伯特·伯恩鲍姆：《大学运行模式——大学组织与领导的控制系统》，别敦荣等译，青岛海洋大学出版社2003年版。

［49］［英］瓦尔·卡尔松、［瑞典］什里达特·兰法尔：《天涯成比邻——全球治理委员会的报告》，赵仲强等译，中国对外翻译出版公司1995年版。

［50］王诗宗：《治理理论及其在中国的适用性》，浙江大学出版社2009年版。

［51］徐晞：《我国非营利组织治理问题研究》，知识产权出版社2009年版。

［52］［美］罗纳德·G.埃伦伯格：《美国的大学治理》，沈文钦、张婷姝、杨晓芳译，北京师范大学出版社2010年版。

［53］［美］罗伯特·伯恩鲍姆：《高等教育的管理时尚》，毛亚庆等译，北京师范大学出版社2008年版。

［54］［美］克拉克·克尔：《大学之用》，高铦等译，北京大学出版社2008年版。

［55］蔡春：《在权力与权利之间》，北京师范大学出版社2010年版。

［56］侯定凯：《中国大学的理性之路》，华东师范大学出版社2009年版。

［57］湛中乐：《通过章程的大学治理》，中国法制出版社2011

年版。

［58］［美］德里克·博克：《走出象牙塔——现代大学的社会责任》，徐小洲、陈军译，浙江教育出版社 2001 年版。

［59］阎光才：《识读大学——组织文化的视角》，教育科学出版社 2002 年版。

［60］贺国庆等：《外国高等教育史》（第二版），人民教育出版社 2006 年版。

［61］［英］阿什比：《科技发达时代的大学教育》，滕大春、滕大生译，人民教育出版社 1983 年版。

［62］韩延明：《大学理念论纲》，人民教育出版社 2003 年版。

［63］别敦荣：《中美大学学术管理》，华中理工大学出版社 2000 年版。

［64］胡建华：《现代中国大学制度的原点：50 年代初期的大学改革》，南京师范大学出版社 2009 年版。

［65］王英杰、刘保存主编：《中国高等教育改革 30 年·高等教育卷》，北京师范大学出版社 2009 年版。

［66］［美］菲利普·阿特巴赫：《比较高等教育：知识、大学与发展》，人民教育出版社教育室译，人民教育出版社 2001 年版。

［67］刘献君：《院校研究》，高等教育出版社 2008 年版。

［68］眭依凡：《理性捍卫大学》，北京大学出版社 2013 年版。

［69］［美］菲利普·阿特巴赫：《21 世纪美国高等教育——社会政治经济的挑战》，施晓光、蒋凯译，中国海洋大学出版社 2007 年版。

［70］［美］罗伯特·M. 赫钦斯：《美国高等教育》，汪利兵译，浙江教育出版社 2005 年版。

［71］蔡国春：《院校研究与现代大学管理》，教育科学出版社 2006 年版。

［72］龚放：《大学教育的转型与变革》，中国海洋大学出版社 2009 年版。

［73］郭平：《大学组织与管理：理念．制度．文化》，中国言实

出版社 2012 年版。

[74] 和震：《美国大学自治制度的形成与发展》，北京师范大学出版 2008 年版。

[75] 胡赤弟：《教育产权与现代大学制度构建》，广东高等教育出版社 2008 年版。

[76] 胡建华等：《大学制度改革论》，南京师范大学出版社 2006 年版。

[77] 黄福涛：《外国高等教育史》，上海教育出版社 2008 年版。

[78] 季诚钧：《大学属性与结构的组织学分析》，人民教育出版社 2006 年版。

[79] 金耀基：《大学之理念》，生活·读书·新知三联书店 2008 年版。

[80] [美] 罗纳德·埃伦伯格编：《美国的大学治理》，沈文钦、张婷姝、杨晓芳译，北京大学出版社 2011 年版。

[81] 马廷奇：《大学转型：以制度建设为中心》，社会科学文献出版社 2007 年版。

[82] 闵维方：《高等教育运行机制研究》，人民教育出版社 2002 年版。

[83] 田正平、商丽浩主编：《中国高等教育百年史论》，人民教育出版社 2006 年版。

[84] 王建华：《第三部门视野中的现代大学制度》，广东高等教育出版社 2008 年版。

[85] 王铭铭：《社会人类学与中国研究》，生活·读书·新知三联书店 1997 年版。

[86] 吴慧平：《西方大学的共同治理》，北京师范大学出版社 2012 年版。

[87] 熊庆年：《高等教育管理引论》，复旦大学出版社 2007 年版。

[88] 宣勇：《大学变革的逻辑：学科组织化及其成长》，人民出版社 2009 年版。

［89］宣勇：《大学组织结构研究》，高等教育出版社 2005 年版。

［90］严文清：《中国大学治理结构研究》，人民出版社 2011 年版。

［91］杨如安：《大学学院制：知识管理的视角》，西南师范大学出版社 2009 年版。

［92］曾仕强：《中国式管理》，中国社会科学出版社 2005 年版。

［93］张斌贤、李子江：《大学：自由、自治与控制》，北京师范大学出版社 2005 年版。

［94］张世爱：《地方高校基层学术组织研究》，山东人民出版社 2016 年版。

［95］郑晓奇、王锭蕊：《研究型大学基层学术组织改革与发展》，清华大学出版社 2009 年版。

［96］赵文华、龚放：《现代大学制度：问题与对策》，上海交通大学出版社 2007 年版。

论文类

［1］［英］R. A. W. 罗茨：《新的治理》，木易编译，《马克思主义与现实》1999 年第 5 期。

［2］北京大学：《北京大学学术与学位章程》，2009 年 6 月。

［3］曹克楠：《实施试点学院改革，探索高等工程教育的中国模式》，《北航校报》2011 年 9 月 21 日第 825 期第 1 版。

［4］北京师范大学：《北京师范大学教授委员会章程》，百度文库（http：//wenku. baidu. com）。

［5］毕宪顺：《教授委员会：学术权力主导的高校内部管理体制》，《教育研究》2011 年第 9 期。

［6］曹如军：《试论大学专业二级学院的管理模式》，《复旦教育论坛》2003 年第 4 期。

［7］曾令初：《大学实行学院制后校、院、系基本职能探讨》，《高等教育研究》1997 年第 3 期。

［8］陈金江：《中国大学本科精英学院运行模式研究》，博士学位论文，华中科技大学，2010 年。

［9］陈田初：《日本的高等教育管理》，《中国高等教育》1991年第10期。

［10］陈学飞：《美国高等学校的内部管理系统及其特征》，《高等教育研究》1991年第2期。

［11］程秀波：《学院制及其运行机制探析》，《商丘师范学院学报》2008年第11期。

［12］储朝晖：《大学管理从"心"开始》，《光明日报》2012年1月30日第5版。

［13］楚红丽：《公立高校与政府、个人委托代理关系及其问题分析》，《高等教育研究》2004年第1期。

［14］邓岚、吴琼秀：《英国综合性大学的学院制模式分析》，《湖北大学学报》（哲学社会科学版）1996年第5期。

［15］东北师范大学：《东北师范大学教授委员会章程》，百度文库（http://wenku.baidu.com）。

［16］方芳：《大学治理结构变迁中的权力配置、运行与监督》，《高校教育管理》2011年第6期。

［17］甘金球、工芳：《试析民办高校复兴的必要性与可能性》，《当代教育论坛》2004年第11期。

［18］甘永涛：《大学治理结构的三种国际模式》，《高等工程教育研究》2007年第2期。

［19］甘永涛：《权威—目的两分法：大学治理模式解析》，《教育发展研究》2006年第21期。

［20］甘永涛：《英国大学治理结构的演变》，《高等教育研究》2007年第9期。

［21］耿华萍：《改革中的我国大学学院制研究》，博士学位论文，扬州大学，2005年。

［22］宫留记：《布迪厄的社会实践理论》，博士学位论文，南京师范大学，2007年。

［23］龚怡祖：《现代大学治理结构：真实命题及中国语境》，《公共管理学报》2008年第4期。

[24] 龚月红：《关于完善高校二级学院管理模式的思考》，《内蒙古师范大学学报》（教育科学版）2010年第9期。

[25] 顾建新：《"学院"考辨及翻译》，《比较教育研究》2004年第11期。

[26] 郭桂英：《学科群与学院制》，《高等教育研究》1996年第6期。

[27] 郭平：《我国公办大学内部治理结构研究》，博士学位论文，西南大学，2012年。

[28] 胡春华：《高校内部治理结构研究》，博士学位论文，武汉理工大学，2008年。

[29] 胡娟：《西方大学制度的几种主要模式及其启示——从权力结构的角度分析》，《中国人民大学教育学刊》2011年第3期。

[30] 胡仁东：《权力与市场：两种高等教育资源配置模式》，《高等工程教育研究》2006年第2期。

[31] 黄崴：《公办高校法人治理结构及其建设》，《高等教育研究》2008年第8期。

[32] 黄祥林：《"学院制"改革与高校内部教学科研机构重组》，《延安大学学报》（社会科学版）2004年第3期。

[33] 贾莉莉：《学科视角下的中美研究型大学学院设置比较分析》，《中国高教研究》2009年第7期。

[34] 姜华：《高校二级学院院长的角色冲突》，《中国高教研究》2011年第10期。

[35] 姜亚杰：《牛津大学学院制研究》，硕士学位论文，吉林大学，2008年。

[36] 蒋小敏：《学院制改革：校院系学术权力的重新配置》，《新疆财经学院学报》2007年第3期。

[37] [英] 鲍勃·杰索普：《治理的兴起及其失败的风险：以经济发展为例的论述》，漆芜译，《国际社会科学杂志》（中文版）1999年第1期。

[38] 金红莲：《日本国立大学内部治理的制度变迁》，《比较教

育研究》2010年第9期。

[39] 金鑫:《我国独立学院法人治理结构研究》,博士学位论文,华中科技大学,2011年。

[40] 孔捷:《德国大学学术组织的演变与改革》,《南京理工大学学报》(社会科学版)2008年第5期。

[41] 郎益夫、刘希宋:《高等学校治理结构的国际比较与启示》,《北方论丛》2002年第1期。

[42] 李保强、刘永福:《学校改进的历史回溯及其多维发展走向》,《教育科学研究》2010年第2期。

[43] 李磊:《试论高等院校学院制领导体制的构建》,《高等农业教育》2010年第6期。

[44] 李全生:《布迪厄场域理论简析》,《烟台大学学报》(哲学社会科学版)2002年第2期。

[45] 李军、阳渝:《大学治理结构面临的问题及目标模式》,《高等农业教育》2006年第12期。

[46] 李泽彧、陈昊:《关于我国大学学院制的若干思考》,《江苏高教》2002年第5期。

[47] 廉军、陈通:《英国大学内部管理制度的研究与借鉴》,《辽宁教育研究》2008年第8期。

[48] 林健:《大学校院两级管理模式中的学院设置》,《国家教育行政学院学报》2010年第10期。

[49] 刘少雪等:《创新学科布局 规范院系设置》,《清华大学教育研究》2003年第5期。

[50] 刘枭、程均丽:《构建具有中国特色高校董事会完善高校内部治理结构》,《教育探索》2011年第3期。

[51] 刘尧:《我国民办高等教育的现状、问题与发展趋势》,《教育研究》2004年第9期。

[52] 龙献忠、刘鸿翔:《论高等教育发展的治理模式》,《高等教育研究》2007年第2期。

[53] 龙献忠:《从统治到治理——治理理论视野中的政府与大学

关系研究》，博士学位论文，华中科技大学，2005年。

[54] 卢小珠：《从治理结构角度论公办高校管理体制的改革》，《改革与战略》2004年第12期。

[55] 马陆亭、李晓红、刘伯权：《德国高等教育的制度特点》，《教育研究》2002年第10期。

[56] 马小芳：《我国大学二级学院设置和分类研究》，硕士学位论文，南京师范大学，2012年。

[57] 彭红玉：《我国高等教育治理结构的反思——结构功能主义的视角》，《高教探索》2007年第6期。

[58] 彭新一、李正：《学院制改革：理论探讨与实践分析》，《华南理工大学学报》（社会科学版）1999年第1期。

[59] 蒲波、黄涛：《学科组织化：高校二级学院领导管理体制建构的新视角》，《四川理工学院学报》（社会科学版）2012年第1期。

[60] 戚业国：《论大学学院制度的形成、发展与改革》，《高等教育研究》1996年第5期。

[61] 任初明：《我国大学院长的角色冲突研究》，博士学位论文，华中科技大学，2009年。

[62] 商筱辉：《现代大学制度下二级学院运行机制研究》，《首都经济贸易大学学报》2013年第5期。

[63] 盛淑慧：《高等学校教授委员会制度研究》，硕士学位论文，淮北师范大学，2011年。

[64] 时伟：《论学科发展与院系调整》，《江苏高教》2007年第5期。

[65] 史秋衡：《大学学院制的设置标准》，《有色金属高教研究》1995年第1期。

[66] 史新华：《我国独立学院内部控制体系评价研究》，硕士学位论文，中国地质大学（北京），2012年。

[67] 索丰：《韩国大学治理研究》，博士学位论文，东北师范大学，2011年。

[68] 唐克军：《论我国大学学院制的发展》，《大学教育科学》

2004年第1期。

[69] 王连森、王秀成:《利益相关者视角下大学发展的境域转换》,《江苏高教》2006年第6期。

[70] 王浦劬、李风华:《中国治理模式导言》,《湖南师范大学社会科学学报》2005年第5期。

[71] 王为正:《合并高校校院两级间的权力博弈与分层治理》,《教育研究》2010年第8期。

[72] 王香丽:《我国大学学院制改革及所面临问题、对策的研究》,《广西高教研究》1997年第4期。

[73] 王秀芳:《我国大学内部治理结构的研究》,硕士学位论文,湖南师范大学,2007年。

[74] 王志:《民办高校内部运行机制研究》,硕士学位论文,浙江师范大学,2007年。

[75] 魏蕾、杜国宁:《21世纪日本高等教育体制改革透视》,《现代日本经济》2005年第2期。

[76] 吴坚:《高校管理中学术权力与行政权力的协调》,《高等教育研究》2005年第8期。

[77] 吴文君、席巧娟:《从高校内部组织结构特性谈高校学院制改革》,《北京理工大学学报》(社会科学版)2002年第3期。

[78] 谢辉:《美国公立大学行政管理组织架构分析》,《中国高教研究》2010年第7期。

[79] 谢阶腾:《我国大学学院运行机制研究》,硕士学位论文,广西师范学院,2010年。

[80] 邢克超:《大学发展的一个新阶段——法国高等教育管理十年改革简析》,《比较教育研究》2001年第7期。

[81] 熊良俊:《法人治理的"法治"与"人治"》,《中国金融》2004年第23期。

[82] 熊庆年、代林利:《大学治理结构的历史演进与文化变异》,《高教探索》2006年第1期。

[83] 胥秋:《学科融合视角下的大学组织变革》,《高等教育研

究》2010 年第 7 期。

［84］许放：《我国高等学校学院制研究》，《现代教育科学》2002 年第 11 期。

［85］严蔚刚、李德锋：《我国高校学部的基本权力、分类及相关思考——基于我国学部制改革的调查研究》，《中国高教研究》2012 年第 7 期。

［86］严蔚刚：《教授委员会在高校二级学院治理结构中的地位》，《复旦教育论坛》2013 年第 4 期。

［87］严燕、耿华萍：《学院制在西方大学中的发展脉络及其共性研究》，《苏州大学学报》（哲学社会科学版）2005 年第 5 期。

［88］严燕：《学院制的内涵与学院的设置》，《教育研究》2005 年第 10 期。

［89］杨辉、姜永增：《学院制运行的原则和应重视的问题》，《中国石油大学学报》（社会科学版）2008 年第 3 期。

［90］杨克瑞：《政治权力：高校管理研究的真空》，《现代教育管理》2010 年第 5 期。

［91］杨炜长：《完善民办高校法人治理结构的现实思考》，《高等教育研究》2005 年第 8 期。

［92］叶飞帆：《"应用型"宜跳出专业实体化》，《光明日报》2016 年 8 月 16 日第 13 版。

［93］应望江：《四位一体：优化高校院系治理结构的构想》，《国家教育行政学院学报》2008 年第 7 期。

［94］于红玉：《治理视角下我国大学教授委员会权力运行机制研究》，硕士学位论文，山东师范大学，2013 年。

［95］于文明：《深化我国公立高校内部治理结构改革的现实性选择——基于多元利益主体生成的视角》，《教育研究》2010 年第 6 期。

［96］余承海：《美国州立大学治理结构研究》，博士学位论文，南京大学，2011 年。

［97］俞建伟：《学院制中学院的内部管理体制》，《江苏高教》2001 年第 1 期。

[98] 俞建伟:《学院制改革与高校内部权力结构调整》,《现代大学教育》2001 年第 6 期。

[99] 张帆、张蓓:《德国大学的内部管理结构及特点——以马堡菲利普斯大学为例》,《大学》(学术版) 2010 年第 6 期。

[100] 张红峰、靳希斌:《美、英、德三国大学学院制组织模式的多视角比较》,《比较教育研究》2008 年第 3 期。

[101] 张建政:《牛津、剑桥大学学院制研究: 1249 年—1636 年》, 硕士学位论文, 河北大学, 2005 年。

[102] 张君辉:《中国教授委员会研究》, 博士学位论文, 东北师范大学, 2006 年。

[103] 张爽:《重新认识学校 推动学校改进》,《中国教育学刊》2006 年第 8 期。

[104] 张晓鹏:《学院建制与管理分权——从国外名牌大学经验得到的启示》,《全球教育展望》2001 年第 2 期。

[105] 张耀萍:《在自主与干预之间——我国民办高校与政府关系初探》,《教育与职业》2005 年第 34 期。

[106] 张意忠:《教授治学: 大学内部治理模式》,《航海教育研究》2008 年第 1 期。

[107] 赵成、陈通:《现代大学治理结构解析》,《天津大学学报》(社会科学版) 2005 年第 6 期。

[108] 赵成、陈通:《治理视角下的大学制度研究》,《高等教育研究》2005 年第 8 期。

[109] 赵萍:《我国高校治理结构中学术权力与行政权力协调问题研究》, 硕士学位论文, 陕西师范大学, 2013 年。

[110] 赵侠、孙铁:《高校学科管理体制改革的探索与实践——以辽宁石油化工大学学部制改革为例》,《沈阳师范大学学报》(社会科学版) 2014 年第 3 期。

[111] 郑能波、吴中平:《略论高校校院两级管理体制的改革》,《浙江海洋学院学报》(人文科学版) 2003 年第 3 期。

[112] 郑玮:《试论我国高校院系级教授委员会之建设》, 硕士

学位论文，山东师范大学，2012年。

［113］郑勇、徐高明：《权力配置：高校学院制改革的核心》，《中国高教研究》2010年第12期。

［114］钟云华、向林峰：《中外大学治理结构变迁方式比较》，《现代教育管理》2010年第2期。

［115］周川：《学院组织及其治理结构》，《中国高等教育评论》2012年第12期。

［116］周作宇、赵美蓉：《高校校院权力配置研究》，《国家教育行政学院学报》2011年第1期。

［117］朱浩、陈娟：《从美国大学治理的历史演进看我国大学的"去行政化"改革》，《湖北大学学报》（哲学社会科学版）2012年第6期。

［118］朱建成：《学院制改革浅析》，《高教探索》2008年第3期。

［119］祝建兵：《普通高校二级管理模式运行中权力让渡思考》，《学术探索》2007年第6期。

［120］邹晓东、吕旭峰：《"学部制"改革初探——基于构建跨学科研究组织体系的思考》，《高等教育研究》2010年第2期。

［121］邹晓东、吕旭峰：《研究型大学学部制改革的动因、运行机制及发展走向》，《浙江大学学报》（人文社会科学版）2011年第3期。

二 英文部分

［1］Alberto Amaral, Glen A. Jones, and Berit Karseth (eds.), *Governing Higher Education: National Perspectives on Institutional Governance*, Norwell: Kluwer Academic Publishers, 2002.

［2］Robert Birnbaum, "The End of Shared Governance: Looking Ahead or Looking Back", *New Directions for Higher Education*, Issue 127, Fall 2004.

［3］Carnegie Commission on Higher Education, *Governance of higher ed-*

ucation: *Six Priority Problems*, New York: McGraw – Hill Education, 1973.

[4] The Commission on Global Governance, *Our Global Neibourhood*, Oxford: Oxford University Press, 1995.

[5] Dennis John Gayle, Bhoendradatt Tewarie, and A. Quinton White Jr., *Governance in the Twenty-First-Century University: Approaches to Effective Leadership and Strategic Management*, New York: Jossey Bass, 2003.

[6] Gabriel E. Kaplan, "Do Governance Structures Matter?" *New Directions for Higher Education*, Wiley Periodical Inc: Vol. 127, Fall 2004.

[7] Philip G. Altbach, Patricia J. Gumport, and D. Bruce Johnstone (eds.), *In Defense of American Higher Education*, Baltimore: The Johns Hopkins University Press, 2001.

[8] Rowland Eustace, "British Higher Education and the State", *European Journal of Education*, Vol. 17, No. 3, 1982.

[9] http://www.ox.ca.uk.

[10] http://www.london.ac.uk/aboutus.html.

[11] http://www.ynpxrz.com/n572388c1357.aspx.

附　录

附录一　访谈提纲

访谈提纲 1

（访谈对象：部分普通高校二级学院的院长；党委书记、副院长、副书记；二级学院部分教师、部分学生、部分辅导员和办公室人员；学校人事处、教务处、科技处等职能部门部分人员。根据访谈对象的不同身份和背景，在下列提纲中有侧重地选择问题）

1. 贵校是否实行二级办学体制？您如何看待二级学院的办学自主权问题？是否落到实处？原因是什么？

2. 贵院在人事聘任、职称评聘、资源配置等方面是否拥有自主权？如果有，有多大权力？

3. 贵院是否有独立的财务支配权？如果有，是什么情况？

4. 作为二级学院负责人，您认为学院发展的体制性障碍是什么？来自学校层面的障碍有哪些？来自学院层面的障碍有哪些？您认为该如何解决？

5. 目前贵院发展情况如何？您认为贵院发展的最大问题是什么？

6. 贵院院长和书记之间关系如何？他们的关系给学院带来哪些影响？

7. 如何看待二级学院院长的角色？如果您是院长，您认为在工作层面您所面临的最大困惑是什么？

8. 如何看待二级学院党委书记的角色？如果您是书记，您认为在工作层面您所面临的最大困惑是什么？

9. 您如何看待高校的行政权力与学术权力的关系？在学院层面这两者的关系如何？

10. 贵院在学院发展的重大问题方面是如何决策的？谁来决策？

11. 贵院是否成立教授委员会？如果有，教授委员会有什么权力？能否正常运行？真正落实它们的权力需要在哪些方面做出关键性改革？

12. 作为教师，您是否很关心学院的改革发展？对学院和学校有哪些方面的利益诉求？一般以什么方式参与学院的管理事务？

13. 作为学生，您是否了解学院发展情况？您希望参与学院的教学与管理、课程设置、专业建设等方面的事情吗？为什么？

14. 作为辅导员，您如何看待学生的参与权？如何处理学生管理与教学事务的关系？

15. 贵院每年是否召开教职工代表大会（或教师代表大会）？是否有学生代表组织的参与？会议的具体情况如何？

16. 贵院做出的决策是否征求老师们的意见？征求哪些老师的意见？征求意见后的结果如何处理？

17. 如果学院成立教授委员会，对学术事务具有审议和决策权，您认为谁担任教授委员会主任更合适？

18. 作为职能部门，如何处理学校政策和学院需求之间的关系？如何处理二者之间的矛盾？

19. 学校如何考核学院和领导班子？学院内部如何进行业绩考核？

20. 学院如何应对来自学校行政、社会和家长的干预？如何处理学院内部各种矛盾关系，提高执行效率？

访谈提纲 2

（访谈对象：教育部 17 所试点学院和其他部分试点学院的院长、党委书记、副院长、副书记；部分办公室人员；部分教师代表；部分学生代表；部分职能部门；部分高等教育管理研究专家、学者）

1. 您如何看待 2012 年 11 月教育部出台的《教育部关于推进试点

学院改革的指导意见》？

2. 贵院是如何落实《教育部关于推进试点学院改革的指导意见》的？主要取得了哪些经验？存在着哪些难题？

3. 学校和学院对试点学院的改革都做了哪些具体工作？在哪些方面进行了改革？效果如何？

4. 您认为试点学院改革在贵院的主要突破点是什么？您认为能否达到预期目标？

5. 贵院试点改革在体制创新方面的做法是什么？效果如何？

6. 您认为试点学院改革的目标能够实现的话，能给普通学院的发展带来什么启示？

7. 在试点学院改革过程中，行政权力和学术权力是一种什么关系？学院内部事务的决策、执行和调控机制发生了哪些变化？

8. 试点学院改革是否引发学院内外部新的利益冲突和新的矛盾？如果有，是什么？该如何解决？

9. 学院改革的核心价值信念是什么？试点学院改革是否体现了这种价值？

10. 院长实行教授委员会选举提名制是否可行？学校任命制和选举制有什么区别？在当前落实中主要会遇到哪些难题？

11. 试点学院作为改革特区，如何处理与学校总体发展的关系？

12. 作为试点学院的教师，您认为改革获得的最大收获是什么？突出问题是什么？

13. 作为学生，您认为试点学院改革给您带来的最大收获是什么？还需要改进的事项有哪些？

14. 处于改革前沿的试点学院，是得到学校相关部门和学院的支持还是受到阻碍？如何处理与学校职能部门以及平行组织的关系的？

15. 您如何评价试点学院改革的意义？试点学院能给高校内部治理改革带来哪些收获？如何以其带动其他学院的综合改革？

附录二 访谈对象列表

（出于研究伦理的考虑，此处略去访谈对象的真实名称，以字母代替。）

序号	访谈对象	学院性质	访谈方式
1—2	高等教育管理研究专家 S 和 H		邮件访谈
3—4	LY 大学 J 学院院长、书记	非试点普通学院	实地访谈
5—6	DB 大学 W 学院院长、书记	非试点普通学院	电话访谈
7—8	BH 学院 G 学院院长、副院长	非试点普通学院	实地访谈
9—10	S1 大学某学院院长、副院长	教育部试点学院	实地访谈
11—12	F 大学某学院院长、某部门负责人	教育部试点学院	实地访谈
13—14	S2 大学某学院院长、副院长	教育部试点学院	实地访谈
15—16	B1 大学某学院副院长、副书记	教育部试点学院	实地访谈
17	B2 大学某处室负责人	教育部试点学院	实地访谈
18—19	B3 大学某学院（部）书记、系主任	教育部试点学院	实地访谈
20—21	H 大学某学院院长、副书记	教育部试点学院	实地访谈
22—23	N 大学某学院团委书记、系主任	教育部试点学院	实地访谈
24	Z1 大学某学部教授	教育部试点学院	电话访谈
25	Z2 大学某学院专业负责人	教育部试点学院	电话访谈
26	B4 大学某学院辅导员	教育部试点学院	电话访谈
27	JN 大学某学院书记	自主试点学院	邮件访谈
28	HD 大学某学院教授	自主试点学院	邮件访谈
29	NJ 大学某学院副院长	自主试点学院	电话访谈
30	HD 大学某学院副书记	自主试点学院	电话访谈
31	WH 大学某部门行政人员	自主试点学院	实地访谈
32	AH 大学某学院教授	自主试点学院	邮件访谈
33	HZ 大学某学院副院长	自主试点学院	电话访谈
34—38	学生代表（来自 LY、DB、BH、S2、B4 大学）	非试点普通学院 教育部试点学院	实地访谈
39—43	教师代表（来自 LY、DB、BH、S2、B4 大学）	非试点普通学院 教育部试点学院	实地访谈

附录三 17所首批教育部试点学院名单

清华大学理学院
北京大学物理学院
上海交通大学机械与动力工程学院
中山大学管理学院
华中科技大学光电子科学与工程学院
北京师范大学教育学部
天津大学精密仪器与光电子工程学院
同济大学土木工程学院
南开大学泰达学院
上海大学钱伟长学院
中国科技大学物理学院
浙江大学基础医学院
四川大学生命科学学院
北京航空航天大学能源与动力工程学院
北京交通大学经济管理学院
苏州大学纳米科学技术学院
黑龙江大学中俄学院

后　记

本书是国家社科基金"十二五"规划2013年度教育学一般课题"我国大学学院制改革进程中的院系治理研究"（BIA130065）的主要成果。该课题研究从立项、开题、阶段性成果的形成到本书的完成，历时三年多的时间，这也是我不断学习、探索和成长的过程。

最初的选题源于我在攻读博士学位期间对院校研究的关注。我的导师周川教授是国内院校研究领域的专家，他认为作为大学基层组织的院系，是大学社会职能的直接承担者和各项职能性活动的直接组织者，它与大学之间，不仅仅是部分与整体的关系，更多的还是同一性的关系，在特定的学科专业层面上，院系代表着大学，甚至可以说，院系就是大学。随着当前政府对高等教育管理方式的改变，高校办学自主权进一步扩大，未来高校外部治理的重心将是处理好高校与社会的关系，内部治理的重心将进一步下移至二级学院，激发其办学活力。部分高校甚至提了"学院办大学""院办校"的理念，有人也做过这样的比喻，当前大学与院系（有的大学的二级学院还称作"系"，所以我们统称为"院系"）是动车车头与车厢的关系，每一节车厢都有动力，火车才跑得快，车头不是拉动车厢，而是为车厢导航。在这种背景下，适逢国家社科基金教育学课题的申报，本人基于对这个问题的兴趣，以及长期在高校二级学院从事管理工作的经历，确定了这一选题，并喜获立项。

为什么选取学院制改革这个视角？本人认为以上理念和实践的探索，体现的恰恰是学院制改革的内涵。学院制改革由来已久，它不是一种结果，而是一个过程，一个不断完善、没有终点的过程。学院制是以学院为中心的大学内部治理结构与运行机制的改革，具体是指大学以学院为办学实体和管理重心,使校、院(系)责权利关系明确化,追求效率和效益有机结合的一种组织结构模式和管理方式。学院制是大学不断发展,学科不断分化综合的要求。学院制的核心特征是学院具有实体性、主体性、自主性,与之相对应的就是学院的独立权、自主权和决策权。当大学与院系的关系进一步明晰之后,建立现代大学制度,克服高校的"行政化"倾向,是否可以换一个角度,即从"从上而下"转为"从下而上"呢?正如周川老师所言:自下而上的改革,就是从作为大学基层组织的院系改起,通过院系管理改革形成改革的倒逼机制,以促进"现代大学制度"的真正建立,进而推动整个高等教育管理体制的改革。课题组也进一步思考,"现代大学制度"的研究可否开辟"现代学院制度"的研究视域?由此,深感课题研究的重要意义和实践价值。

课题获批立项后,课题组深入研讨,认为学院制进程反映的是课题研究的背景、目的和意义,作为一项高层次的社会科学研究项目,必须有相关的学理基础和方法论视角。以特定的理论为切入的视角,能使研究更加深入。于是,该课题选择了治理理论为学理基础,以场域理论为方法论视角,展开了相关研究。在研究的过程中,适逢我的博士论文需要开题,为避免研究力量和精力的分散,本人的博士论文也以此为主要内容,最终形成统一的研究结论。

本书是课题组负责人和成员薄存旭、张世爱、栾兆云、吴仁英等精诚团结、分工合作的成果,我们不但进行了理论的挖掘,还加强了实践调研和案例研究,使该研究既能有理论依据,又能切合实际。但该研究只是在探索现代大学制度建设和内部治理结构优化方面的一个尝试,以期为高校二级办学管理体制改革和加强基层组织建设提供一个借鉴,与科学的院系治理模式的构建与发展还有很长的距离,还存在很多未能深入挖掘的问题。相对于宏观层面的大学制度建设,现代学院制度建设将是一个新的研究领域。题组将以此为新的研究起点,继续上下求索。但面对如此重大而又深远的研究课题,限于课题组成员的学识和精力,虽然尽心尽力,但总感觉有许多不尽人意之处,本书权作抛砖引玉,求教各位专家同仁了。

特别感谢我的导师周川教授对该课题的研究，从选题、开题到具体研究，都给予了细心的指导。本课题研究还得到了全国教育科学规划领导小组办公室和临沂大学领导和同事们的大力支持，中国社会科学出版社任明先生也为书稿的出版付出了大量心血和辛勤劳动。课题研究和书稿撰写过程中还得到了其他专家学者和同人们的指点和建议，我的研究生吴玉书同学也参与课题研究并帮助校对书稿，在此一并表示诚挚的谢意！

刘恩允

2016年7月于临沂